GERAÇÃO TECNOLÓGICA

GERAÇÃO TECNOLÓGICA
AS MÍDIAS DIGITAIS NA INFÂNCIA E ADOLESCÊNCIA

Katie Davis

manole
editora

Título original em inglês: *Technology's Child – digital media's role in the ages and stages of growing up.*
Copyright © 2023 Katie Davis. Todos os direitos reservados.
Publicado mediante acordo com a MIT Press.

Produção editorial: Retroflexo Serviços Editoriais

Tradução: Lúcia Helena de Seixas Brito

Revisão de tradução e revisão de prova: Depto. editorial da Editora Manole
Projeto gráfico: Depto. editorial da Editora Manole
Diagramação: Elisabeth Miyuki Fucuda
Capa: Ricardo Yoshiaki Nitta Rodrigues
Imagem da capa: istock.com

CIP-BRASIL. CATALOGAÇÃO NA PUBLICAÇÃO
SINDICATO NACIONAL DOS EDITORES DE LIVROS, RJ

D293g

    Davis, Katie
    Geração tecnológica : as mídias digitais na infância e adolescência / Katie Davis ;
tradução Lúcia Helena de Seixas Brito. - 1. ed. - Santana de Parnaíba [SP] : Manole,
2023.
    Tradução de: Technology's child : digital media's role in the ages and stages of
growing up
    ISBN 9788520464069

    1. Internet e juventude. 2. Tecnologia e juventude. 3. Desenvolvimento infantil. 4.
Mídia digital. I. Brito, Lúcia Helena de Seixas. II. Título.

| 23-84867 | CDD: 004.6780835 |
| | CDU: 004.5-053.6 |

Gabriela Faray Ferreira Lopes - Bibliotecária - CRB-7/6643

Todos os direitos reservados.
Nenhuma parte desta obra poderá ser reproduzida, por qualquer processo,
sem a permissão expressa dos editores.
É proibida a reprodução por fotocópia.

A Editora Manole é filiada à ABDR – Associação Brasileira de Direitos Reprográficos.

Edição brasileira – 2023

Direitos em língua portuguesa adquiridos pela:
Editora Manole Ltda.
Alameda América, 876
Tamboré – Santana de Parnaíba – SP – Brasil
CEP: 06543-315
Fone: (11) 4196-6000
www.manole.com.br | https://atendimento.manole.com.br/

Impresso no Brasil
Printed in Brazil

Dedico este livro ao meu filho, Oliver.

Sumário

Prefácio ix

Agradecimentos xv

Capítulo 1 Introdução 1

Capítulo 2 Primeira infância: desenvolvendo o autocontrole em um mundo saturado de tecnologia 16

Capítulo 3 As características digitais do desenvolvimento preliminar da alfabetização 36

Capítulo 4 Procurando "peças soltas" nas brincadeiras digitais para crianças 57

Capítulo 5 A "maldição do já consolidado" e seu impacto na aprendizagem 78

Capítulo 6 Pré-adolescência: uma fase de transições e tensões 102

Capítulo 7 Adolescência: a fase do "quem sou eu" 126

Capítulo 8 O ativismo *on-line* dos adultos emergentes 149

Capítulo 9 Conclusão 168

Notas 179

Índice remissivo 234

Durante o processo de edição desta obra, foram tomados todos os cuidados para assegurar a publicação de informações técnicas, precisas e atualizadas conforme lei, normas e regras de órgãos de classe aplicáveis à matéria, incluindo códigos de ética, bem como sobre práticas geralmente aceitas pela comunidade acadêmica e/ou técnica, segundo a experiência do autor da obra, pesquisa científica e dados existentes até a data da publicação. As linhas de pesquisa ou de argumentação do autor, assim como suas opiniões, não são necessariamente as da Editora, de modo que esta não pode ser responsabilizada por quaisquer erros ou omissões desta obra que sirvam de apoio à prática profissional do leitor.

Do mesmo modo, foram empregados todos os esforços para garantir a proteção dos direitos de autor envolvidos na obra, inclusive quanto às obras de terceiros, imagens e ilustrações aqui reproduzidas. Caso algum autor se sinta prejudicado, favor entrar em contato com a Editora.

Finalmente, cabe orientar o leitor que a citação de passagens da obra com o objetivo de debate ou exemplificação ou ainda a reprodução de pequenos trechos da obra para uso privado, sem intuito comercial e desde que não prejudique a normal exploração da obra, são, por um lado, permitidas pela Lei de Direitos Autorais, art. 46, incisos II e III. Por outro, a mesma Lei de Direitos Autorais, no art. 29, incisos I, VI e VII, proíbe a reprodução parcial ou integral desta obra, sem prévia autorização, para uso coletivo, bem como o compartilhamento indiscriminado de cópias não autorizadas, inclusive em grupos de grande audiência em redes sociais e aplicativos de mensagens instantâneas. Essa prática prejudica a normal exploração da obra pelo seu autor, ameaçando a edição técnica e universitária de livros científicos e didáticos e a produção de novas obras de qualquer autor.

Prefácio

A pesquisa sobre crianças e tecnologia pode ser complexa, difícil e inconclusiva. As manchetes do noticiário e os comentários a respeito delas são ainda piores. Este livro coloca em evidência o estágio atual do conhecimento relativo ao papel da tecnologia no desenvolvimento infantil e oferece orientação sobre como as descobertas podem ser aplicadas a crianças e adolescentes, respeitando sua individualidade, de modo que suas experiências digitais respaldem um desenvolvimento saudável em vez do contrário.

O livro aborda as diferentes maneiras pelas quais os jovens se envolvem com a tecnologia ao longo de suas etapas de desenvolvimento, desde as crianças bem pequenas, que exploram o ambiente que as circunda, até os jovens na casa dos vinte e poucos anos, que buscam descobrir seu papel na sociedade. Em sua essência, *Geração tecnológica* trata das consequências da interação entre o desenvolvimento infantil e o projeto tecnológico, além de analisar as formas como as características individuais das crianças e dos contextos sociais e culturais de seu mundo tornam essa interação ainda mais complexa.

Minha pesquisa aponta que a tecnologia contribui para o desenvolvimento infantil saudável quando é autodirigida e respaldada pela comunidade – de outro modo, ela obstrui o desenvolvimento. Para mim, uma tecnologia autodirigida diz respeito às experiências tecnológicas que são iniciadas, sustentadas e encerradas voluntariamente e que contribuem para um sentimento de realização e crescimento pessoal. Com a expressão "respaldada pela comunidade", refiro-me à experiência tecnológica inserida em um contexto de apoio mais amplo. Algumas vezes esse apoio está ligado ao uso da tecnologia, quando um dos pais ou um irmão ajuda a criança a navegar na interface de um aplicativo de alfabetização e reforça os conceitos de aprendizagem durante e após a sessão do aplicativo. Outras vezes o suporte vem da própria experiência com a tecnologia, por exemplo, na situação em que um adolescente encontra uma comunidade *on-line* solidária cujos membros reafirmam a identidade excluída desse adolescente, ou quando uma plataforma de mídia social formula uma metodologia cuidadosa e eficaz para moderação do discurso de ódio.

A criação do cenário mais acertado não é fácil. Ela exige atenção e trabalho por parte das famílias, bem como de professores, pesquisadores, formuladores de políticas e empresas de tecnologia, e até mesmo dos próprios jovens. As ideias apresentadas neste livro servirão como orientação prática para cada um desses atores.

Assim sendo, o que significa "tecnologia" para os propósitos dessa investigação? Concentro minha análise nas tecnologias que possuem uma ou mais das seguintes características: *digital* (os 0 e 1 subjacentes aos pixels da tela do computador), *interativa* (a resposta obtida ao deslizar o dedo sobre a tela do *smartphone*) e *interligada em rede* (a capacidade de uso e de compartilhamento de conteúdo, bem como de conexão com outras pessoas entre dispositivos). Muitas das tecnologias que analiso são dotadas de telas (*smartphones, tablets, laptops*), mas não todas elas (alto-falantes inteligentes, brinquedos inteligentes e outros dispositivos alimentados por tecnologias da Internet das Coisas – IoT, na sigla em inglês). Na maioria das vezes examino tecnologias existentes que já são onipresentes na vida da maior parte das crianças nos países desenvolvidos, mas também levo em consideração algumas tecnologias emergentes.

Para quem é dirigido este livro

Este livro se destina a qualquer pessoa interessada em compreender o impacto da tecnologia no desenvolvimento das crianças, desde o nascimento até o início da idade adulta. Nestas páginas eu percorro um vasto terreno de pesquisa, cujos achados tentei converter em um conjunto de ideias prontamente acessíveis e úteis para:

- Pais e mães que busquem se manter atualizados em relação às tecnologias que seus filhos usam diariamente; que tenham curiosidade e talvez um pouco de (ou muita) preocupação a respeito da maneira como essas tecnologias impactam o desenvolvimento de seus filhos; e que estejam buscando orientação prática sobre como tomar decisões mais acertadas quando se trata do uso da tecnologia por seus filhos.
- Professores que desejem compreender o contexto mais amplo da vida digitalmente mediada de seus alunos fora da sala de aula, bem como queiram usar a tecnologia para oferecer suporte a experiências de aprendizado ricas e significativas dentro da sala de aula.
- Formuladores de políticas – no nível local, estadual ou federal – que busquem identificar perspectivas baseadas em evidências para orientar as decisões políticas destinadas a mitigar os efeitos negativos da tecnologia, preservando, simultaneamente, as influências positivas dessa mesma tecnologia na vida das crianças.
- Equipes e gerentes de projeto ou executivos de uma empresa de tecnologia que reconheçam a importância do emprego do conhecimento gerado pelas pesquisas para embasamento de suas decisões relativas à forma como as tecnologias são desenvolvidas, disseminadas e comercializadas para crianças de diferentes idades e suas respectivas famílias.
- Pesquisadores ou estudantes que desejem alimentar com informações suas ideias e seu entendimento sobre o papel da tecnologia no desenvolvimento infantil.

Conforme essa lista evidencia, a solução para o suporte às experiências tecnológicas positivas das crianças não é uma tarefa individual – ela não pode e não deve recair exclusivamente sobre os ombros de pais, professores ou desenvolvedores de tecnologia. Se quisermos criar um ecossistema de experiências digitais alinhado com as necessidades de desenvolvimento das crianças, devemos começar a olhar para as abrangentes condições de uso da tecnologia infantil.

Em última análise, este livro deve proporcionar aos leitores uma forma de analisar e entender o que acontece, sob o ponto de vista do desenvolvimento, quando uma criança interage com um dispositivo digital, e quais condições poderão tornar suas experiências mais autodirigidas e respaldadas pela comunidade – em outras palavras, mais favoráveis ao desenvolvimento saudável.

As discrepantes pesquisas que tratam de crianças e tecnologia deixam bastante claro que é hora de pormenorizarmos os estudos. Precisamos olhar para tecnologias específicas, crianças específicas, bem como particularizar os contextos que conectam os dois primeiros elementos, para que sejamos capazes de entender de fato o que está acontecendo no tocante ao papel da tecnologia no desenvolvimento infantil.

Por que escrevi este livro

Geração tecnológica é um livro norteado por meu conhecimento e minha experiência como pesquisadora. Venho estudando o uso da tecnologia por crianças e adolescentes há mais de quinze anos. O livro é também moldado por minhas experiências de mãe (Capítulos 2 a 4), ex-professora do ensino fundamental (Capítulo 5) e irmã (Capítulo 7). Eu emprego essas experiências pessoais nos capítulos a seguir visando tornar mais interessantes aspectos da pesquisa que examinarei.

Não pretendo que minhas experiências representem algum tipo de regra na tecnologia infantil – tenciono exatamente o oposto. Uso essas experiências pessoais como forma de chamar a atenção para as dimensões individual e pessoal da pesquisa sobre crianças e tecnologia. A análise do impacto da tecnologia nas crianças quanto aos aspectos de quando, por que e para quem requer atenção às diferenças individuais, situações em que as crianças e sua condição financeira estão fora da linha média de tendência.

Minha postura como pesquisadora é tão individual e específica quanto meu papel de mãe, professora e irmã. Fui orientada por dois psicólogos do desenvolvimento (Howard Gardner e Kurt Fischer) em uma escola de educação (Harvard Graduate School of Education). Nos últimos dez anos, trabalhei na Information School da University of Washington, cercada por colegas cujo trabalho representa um vasto espectro de disciplinas acadêmicas, mas, provavelmente, sofri uma influência maior daqueles que trabalham com projeto de tecnologia. Por esse motivo, em meu próprio trabalho – e neste livro – reúno os campos de investigação sobre desenvolvimento humano, educação e projeto de tecnologia.

Essa mistura acadêmica específica torna claras as duas questões distintas que exploro nestas páginas. A primeira é uma questão empírica, que seria colocada por um psicólogo ou outra espécie de cientista social: *qual é o impacto de diferentes tipos de tecnologia em diferentes tipos de criança (vivenciando diferentes contextos sociais, culturais e econômicos)?* Se eu tivesse escrito este livro após os estudos de meu doutorado, teria parado por aí (na verdade, foi exatamente o que eu fiz no caso de meu primeiro livro, *The app generation* – A geração aplicativos, em tradução livre –, escrito em coautoria com Howard Gardner).

Mas o trabalho que venho desenvolvendo na última década tem sido tão focado em explorar o projeto das novas tecnologias quanto em estudar o impacto das já existentes. Portanto, a segunda questão que norteia este livro é uma pergunta mais voltada para a ação, uma pergunta que um pesquisador de projetos provavelmente faria: *como a tecnologia pode ser projetada de modo a respaldar o desenvolvimento das crianças?*

Agradecimentos

Sou extremamente grata às muitas pessoas e instituições que me apoiaram, tanto profissional como pessoalmente, durante o processo de escrita deste livro.

Agradeço à minha editora na MIT Press, Susan Buckley, que respaldou este trabalho desde o momento em que enviei a ela o projeto do livro. Susan me ajudou nas decisões importantes relacionadas a tudo, desde parágrafos individuais até o título do livro. Agradeço também a Julia Collins e Kathleen Caruso pela excelente edição do manuscrito.

Muitas pessoas me forneceram seus *feedbacks* especializados sobre diversas seções e versões do manuscrito, e sou extremamente grata a todas elas. Muito obrigada aos revisores anônimos, cujas contribuições iniciais foram fundamentais para a orientação do processo de revisão. Agradeço aos especialistas e aos colegas que leram capítulos específicos e deram *feedbacks* sobre eles: Linda Charmaraman, Oliver Haimson, Alexis Hiniker, Carrie James, Vikki Katz, Ellen Middaugh, Jenny Radesky, Justin Reich, Petr Slovak e Emily Weinstein.

Um agradecimento especial a Emma May, Jessie Novotny e Shelby Wong, membros do Graduate Assistant (GA) Crew da Information School, University of Washington, que trabalharam heroicamente durante muitos meses (incluindo feriados e fins de semana!) para ajudar a dar forma ao manuscrito. Em conjunto com Andrea Berg, integrante do GA Crew, Shelby também trabalhou na indexação do livro. Agradeço igualmente a Julianne Peeling, outra integrante do GA Crew, que me auxiliou na pesquisa de contexto estrutural.

Meu mentor, Howard Gardner, foi uma presença constante em minha mente durante todo o processo de escrita deste livro. Muito obrigada, Howard, por sua amizade e orientação ao longo dos anos, assim como por ter me ensinado a ser uma pesquisadora e escritora.

Considero-me uma pessoa de sorte por ter familiares que não apenas me apoiaram com seu amor durante todo este processo mas também me emprestaram seu tempo e sua experiência para fazer deste livro o que ele é. Obrigada a todos os meus quatro pais, Wendy Davis Johnson, Tom Davis, Gordon Johnson e Joyce Heinzerling Davis, e a Patrick Baudisch, por me incentivarem e brincarem com Oliver para que eu pudesse me concentrar na escrita. Agradeço à minha irmã, Molly Johnson, por conversar comigo sobre o papel que a tecnologia desempenhou durante sua adolescência e o início da idade adulta. Agradeço também à minha tia, Beth Charlton, especialista em desenvolvimento da alfabetização infantil, que forneceu *feedback* sobre o Capítulo 3. Seu irmão – meu tio – Spencer Critchley me ajudou a estruturar a narrativa abrangente do livro. E a irmã deles, Wendy, minha mãe incrível, manteve-me firme até a linha de chegada com seu amor inabalável, seu apoio e as revisões brilhantes de quase todas as frases que leu.

Eu gostaria também de agradecer o suporte institucional que recebi e que me possibilitou escrever o livro. Sou grata às duas instituições que apoiaram meu trabalho durante as fases de planejamento e redação: Hasso Plattner Institut, na Alemanha, na qual fui pesquisadora visitante, e a Information School da University of Washington, onde trabalho como professora. A pesquisa sobre *NatureCollections* que apresentei no Capítulo 5 teve o respaldo de um Prêmio de Inovação da University of Washington. E, muito embora a contribuição da MacArthur Foundation e do grupo de pesquisa do Harvard Project Zero tenha ocorrido mais de uma década antes da redação deste livro, tenho por eles uma imensa gratidão por terem me iniciado no caminho dessa pesquisa.

1

Introdução

Em nenhum outro momento da história humana estivemos tão preocupados, e tão envolvidos, com a forma como criamos nossos filhos.[1] Durante os primeiros milênios de nossa existência, o objetivo da humanidade foi quase exclusivamente a sobrevivência. Primeiro sobreviver ao parto, e depois viver por um tempo suficientemente longo que nos permitisse contribuir para a sobrevivência da espécie humana.

O conceito de infância é uma invenção bastante recente – costumávamos entender as crianças como adultos ainda não crescidos. (Basta examinar alguns retratos de família do século XVII – as crianças são retratadas como adultos em miniatura, totalmente desenvolvidas e, algumas vezes, até mesmo com o rosto tão enrugado quanto o dos pais sentados ao lado delas.) Só depois do surgimento do campo de estudos do desenvolvimento infantil, há menos de um século, é que começamos a perceber que crianças de diferentes idades e em diferentes estágios de crescimento pensam e vivenciam o mundo de maneira qualitativamente diferente da dos adultos.

Esse entendimento coincidiu com a mudança experimentada pelas sociedades industrializadas, cujo foco se deslocou da sobrevivência da espécie para a prosperidade humana. As famílias que desfrutaram dos benefícios proporcionados pelas descobertas da medicina, pelos avanços tecnológicos e pelas excepcionais perspectivas econômicas dos séculos XVIII e XIX passaram a dedicar mais atenção à criação de filhos que não apenas sobrevivessem, mas que também prosperassem. Desde então, temos buscado alcançar esse Santo Graal.

Observam-se hoje na sociedade ocidental muitos fatores que tornam a criação de um filho particularmente estressante para quase todo pai e toda mãe: a crescente desigualdade econômica em uma sociedade na qual cada vez mais só há espaço para os vencedores; a agitação cívica fomentada pela polarização política e ideológica; um ajuste de contas coletivo com os efeitos perenes do racismo, do colonialismo e de outras formas de discriminação que marginalizam grupos de pessoas; o desafio hercúleo de desacelerar – que dirá de reverter – os efeitos das mudanças climáticas e da degradação ambiental.

Somada a esse amálgama, temos a velocidade do desenvolvimento tecnológico que parece estar encurtando o tempo de duração das gerações a ponto de os irmãos mais velhos olharem com desaprovação para os mais novos e mais exímios em tecnologia, balançando a cabeça e murmurando perplexos "essas crianças de hoje". Os pais experimentam a inquietude de criar filhos conectados em redes digitais há pelo menos uma geração. A inquietude pode parecer mais conhecida, mais dentro das expectativas, no ambiente de muitas incertezas associadas à parentalidade, mas isso não torna as coisas mais fáceis. As pesquisas priorizadas pelas manchetes sensacionalistas – que muitas vezes contradizem a pesquisa publicada na semana anterior – não ajudam.

Eu acredito que a pandemia de coronavírus, associada a outros eventos simultâneos, gerou uma nova prontidão para nos envolvermos com o tema "crianças e tecnologia" em um nível mais profundo que nos meses e nos anos anteriores a março de 2020. Antes da pandemia, o *Zeitgeist** coletivo parecia focado em alguma variação das seguintes questões – *Telas: elas são boas ou ruins para o desenvolvimento das crianças?* e *Tempo na frente da tela: quanto é demais?*

Esse período, em que preponderaram as atividades *on-line*: escola, trabalho, brincadeiras, *happy hour*, aulas de ginástica, sessões de terapia, aulas de música e muito, muito mais, ensinou que as perguntas certas não são se as telas e o tempo passado na frente delas são bons ou ruins. A tecnologia assumiu uma posição central demais em nossa vida.

---

* "Espírito da época", costumes, valores e visão de mundo de determinada época (N.E.).

A pandemia, por exemplo, tornou evidente o fato de que, embora todos nós possamos contar com a tecnologia, o acesso a ela não é igualitário. Quando os prédios escolares fecharam e as aulas passaram a ser *on-line*, tomamos consciência das grandes diferenças entre as crianças que vivem em lares abastados – cuja condição financeira garantia que tivessem acesso à internet de alta velocidade, a um computador dedicado, um espaço tranquilo para estudar e uma rede de pessoas solidárias, disponíveis para ajudar a mantê-las no caminho certo – e crianças que vivem em lares de baixa renda, que, na maioria dos casos, não dispunham desses recursos. Essas diferenças marcantes nas experiências das crianças durante a pandemia evidenciaram e amplificaram as desigualdades existentes no sistema educacional,[2] obrigando-nos a nos perguntar: *Quais crianças se beneficiam mais da tecnologia e por quê?*

No último trimestre de 2021, o vazamento de documentos internos do Facebook por uma ex-funcionária da companhia, Frances Haugen, lançou luz sobre o poder que algoritmos carentes de transparência têm para moldar nossas experiências nas plataformas de mídia social. Muito embora esse poder tenha sido bem documentado anteriormente,[3] a cobertura jornalística em torno dos arquivos do Facebook ajudou a despertar mais diretamente a consciência pública para a questão. O público adquiriu um discernimento maior sobre como os algoritmos, projetados para atrair e prender nossa atenção em plataformas como Facebook e Instagram (e Snapchat, Twitter, TikTok e YouTube, entre outros), podem contribuir para a disseminação de desinformação e discursos de ódio e para a degradação da saúde mental dos adolescentes, colocando-nos diante da questão: *De que modo o projeto de uma tecnologia define a maneira como as crianças a utilizam e são afetadas por ela?*

Esses desenvolvimentos evidenciam indubitavelmente que contar com a tecnologia não é a mesma coisa que prosperar com a tecnologia. Agora estamos prontos para analisar com mais profundidade a questão de quando, por que e para quem, no que diz respeito ao impacto da tecnologia nas crianças. Estamos prontos para explorar as condições capazes de gerar experiências tecnológicas que são autodirigidas e respaldadas pela comunidade, condições que eu defendo serem os dois atributos que distinguem o uso de tecnologia como apoio ao desenvolvimento.

O que é desenvolvimento e o que é desenvolvimento saudável?

Na qualidade de cientista do desenvolvimento, atribuo enorme importância ao entendimento de que a maneira como as crianças pensam, interagem entre si e com a comunidade de que participam e compreendem a si mesmas e a essas comunidades é qualitativamente diferente em diferentes estágios do desenvolvimento.

A forma pela qual uma criança de 2 anos interage com o ambiente em que está inserida é claramente distinta daquela de uma criança de 12 anos, devido, em grande parte, à discrepante complexidade das estruturas cognitivas que processam e interpretam as experiências por elas vividas e às variadas formas como essas estruturas interagem com as pessoas e os instrumentos culturais do ambiente que as cerca. O processo de desenvolvimento por meio do qual uma criança de 2 anos chega aos 12 e depois aos 22 anos é, em sua essência, um processo de mudança na maneira como ela interage com sua comunidade cultural e dela participa.[4]

Crianças em diferentes estágios de desenvolvimento se envolvem em diferentes tipos de funções relacionadas ao desenvolvimento. Enquanto as crianças pequenas que começam a dar os primeiros passos estão aprendendo a regular suas emoções principalmente nas interações com os cuidadores adultos, os adolescentes estão descobrindo quem são, sobretudo no contexto de seus relacionamentos com os colegas. Certamente, a autorregulação é um processo de construção que se desenrola durante a infância e a adolescência, mas é particularmente essencial no período da primeira infância. A mesma observação vale para o desenvolvimento da identidade. As crianças pequenas passam por um importante trabalho evolutivo quando se trata de sua diferenciação em relação às outras pessoas dentro de seu ambiente. No entanto, o exercício de buscar entender quem você é e como você se encaixa no mundo mais abrangente a seu redor torna-se um fator mais dominante durante a adolescência e o início da idade adulta.

Uma perspectiva evolucionária também reconhece que existem consideráveis diferenças individuais no processo de desenvolvimento, e, consequentemente, existem muitos caminhos que conduzem a um desenvolvimento saudável. Podemos dizer que o processo evolutivo é adequado quando as crianças têm uma percepção de iniciativa e posse em suas ações, um sentimento de que podem ter sucesso e evoluir, e também a sensação de pertencimento e conexão com as pessoas nas comunidades em que vivem.[5] Isso acontece quando elas se envolvem em experiências – incluindo experiências baseadas em tecnologia – que são autodirigidas e respaldadas pela comunidade.

O papel da tecnologia em um desenvolvimento saudável

A tecnologia contribui para o desenvolvimento saudável quando é autodirigida e respaldada pela comunidade – em caso contrário, ela obstrui o desenvolvimento. As experiências tecnológicas autodirigidas são voluntárias – iniciadas, mantidas e encerradas voluntariamente – e proporcionam aos jovens um sentimento de iniciativa e posse em suas ações.[6]

Por sua vez, as experiências tecnológicas controladas externamente, por meio de recompensas ou punições, são menos voluntárias e, portanto, menos propícias à promoção de um desenvolvimento saudável. (Infelizmente, os projetistas de tecnologia são exímios na incorporação de incentivos a seus produtos a fim de fidelizar crianças e adolescentes – e adultos! –, que continuam usando esses produtos quando, em outras circunstâncias, teriam mudado para outra atividade.)

Em muitos casos – mas não todos –, as experiências tecnológicas autodirigidas são abertas e flexíveis, permitindo que as pessoas as moldem de muitas maneiras diferentes. O desenho a mão livre é isento de delimitações, enquanto pintar por meio de números não é. Não é difícil encontrar exemplos de cada uma delas em uma loja de aplicativos. Uma liberdade completa nem sempre é necessária, ou mesmo desejável. Algumas vezes, suportes externos são apropriados, como no caso de crianças pequenas que necessitam de ajuda para navegar na interface de usuário de um aplicativo, ou de crianças com deficiência física ou cognitiva, para as quais o uso de tecnologias assistivas expande muito a abrangência de suas ações. O mais importante é que a experiência com a tecnologia estimule na criança a percepção de aptidão e crescimento pessoal.

O uso de tecnologia por crianças e adolescentes não acontece no vazio. Suas experiências digitais estão inseridas em contextos de suporte mais amplos – algumas vezes circundando a tecnologia e outras, dentro dela. O respaldo comunitário que circunda o uso da tecnologia pode vir de familiares, colegas, professores e qualquer outra coletividade cultural da qual as crianças participem, como um grupo da igreja ou um clube de atividades extracurriculares.

Amigos podem trabalhar juntos para a criação de um *videogame* na linguagem de programação Scratch, que é apropriada para crianças. Um adulto ou um irmão de confiança pode ajudar um adolescente a processar e controlar o rumo de uma fala perturbadora ou ofensiva que ele esteja vivenciando no ambiente *on-line*. Esse tipo de suporte da comunidade circundante torna mais favoráveis as experiências tecnológicas dos jovens.

O respaldo comunitário pode vir diretamente da própria tecnologia. Como examinarei no Capítulo 7, comunidades *on-line* como o Tumblr ajudaram muitos adolescentes que se sentem marginalizados em outros contextos de sua vida, em decorrência de raça, gênero e/ou orientação sexual. O suporte da comunidade também diz respeito à maneira como uma plataforma é estruturada e controlada. Os recursos, os atributos e as estratégias de moderação de uma plataforma podem ter significativa influência no tipo de cultura que se desenvolve dentro dela, bem como definir se essa cultura apoia o sentimento de pertencimento de seus membros e de sua conexão com os demais.

Três temas

É mais provável que existam condições para experiências tecnológicas autodirigidas e respaldadas pela comunidade quando reconhecemos e priorizamos o seguinte: (1) o valor da busca do equilíbrio entre tendências-padrão e cada criança individualmente; (2) a importância da atenção aos contextos mais amplos das experiências tecnológicas das crianças; e (3) a necessidade de levarmos em consideração a interação entre projeto de tecnologia e desenvolvimento infantil. Quer meu foco seja o início ou o meio da infância, a adolescência ou o início da idade adulta, esses três temas são recorrentes ao longo do livro.

Tema 1: equilíbrio entre tendências-padrão e cada criança individualmente

A pesquisa envolvendo muitas crianças é valiosa porque nos dá uma visão abrangente da tendência geral em uma população. Ela é também um recurso bastante proveitoso para a identificação de diferenças sistêmicas que acarretam disparidades comuns entre as subpopulações de uma sociedade. A despeito de todas as críticas que a lei *No Child Left Behind* (Nenhuma criança será negligenciada) gerou quando foi sancionada nos Estados Unidos, em 2001, até mesmo alguns dos mais ardentes críticos da legislação reconheceram o benefício do desmembramento das pontuações de testes padronizados por raça e nível de renda, porque essa atitude chamava a atenção para desigualdades persistentes no sistema escolar público do país.

Mas o valor a ser extraído das tendências gerais tem um limite, e isso porque os modelos estatísticos que embasam a pesquisa fundamentada na população apoiam-se, geralmente, em médias.

Vamos considerar um exemplo hipotético que analisa a relação entre o uso de mídias sociais e a satisfação das adolescentes com o próprio corpo. Visando usar a medida do tempo que as adolescentes passam navegando em *sites* de mídias sociais, como o Instagram, para prever quão positivo ou negativo é o sentimento delas em relação ao próprio corpo, você poderia registrar diversos pontos em um gráfico, cada um deles representando o tempo que uma adolescente passa no Instagram (um valor no eixo x) e a pontuação que mede a satisfação dela com o corpo (um valor no eixo y). Em seguida, você traçaria uma linha passando pelo meio desses pontos, de modo que a distância entre todos os pontos situados acima da linha e a própria linha fosse quase igual à distância entre todos os pontos situados abaixo da linha e a mesma linha.

Essa linha – e não os pontos que a geraram – serviria de base para suas conclusões sobre a relação entre o uso do Instagram e a imagem que as adolescentes têm do próprio corpo. Se a linha pende acentuadamente para a direita, você conclui que há uma relação, via de regra, forte e negativa entre o uso do Instagram e a satisfação com o corpo (nada bom). Se a linha faz uma curva suave para cima, você conclui que há uma relação fraca e positiva (melhor). Essas linhas permitiriam que você fizesse uma estimativa fundamentada em dados sobre a satisfação de uma adolescente específica com o corpo, tendo como base a quantidade de tempo que ela passa no Instagram.

O problema é que você provavelmente estaria errado – talvez não tão errado quanto tirar uma conclusão sem qualquer base, mesmo assim errado. Pouquíssimas pessoas – se é que existe alguma – estariam situadas exatamente sobre a linha de tendência. Porque é muito pequeno o número de pessoas que estão na média! As médias são boas para descrever o comportamento no nível de grupo, mas deixam a desejar quando se trata de descrever o comportamento de pessoas individualmente.[7]

Por sorte, os pesquisadores que estudam o papel da tecnologia na vida de crianças e adolescentes estão cada vez mais adotando métodos que evidenciam, em vez de encobrir, as diferenças individuais. Neste livro, tento enfatizar esse tipo de pesquisa, enquanto trato com mais ceticismo aquelas que são baseadas em populações.

Ao mesmo tempo, examinarei também pesquisas que se baseiam em médias, porque elas podem ser um bom ponto de partida para a compreensão de tendências gerais dentro de um grupo de crianças, e são especialmente úteis para a identificação de disparidades sistêmicas que afetam subpopulações específicas. Mas devemos resistir à propensão de empregar esse entendimento geral para chegar a conclusões sobre crianças específicas.

Tema 2: tecnologia e desenvolvimento infantil acontecem em um contexto

Uma crítica que às vezes é feita aos cientistas do desenvolvimento é que eles enfatizam demais o que acontece dentro da cabeça de uma criança em particular (geralmente uma criança pertencente a uma comunidade branca, de classe média, da América do Norte ou da Europa) sem dedicar a devida atenção às diversas diferenças sociais, culturais e econômicas, e aos contextos históricos que as crianças vivenciam.[8] No entanto, como observou a psicóloga cultural Barbara Rogoff, "As pessoas se desenvolvem como partícipes de comunidades culturais. Seu desenvolvimento só pode ser entendido à luz das práticas culturais e das condições de suas comunidades".[9] Em outras palavras, a compreensão do desenvolvimento infantil *exige* o entendimento das comunidades e das práticas culturais nas quais as crianças tomam parte.

As comunidades culturais definem nossa impressão sobre o que é considerado perigoso e o que é considerado bonito; sobre o que é tido como inteligente, atlético ou divertido; e sobre como são expressos a inteligência, a destreza atlética e o humor.

Enquanto eu estava escrevendo este livro, passei grande parte de meu tempo em Berlim, cidade na qual muitos professores de pré-escola (*Kita*) não hesitam em deixar crianças de 3 e 4 anos usarem martelos, pregos e serras para trabalhar livremente com pranchas de madeira, uma atitude que decerto levaria a um processo no bairro de Seattle de onde eu venho.

Introdução

As crianças participam de uma grande diversidade de espaços, cenários e comunidades, cada um deles contendo diferentes arranjos de pessoas, práticas, funções e expectativas. Algumas vezes as práticas culturais nesses contextos são convergentes e outras vezes não. É essencial o entendimento de como elas se relacionam – e como se conectam a instituições e ideologias sociais mais amplas.[10]

Voltemos ao exemplo das adolescentes nas mídias sociais e da imagem que elas têm do próprio corpo. Para conseguir uma resposta melhor que uma linha de tendência média para prever a relação entre o uso do Instagram e a satisfação com a aparência do corpo no caso de uma adolescente em particular, seria útil certa compreensão das experiências dessa adolescente com seus colegas e familiares. Que tipo de ideal de beleza é estimulado por cada grupo de pessoas e como esse ideal utiliza, reforça ou talvez refute ideologias culturais mais abrangentes relacionadas à beleza? De que maneira essas dinâmicas influenciam o que a garota vê e a forma como ela interpreta os conteúdos do Instagram? Essa adolescente participa de outras comunidades, como grupos vinculados a igrejas, equipes esportivas ou clubes de atividades extracurriculares, nas quais a aparência física é reduzida a segundo plano e outras qualidades, como trabalho em equipe, espiritualidade e comunidade, são valorizadas? De que maneira a identidade racial dessa adolescente e o grau em que ela é marginalizada ou prestigiada na sociedade em geral influenciam sua motivação para se comparar – e de que modo – às imagens que vê no Instagram?

Questões como essas destacam a importância de considerar os heterogêneos contextos sociais dos jovens, bem como a forma como esses contextos se relacionam uns com os outros e com as tecnologias neles adotadas, além da maneira como todos esses contextos são influenciados por forças sociais, políticas, econômicas e históricas mais abrangentes.

Este livro não se propõe a dar conta de todos os contextos possíveis que afetam o desenvolvimento das crianças em todo o mundo. De fato, no que diz respeito à geografia, eu me concentro principalmente nos ambientes dentro dos quais conduzo minha pesquisa: América do Norte e Europa. Com isso, grande parte do mundo fica sem explicação! Dentro desse foco geográfica e culturalmente restrito, incorporei pesquisas que tratam de crianças com uma vasta gama de experiências entrecruzadas, como aquelas que vivem em diferentes condições socioeconômicas, pertencem a diferentes grupos étnicos e raciais, expressam diferentes gêneros e identidades sexuais e possuem amplo conjunto de habilidades e deficiências.

Tema 3: questões de projeto

A tecnologia não é neutra.[11] O recurso de reprodução automática da Netflix permite que as crianças assistam com mais facilidade a vários episódios de um programa de televisão e, ao mesmo tempo, dificulta a ação dos pais no sentido de evitar um confronto quando tentam desligar o aparelho. Quando um programa termina, os algoritmos de recomendação da Netflix (e YouTube, Disney+ e outras plataformas de *streaming* de vídeo) indicam o que uma criança vai encontrar em seguida. Os algoritmos também determinam os vídeos que são exibidos no *feed* For You (FY) de um adolescente no TikTok, bem como as fotos que ele verá ao navegar pelo seu *feed* no Instagram. Esses algoritmos são projetados para usar as informações coletadas nas interações anteriores das pessoas com a plataforma, com o objetivo de atrair e manter a atenção delas.[12]

Recursos como a reprodução automática e os algoritmos das mídias sociais são projetados por pessoas. Seus valores e seus objetivos, assim como suas crenças e sua visão de mundo, estão embutidos no que elas criam. O número de projetistas, desenvolvedores, gerentes de produto e outros funcionários de empresas de tecnologia evidencia uma presença desproporcionalmente maior de brancos, do sexo masculino, com elevado nível educacional, liberais ou libertários.[13] Um "usuário típico" concebido por esses profissionais será, muito provavelmente, alguém que os espelhe, aumentando assim as chances de que a tecnologia resultante atenda melhor a algumas pessoas que a outras.[14]

As empresas para as quais os projetistas de tecnologia trabalham também têm seu próprio conjunto de valores, metas, crenças e visões de mundo. A motivação dessas empresas reside predominantemente na busca de resultados financeiros positivos e não do bem-estar de um usuário. O resultado final é bom quando as pessoas estão na plataforma, e, assim sendo, as empresas descobriram o tipo de conteúdo que as mantém envolvidas: postagens emocionalmente estimulantes superam, em geral, os relatos moderados dos fatos. É por esse motivo que o algoritmo do Facebook prioriza conteúdos com *emojis* raivosos em detrimento das meras curtidas.[15]

Eu proponho três camadas para pensarmos na influência da tecnologia sobre o desenvolvimento infantil. A primeira é a *camada dos recursos*, formada pelos 0 e 1 das experiências digitais. São recursos específicos – a reprodução automática, o botão de curtir, a foto que desaparece no Snapchat, os filtros do Instagram, o algoritmo de detecção de destaque do Twitter, o algoritmo de *feed* For You do TikTok – que colocam ao alcance das pessoas condições de fazer e ver algumas coisas, e não outras, quando interagem com uma tecnologia específica. Um algoritmo pode parecer frio e imparcial, porém em sua criação e utilização estão envolvidas muitas decisões humanas.[16]

A camada seguinte é a *camada da prática*, que trata do relacionamento entre as pessoas e os recursos com os quais elas interagem. Aqui nós abordamos as potencialidades ou "possibilidades de ação" de uma tecnologia à medida que as pessoas se envolvem com ela.[17] Recursos como o botão de retuitar (*retweet*) no Twitter e o botão de republicar (*reblog*) no Tumblr dão origem a certas ações, o que facilita a ampla circulação de conteúdo pelas pessoas. A *propagabilidade*, portanto, representa uma potencialidade de plataformas como o Twitter e o Tumblr.

Outras potencialidades que caracterizam as plataformas de mídia social incluem *interatividade* (possibilidade de as pessoas interagirem com o conteúdo e as ideias daquelas com quem se relacionam), *reatividade* (viabilidade de as pessoas reagirem a um conteúdo clicando simplesmente em um símbolo de coração, em um botão de curtir ou em um *emoji* que representa raiva), *persistência* (rastros digitais deixados pelas postagens, mesmo depois de elas terem sido excluídas), *pesquisabilidade* (facilidade de rápida localização de informações), *replicabilidade* (facilidade com que um conteúdo pode ser copiado) e *anonimato* (algumas plataformas facilitam a criação de identidades diferentes daquelas emitidas pelos governos).[18]

Essa lista não pretende, de forma alguma, esgotar o universo de todas as plataformas de mídia social ou do vasto espectro de tecnologias com as quais as crianças interagem. O que é importante termos em mente quando pensamos na camada da prática é a interação entre os recursos e as pessoas, bem como o tipo de comportamento que emerge dessa interação. Certamente as decisões individuais de projeto envolvidas em uma tecnologia são importantes aqui, mas também o são as motivações, as habilidades e os valores das pessoas que interagem com ela.

A camada final é a *camada cultural*. A questão neste ponto é: que tipo de cultura emerge no contexto dos recursos e das potencialidades de uma tecnologia e da forma como ela é controlada? Basta passarmos uma hora no Instagram e uma no Tumblr para, sem dúvida, percebermos culturas distintas (existem muitas subculturas dentro de cada plataforma, portanto suas experiências provavelmente serão diferentes das minhas). Tanto o Instagram como o Tumblr são plataformas de mídia social, mas são projetadas e controladas de maneiras bastante diferentes, o que gera as diferenças nas interações do usuário, nos tópicos de discussão, nas normas de comportamento e assim por diante.[19]

Eis aqui apenas alguns exemplos: ao contrário do Instagram, o Tumblr não é baseado em perfil nem vinculado ao nome legal de uma pessoa, o que facilita sobremaneira a existência de certo grau de anonimato, ou "pseudoni-mização" e, por sua vez, leva as pessoas a se sentirem liberadas para se comunicarem mais abertamente e sobre tópicos delicados.[20] Por meio de seus recursos de republicação e respostas, o Tumblr enfatiza mais a interação que a reação. Em contrapartida, o botão de coração do Instagram estimula as reações rápidas à medida que as pessoas percorrem seus *feeds* – e representa uma fonte de estresse para muitos adolescentes que monitoram de perto o número de curtidas que suas postagens recebem. O modo principal do Instagram é visual.[21] As pessoas postam, curtem e comentam as próprias fotos, assim como as fotos dos outros, o que contribuiu para o surgimento de uma cultura de autoexposição e promoção. O conteúdo do Tumblr, em contrapartida, é apresentado de muitas formas diferentes, incluindo textos, imagens, GIFs, memes e *links*, o que funciona como suporte a uma comunidade baseada em interesses compartilhados.[22]

Os eventos que ocorrem nas camadas de recurso, prática e cultura do uso da tecnologia se combinam e definem de maneiras distintas e importantes as experiências digitais dos jovens. Recorrerei a essas camadas ao longo do livro para explorar os diferentes meios pelos quais a tecnologia dialoga com o desenvolvimento infantil e o influencia.

Os capítulos deste livro

Geração tecnológica descreve o arco do desenvolvimento desde a primeira infância, passando pelo início e o decorrer da adolescência e terminando no começo da idade adulta.

Em cada estágio, destaco uma ou duas funções do desenvolvimento que são particularmente importantes, como a função executiva e as aptidões para a alfabetização emergentes na primeira infância, além dos relacionamentos com colegas e da formação de identidade na adolescência. Essa abordagem me permite abarcar um tema amplo e complexo e, ao mesmo tempo, lançar luz sobre os principais fatores que estão em jogo quando se trata do impacto da tecnologia no desenvolvimento infantil.

O Capítulo 2 explora a constelação de aptidões que compõem o poder da função executiva de uma pessoa, incluindo a importantíssima habilidade de autorregulação, cujo desenvolvimento bem-sucedido na primeira infância contribui para a entrada e permanência das crianças no caminho do bem-estar pessoal, dos relacionamentos positivos e do sucesso acadêmico. Trataremos da questão de como um conteúdo digital cuidadosamente projetado pode promover o desenvolvimento da função executiva, bem como evitar as irregularidades de projeto que muitas vezes o prejudicam. Também daremos uma olhada no uso da tecnologia pelos pais e apresentaremos o conceito de parentalidade digital "suficientemente boa".

O foco do Capítulo 3 continua sendo a primeira infância, com a abordagem de outra função do desenvolvimento fundamental desse período: a progressão da alfabetização inicial. À medida que exploramos aplicativos de alfabetização, agentes de conversação e plataformas de bate-papo por vídeo, identificamos os atributos das experiências digitais autodirigidas e respaldadas pela comunidade capazes de contribuir para as aptidões iniciais da alfabetização, como desenvolvimento de vocabulário e reconhecimento das letras do alfabeto.

No Capítulo 4, exploraremos o mundo das brincadeiras infantis e as variadas formas que elas podem assumir em contextos analógicos e digitais. Consideraremos o valor das "peças soltas" nas experiências recreativas das crianças e identificaremos os tipos de experiências digitais que viabilizam a brincadeira com peças soltas e aquelas que a dificultam. Também examinaremos os recursos dos *videogames* (como a interatividade, o baixo custo de falha e o *feedback* claro e imediato), recursos esses que interagem de maneiras complexas com cada criança e com os contextos que as circundam.

O Capítulo 5 examina o papel atual e potencial da tecnologia na aprendizagem durante a segunda infância. Quando cuidadosamente projetadas, as tecnologias voltadas à aprendizagem podem estimular as crianças a perseguir seus interesses; podem abarcar as diversas formas de aprendizagem infantil; e podem ser significativamente integradas nos contextos culturais e nas comunidades de que as crianças participam. Infelizmente, como veremos, diversas barreiras como o acesso desigual às tecnologias de aprendizagem e ao suporte necessário para sua utilização, assim como as estruturas institucionais inflexíveis que dificultam a introdução de novas tecnologias nos ambientes escolares, impedem que esse potencial seja uma realidade para todas as crianças.

Com foco no início da adolescência, o Capítulo 6 marca a passagem das experiências de tecnologia selecionadas e reguladas por adultos para aquelas que são mais voltadas para o público jovem. Trataremos do modo como essas experiências tecnológicas reguladas pelos jovens podem tornar mais complexo o progressivo relacionamento entre pais e filhos adolescentes. Também examinaremos a maneira como os recursos e as potencialidades das plataformas de mídias sociais (p. ex., contagens de curtidas e publicidade) e *smartphones* (p. ex., notificações e mobilidade) exercem pressão sobre as impermanentes relações dos pré-adolescentes com seus pares e sobre a percepção que eles têm de sua identidade, o que causa estresse digital e estimula o assédio no ambiente cibernético entre algumas crianças pré-adolescentes.

O Capítulo 7 examina a vulnerabilidade e a resiliência na fase da adolescência, identificando quando e como as experiências digitais maximizam certas vulnerabilidades (como ansiedade e depressão) e quando contribuem para o bem-estar e o desenvolvimento da identidade do adolescente. Levaremos em consideração as dimensões culturais das experiências dos adolescentes com as mídias sociais, bem como o modo como elas pressionam alguns deles enquanto excluem outros. Também trataremos da maneira como os adolescentes estão reagindo a esses desafios, desenvolvendo suas próprias estratégias para experiências digitais autodirigidas e respaldadas pela comunidade.

O Capítulo 8 se ocupa de nossos jovens, que começam a entrar na vida adulta, examinando como eles usam tecnologias interligadas em rede para conectar seu florescente senso de identidade às questões sociais com as quais se importam. Examinaremos o modo como as tecnologias interligadas em rede mudaram a maneira de os jovens se envolverem nas discussões públicas sobre questões sociais, colocando em foco suas vozes de um modo sem precedentes. Analisaremos em que condições as formas *on-line* de ativismo podem empoderar esses jovens e quando podem provocar sentimentos de estresse psicológico.

Concluo cada um desses capítulos da mesma forma, avaliando os "três Ds". Começo com as ideias essenciais relacionadas ao que está acontecendo no tocante ao *Desenvolvimento*, quando crianças em determinada idade e em certo estágio evolutivo interagem com várias tecnologias. Em seguida, analiso em *Profundidade (Deeper)*, destacando as nuances e a complexidade subjacentes aos títulos de alto nível – com referência tanto às crianças individualmente como a seus contextos social e cultural. Finalmente, levo em conta as considerações de *Projeto (Design)* que podem e devem orientar as estratégias adotadas por usuários (especialmente pais e filhos), para identificação das experiências tecnológicas de suporte ao desenvolvimento, e por desenvolvedores de tecnologia, para elaboração de seus projetos tendo em mente, desde o início, essas experiências.

No capítulo final, Capítulo 9, apresento um modelo de experiências digitais favoráveis ao desenvolvimento, modelo este que mostra os principais determinantes das experiências digitais autodirigidas e respaldadas pela comunidade, assim como as maneiras pelas quais essas experiências podem contribuir para o desenvolvimento saudável das crianças. Analiso a forma como diferentes atores podem fazer essas experiências positivas serem a regra, e não a exceção, para os filhos da tecnologia. Ofereço também um conjunto de sugestões concretas para projetistas e empresas de tecnologia, formuladores de políticas, pais e cuidadores, professores e administradores escolares, acadêmicos e pesquisadores.

2

Primeira infância: desenvolvendo o autocontrole em um mundo saturado de tecnologia

A capacidade de ter controle sobre as emoções e o comportamento – também conhecida como função executiva – representa importante tarefa do ponto de vista do desenvolvimento durante a primeira infância. Este capítulo examina a interação entre o desenvolvimento das aptidões relacionadas à função executiva de crianças pequenas e suas experiências com as tecnologias normalmente usadas, identificando aquelas capazes de contribuir para o desenvolvimento da função executiva e aquelas que podem prejudicá-lo.

Em primeiro lugar, vamos analisar como se desenvolvem as aptidões relacionadas à função executiva de uma criança.

A função executiva pode ser considerada o sistema de "controle de tráfego aéreo" do cérebro.[1] Essa constelação de aptidões controla a quantidade e a variedade de informações que chegam até nós durante o dia, priorizando e destacando as coisas importantes, deixando de lado o que é menos importante (embora talvez mais atraente), tomando decisões, fazendo e revisando planos e movimentando-se em meio a uma multiplicidade de objetivos e demandas. A função executiva determina grande parte do modo como lidamos com nosso dia e nos relacionamos com o mundo.

Embora o desenvolvimento da função executiva ocorra ao longo de toda a infância e na adolescência, podendo continuar até mesmo no início da idade adulta, a primeira infância representa um período delicado (um período em que as crianças são particularmente propensas a sofrer a influência do ambiente).[2] As crianças pequenas aprendem a regular suas ações e emoções (autorregulação), retêm informações no cérebro por curtos períodos (memória de trabalho) e mudam de marcha e adaptam seu comportamento de acordo com mudanças situacionais (flexibilidade cognitiva). Essas habilidades terão influência na forma como elas agem e interagem com as pessoas e experiências que encontram ao longo da vida, bem como reagem a essas pessoas e experiências.

Quando esse conjunto de eventos tem um desdobramento adequado nessa fase, as crianças estão mais preparadas para o futuro escolar, tanto acadêmica como socialmente, e são mais capazes de lidar com o estresse e a frustração. Em contrapartida, se o desenrolar desses acontecimentos não for propício, há uma chance maior de elas terem dificuldades para obedecer a regras, de exibirem um comportamento desafiador ou mesmo agressivo e de enfrentarem problemas nas relações interpessoais com colegas e professores. No caso dos adultos, a função executiva é fundamental na maioria dos aspectos da vida diária, desde o bom desempenho no trabalho até a manutenção de relacionamentos saudáveis.[3]

Qualquer pessoa que tenha passado algum tempo com uma criança bem pequena sabe que essas aptidões levam tempo para se desenvolver. Crianças de 2 anos são muito mais aptas a atrapalhar planos que a fazê-los. As crianças desenvolvem as habilidades de sua função executiva por meio de experiências como participar de conversas da família na hora das refeições, compartilhar e fazer revezamento com amigos na pré-escola e esperar na fila do caixa no supermercado.

Os pais e outros cuidadores adultos desempenham papel fundamental na sustentação e na confirmação dessas aptidões emergentes, oferecendo elogios não apenas quando a criança demonstra alguma destreza, mas também quando ela esboça habilidades de função executiva, como planejar e tomar decisões, regular suas emoções e resistir a perturbações. (No entanto, veremos mais adiante neste capítulo que os pais nem sempre são os melhores modelos.)[4]

Outros fatores que podem favorecer ou prejudicar o desenvolvimento da função executiva incluem a maneira como o ambiente da criança é organizado e os objetos nele disponíveis. Um ambiente caótico cheio de distrações e estressores tornará mais difícil para as crianças o desenvolvimento de consistentes habilidades da função executiva. Neste capítulo examinaremos que tipo de ambiente as experiências digitais das crianças criam para o desenvolvimento de sua função executiva.

A "velha" TV

Muito embora a televisão possa parecer ultrapassada em 2023, ela ainda representa a forma dominante de engajamento com a mídia para crianças de 0 a 8 anos, por meio da visualização em uma tela tradicional, em um *tablet* ou em um *smartphone*, via sinais de televisão a cabo, Netflix ou YouTube.[5]

Desde o início da existência da TV, as pessoas se preocupam com seus efeitos sobre as crianças. De fato, sentimos algo um tanto desalentador ao testemunhar a concentração extasiada de uma criança sentada imóvel na frente de uma tela de televisão, quando em qualquer outra circunstância ela estaria em constante movimento. O que está acontecendo?

A forma como as crianças – e, na verdade, todos nós – prestam atenção à TV é diferente da maneira como atentamos a outros aspectos de nosso ambiente. Quando um evento inesperado no ambiente que nos circunda chama nossa atenção sem um esforço consciente de nossa parte, estamos usando processos de atenção automáticos "de baixo para cima". Em contrapartida, quando nos sentamos para ler um livro ou escrever uma lista de compras, estamos usando processos "de cima para baixo". A TV se baseia principalmente em processos de baixo para cima, por meio de seus efeitos visuais e sonoros, bem como da inserção rotineira de eventos surpreendentes ou fantásticos. Em outras palavras, ela capta nossa atenção e nos conduz a uma experiência de visualização sem que tenhamos de fazer muito esforço. A função executiva, ao contrário, envolve processos de atenção de cima para baixo. A teoria diz que basta passarmos certo tempo na frente da televisão para começarmos a depender mais dos processos de atenção automáticos, de baixo para cima, deixando de exercitar os de cima para baixo, que são mais trabalhosos.[6]

Outra linha de raciocínio, que relaciona TV e função executiva, sugere que o poder de processamento necessário para concentrarmos a atenção nos elementos fantásticos da televisão, e procurarmos dar sentido a eles esgota os recursos que, de outra maneira, seriam empregados para a função executiva.[7] Isso pode ser particularmente verdadeiro no caso de crianças bem pequenas, cujo poder de processamento é de início muito limitado, e cujo estágio de desenvolvimento sensório-motor (para interagir fisicamente com o mundo por meio de olhar, toque, degustação etc.) as levará a gravitar em torno de recursos de seu ambiente que lhes chamam mais a atenção.[8]

Há outra explicação ainda, segundo a qual assistir à TV pode consumir um tempo que, de outra forma, seria gasto no envolvimento com atividades de aprimoramento da função executiva, como assar biscoitos com um dos pais ou brincar de faz de conta na companhia de um irmão ou um amigo.[9]

Outras interpretações incluem o entendimento de que a televisão é responsável pela formação de um baixo nível de autocontrole (por exemplo, personagens de TV que atuam com uso de violência), interferindo nos sistemas de excitação das crianças e promovendo um estilo de atenção que, em vez de se manter estável, muda constantemente.[10] Em todas essas situações, as crianças bem pequenas são consideradas as de maior risco, uma vez que a primeira infância é um período delicado para o desenvolvimento da função executiva, além de os pequeninos serem particularmente suscetíveis a influências do ambiente e menos capazes de regular seus níveis de excitação.[11]

Não é difícil encontrarmos pesquisas que mostram uma relação negativa entre o tempo passado na frente da televisão e a função executiva, pois, quanto maior a exposição à TV, pior o desempenho das crianças em medidas de atenção e autocontrole.[12] Também não é difícil encontrarmos pesquisas que não mostrem relação alguma entre TV e função executiva.[13] E, em ambos os casos, trata-se apenas de relações, não de comprovação de que assistir à TV causa ou não alteração na função executiva das crianças.

No conjunto, essas investigações traçam um quadro confuso, decorrente, em parte, do fato de que capturam valores médios das tendências populacionais, o que mascara variações importantes em termos de crianças e seus contextos individualmente. Por exemplo, bebês e crianças pequenas com temperamento difícil (propensos a fazer estardalhaço e chorar) têm mais probabilidade de serem expostos à TV durante mais tempo, e os pais têm maior propensão a dar dispositivos como *smartphones* e *tablets* para crianças pequenas com retardo socioemocional e problemas de comportamento, a fim de acalmá-los quando se mostram desassossegados, especialmente se os próprios pais estiverem estressados por causa do comportamento dos filhos.[14]

Portanto, a relação entre a exposição à televisão e os problemas de atenção está envolta em outros aspectos do ambiente de uma criança, incluindo o relacionamento pais-filhos.[15] De fato, em uma revisão sistemática de pesquisas que

Geração tecnológica

investigam a relação entre a exposição à televisão e a cognição e o comportamento das crianças, a psicóloga Katarzyna Kostyrka-Allchorne e seus colegas assinalaram os diversos fatores individuais, familiares e sociais que os estudos examinados por eles não levaram em consideração.[16] Aqui estão apenas alguns deles: o temperamento de uma criança, a qualidade de suas estratégias de autorregulação e sua sensibilidade neurológica a estímulos ambientais, assim como estilo de parentalidade, renda familiar e presença ou ausência de elementos estressores no ambiente.

O projeto também é importante. Não apenas as pessoas são peças intrincadas do processo. A própria televisão é, em si mesma, um fenômeno complexo.

Por exemplo, há a questão do *tipo* de programação de TV a que as crianças estão expostas. Os pesquisadores investigaram o impacto resultante da mudança de vários aspectos da programação televisiva, como o ritmo – rápido × lento – e os tipos de conteúdo – fantástico × realista, educativo × entretenimento, violento × não violento e dirigido a crianças × dirigido a adultos.

Um conteúdo educativo é geralmente a opção mais adequada que um conteúdo focado no entretenimento;[17] um não violento é melhor que um violento;[18] e um dirigido a crianças é mais acertado que outro dirigido a adultos.[19] As investigações envolvendo o aspecto de ritmo rápido *versus* lento e de conteúdo realista *versus* fantástico produziram resultados ambíguos.[20]

Podemos extrair daí *alguma* lição concreta? Enquanto ainda não existe um manual definitivo, eis aqui uma lista de considerações à qual os pais podem recorrer ao tomar decisões sobre a exposição de seus filhos à TV:

1. Meu filho tem problemas preexistentes de atenção e/ou de comportamento? Em caso afirmativo, preciso ser criterioso em relação à minha maneira de lidar com o modo como ele assiste à televisão. A televisão tem condições de ser um recurso útil para acalmar meu filho e pode ser uma das diversas estratégias que eu uso em momentos desafiadores. No entanto, devo ter muito cuidado para não me valer dela como *única* maneira de acalmá-lo e ajudá-lo a se concentrar.[21] O excesso de dependência da TV pode impedir que meu filho aprenda a se autorregular sem ajuda externa.

2. A que tipo de conteúdo meu filho está assistindo? Eu procuro um conteúdo educativo e apropriado para a idade dele? Nesse ponto, a pesquisa pode ser um pouco confusa, mas sugere de fato que os pais evitem a violência e busquem uma programação dirigida a crianças que incorpore oportuni-

dades de aprendizado. Por exemplo, programas educativos como *Vila Sésamo* podem apoiar o desenvolvimento da alfabetização infantil, especialmente no caso de crianças de famílias de baixa renda.[22]

3. Em que tipo de atividade meu filho deveria estar envolvido se ele *não* estivesse assistindo à televisão? É possível que as mídias de tela estejam subtraindo tempo de outras experiências que, sabidamente, respaldam a função executiva, incluindo o sono e as interações com os cuidadores.[23] Por sua vez, as mídias de tela podem proporcionar uma alternativa bem-vinda – e potencialmente educacional – para uma situação desafiadora em outros contextos. Por exemplo, os pais podem usar as mídias de tela para distrair seus filhos enquanto estão envolvidos com as tarefas domésticas.[24] No caso de crianças que vivem em bairros violentos ou propensos a eventos imprevisíveis, os pais podem usar as mídias de tela como estratégia de preservação da segurança de seus filhos, mantendo-os dentro do ambiente da casa.[25]

A "nova" TV

A maioria das pesquisas publicadas sobre a repercussão nas crianças do ato de assistir à televisão envolve aparelhos de TV tradicionais que podem ser encontrados na sala de estar das famílias – afinal de contas, as pesquisas sobre TV são muito mais antigas que o iPhone, o iPad e todos os dispositivos subsequentes neles inspirados.

Sem dúvida, as crianças estão hoje abandonando cada vez mais a TV em favor de *tablets* e *smartphones*. Quase todas as famílias americanas (98%) que têm uma criança de até 8 anos de idade possuem pelo menos um dispositivo móvel em casa, e 83% das crianças de até 8 anos já usaram pelo menos uma vez um dispositivo móvel.[26]

O que muda quando as crianças deixam de assistir a seu programa favorito em uma TV de 48 polegadas para assisti-lo em um *tablet* de oito polegadas que fica apoiado sobre seu colo? A experiência de visualização se torna mais íntima e individualizada quando a criança segura a tela no próprio colo, mas por outro dificulta o compartilhamento da experiência com outras pessoas. No caso em que uma criança usa fones de ouvido, ela está realmente tendo uma experiência só dela. Vale a pena pensarmos nessa guinada sob a ótica das pesquisas que documentam os benefícios de os pais (e outros membros da família) assistirem a programas de televisão com os filhos.[27]

A mobilidade também amplia os contextos e os momentos em que a mídia pode ser consumida, como em um carrinho de bebê, em um ônibus ou logo antes de dormir. Colocar um *tablet* na mão de uma criança durante o deslocamento no trânsito ou em um restaurante pode tirar dela a oportunidade de praticar a autorregulação no relacionamento com um irmão ou cuidador – mas também pode proporcionar aos cuidadores uma rara oportunidade de conversar ou até mesmo fechar os olhos por um momento.[28] No que diz respeito à hora de dormir, a pesquisa sugere que a interferência no sono pode estar por trás da conexão negativa identificada entre mídias móveis e autorregulação.[29]

Outra característica do modo de assistir à TV nos tempos atuais é a maior probabilidade de que as crianças acompanhem as programações por meio de uma plataforma de rede como Netflix ou YouTube.[30] De fato, o conteúdo voltado ao público infantil está entre os mais assistidos no YouTube, superando em média as visualizações de outros conteúdos de vídeo.[31] Em 2020, "Baby Shark" (Bebê tubarão), uma animação musicada dirigida a crianças pequenas, tornou-se o vídeo mais visto de todos os tempos no YouTube.[32] Esse foi também o primeiro ano em que crianças com menos de 8 anos passaram mais tempo assistindo a vídeos nas plataformas *on-line* que ao vivo na TV ou em serviços de *streaming*.[33]

Teoricamente, a visualização sob demanda oferecida por plataformas como o YouTube proporciona aos pais um controle maior ao que os filhos assistem, bem como sobre o tempo consumido nelas. Contudo, outros aspectos do projeto das plataformas podem prejudicar esse controle. Os algoritmos de recomendação tomam os dados coletados pela plataforma sobre uma criança em particular, e outras crianças com características consideradas semelhantes (por exemplo, mesma idade e localização geográfica), e empregam esses dados para sugerir ao que a criança pode assistir na sequência.[34] Em razão do apelo visual dessas sugestões, torna-se difícil ignorá-las. Existe a possibilidade de os pais alterarem as configurações e instalarem filtros, mas essas medidas exigem certo conhecimento técnico, além de proporcionarem um controle limitado.

Outro recurso que tanto a Netflix como o YouTube oferecem é o avanço automático para o próximo episódio ou vídeo. Se você estiver assistindo por um tempo prolongado a um programa na Netflix, é possível que a plataforma exiba uma janelinha de mensagem perguntando se você ainda está lá. Mas, até chegar a esse ponto de visualização (bastante amplo), a Netflix continuará reproduzindo episódio após episódio sem sua solicitação – a menos que você tenha desativado em sua conta o recurso de reprodução automática.

É muito fácil desativar a reprodução automática no momento da configuração do perfil de uma criança. Porém, mesmo com o recurso desativado, eu descobri, quando meu filho Oliver tinha 3 anos, que ele aprendera a clicar no botão "próximo episódio" antes que eu pudesse alcançar o botão de desligar.

Qualquer espécie de transição de uma atividade para outra pode ser difícil para crianças pequenas, exigindo delas o exercício de suas nascentes aptidões de autorregulação. Pode ser ainda mais difícil a abdicação do uso de atividades baseadas na tela com reprodução automática.[35]

A pesquisa conduzida por meus colegas da Universidade de Washington revelou a real viabilidade de a reprodução automática solapar os limites que os pais tentam estabelecer para seus filhos na interação com dispositivos digitais, além de reduzir a probabilidade de as crianças se autolimitarem ou se automonitorarem e de, geralmente, aumentar a mortificação causada pela abdicação das atividades baseadas em tela.[36] Nada disso é propício para o desenvolvimento das aptidões da função executiva das crianças.

A reprodução automática é um dos diversos *padrões obscuros* no projeto de tecnologias comerciais.[37] Outros exemplos incluem os custos ocultos (você baixa um aplicativo dito "gratuito" e logo descobre que a maior parte do conteúdo está bloqueada atrás de um acesso pago); as configurações excessivamente complexas das opções de privacidade (projetadas com o propósito de deixar os usuários expostos); e os anúncios disfarçados, que incluem os chamados *"advergames"* [publicidades disfarçadas em jogos], particularmente ardilosos, pois miram as crianças, que têm dificuldade em fazer distinção entre os tipos de conteúdo *on-line*.

Padrões obscuros são recursos de projeto cujo objetivo é manter os usuários envolvidos com determinado dispositivo, uma plataforma específica ou um aplicativo em particular, sem que eles se deem conta de como esse envolvimento pode afetar sua autonomia e seu bem-estar. A navegação por meio desses recursos já é bastante difícil para os adultos, mas pode ser particularmente desafiadora no caso de crianças pequenas, cujas aptidões para pensar criticamente e se autorregular ainda estão em desenvolvimento.[38]

Mídia interativa: rolar a tela com os dedos é diferente de fixar os olhos nela?

Assistir a programas de televisão em um *tablet* ou *smartphone* pode ser a atividade mais praticada pelas crianças pequenas, mas certamente não é a única. A oferta de aplicativos voltados para bebês e crianças em idade pré-escolar aumentou significativamente desde o lançamento do iPhone, do iPad[39] e de seus equivalentes de outros fabricantes que não a Apple, além de a ampla maioria dos aplicativos de categoria educacional ser voltada para crianças.[40]

Existem aplicativos que ensinam a pintar, tocar música, classificar objetos, contar, reconhecer as letras do alfabeto, usar o peniquinho, entre muitos outros. O que é comum entre todos esses aplicativos é o recurso da interatividade; portanto, cabe aqui questionarmos se a interatividade tem impacto no desenvolvimento das habilidades de atenção e autorregulação das crianças.

Pesquisas recentes sugerem que a interatividade, quando associada a conteúdos educativos, pode atuar como suporte a certos tipos de aptidões da função executiva em crianças pequenas.[41] No entanto, nem toda interatividade é concebida da mesma forma, mesmo nas situações em que as crianças são envolvidas com conteúdo educativo. Alguns aplicativos interativos definem a sequência e o ritmo específicos das interações, enquanto outros permitem que as crianças controlem a maneira e o ritmo em que se relacionam com eles. Essa distinção se mostra um fator importante no tocante à maneira como a atenção das crianças é capturada e mantida quando elas usam um jogo em um dispositivo móvel.

A pesquisadora Alexis Hiniker e seus colegas compararam a forma de interação de crianças com idade entre 4 e 6 anos com brinquedos analógicos (por exemplo, Legos, livros, jogos de tabuleiro) *versus* jogos e aplicativos baseados em *tablets*.[42] Os pesquisadores observaram que elas exibiram elevado nível de foco nas duas situações, porém houve acentuada diferença na maneira como a atenção delas era retida. A principal distinção entre as sessões com os brinquedos analógicos e aquelas envolvendo o *tablet* parecia estar no *agente* controlador da atenção das crianças.

Na sessão de atividades com brinquedos analógicos, as crianças pareciam ter o controle de sua atenção, conseguindo alternar sem dificuldades entre a brincadeira e a conversa com seus pais sobre o que estavam fazendo. Por sua vez, na sessão de jogos com o *tablet*, o aplicativo parecia controlar a atenção das

Primeira infância: desenvolvendo o autocontrole em um mundo saturado de tecnologia

crianças, pois, na maioria das vezes, elas paravam no meio de uma resposta à pergunta dos pais ou a ignoravam completamente. Da mesma forma, as crianças mostraram menos propensão a incluir seus pais nas brincadeiras baseadas em *tablets* em comparação com aquelas envolvendo brinquedos.

Entretanto, houve casos em que as crianças conseguiram manter o controle sobre sua atenção enquanto brincavam com seus *tablets*. Isso aconteceu quando elas estavam brincando com aplicativos cujo ritmo era controlado pelo usuário, em vez de aplicativos que definem o próprio ritmo sem a participação do usuário. (Essa distinção entre experiências no ritmo do usuário *versus* experiências no ritmo do aplicativo lembra a diferença entre o processamento de cima para baixo e o de baixo para cima dos estímulos ambientais, diferença abordada no início do capítulo em relação à prática de assistir à TV.)

Importante adendo a essa pesquisa é a descoberta de que a distinção entre brinquedos analógicos e digitais tem menor peso se comparada à maneira como pais e filhos interagem entre si. Seja na atividade recreativa com brinquedos analógicos ou em um *tablet*, o fator mais significativo foi o estilo de relacionamento e interação adotado por pais e filhos na sessão de brincadeiras. Esse resultado ressalta o fato de que o uso da tecnologia pelas crianças se dá em um contexto mais amplo, e esse contexto pode ter um peso igual – e às vezes superior – ao da própria tecnologia. Ele também evidencia a importância particular do papel dos pais como elemento de suporte ao engajamento de seus filhos com a tecnologia.

Voltando ao tema da tecnologia e da atenção, as empresas se empenham sobremaneira no sentido de projetar tecnologias que capturem e prendam a atenção das crianças pelo maior tempo possível. A pesquisadora e pediatra Jenny Radesky e seus colegas enumeraram uma série de *recursos abusivos de projeto* – mecanismos que priorizam o envolvimento contínuo com o aplicativo em detrimento do bem-estar da criança –, que podem ser encontrados em aplicativos cujo público-alvo são as crianças em idade pré-escolar.[43] Muitos aplicativos, por exemplo, envolvem as crianças em relações parassociais, nas quais um personagem do aplicativo pressiona a criança a brincar por mais tempo (por exemplo, um personagem chorão que só se acalma se ela continuar brincando) ou a fazer uma compra. Os chamarizes são outro tipo de recurso abusivo de projeto – símbolos, recompensas ou brinquedos virtuais que atraem a atenção das crianças e as mantêm envolvidas com o aplicativo. Radesky e seus colegas também encontraram evidências de que crianças oriundas de famílias com posição socioeconômica inferior (menor renda, menor nível educacional dos pais) são mais expostas a recursos abusivos de projeto.

Mesmo os dispositivos supostamente educativos podem atrair a atenção das crianças e desviá-las da tarefa por fazer – isso é especialmente verdadeiro no caso de crianças pequenas com limitação de suas aptidões motoras finas, de sua capacidade de processamento de informações e de raciocínio simbólico.[44]

Por exemplo, pesquisas sobre aplicativos de leitura de histórias sugerem que determinados recursos incorporados, como dicionários, jogos, assistência para pronúncia de palavras e *links* para animações, som e música, podem desviar a atenção das crianças pequenas da experiência central de leitura.[45] Embora muitos desses recursos, como os dicionários, visem ampliar a experiência de aprendizado, eles parecem funcionar mais como distrações que sobrecarregam as habilidades da função executiva de crianças pequenas, exigindo que elas alternem entre tarefas e processem informações adicionais.

Então, rolar a tela com os dedos é melhor que fixar os olhos nela? Pesquisas recentes indicam que a interatividade pode ser benéfica para determinadas aptidões da função executiva e sob certas condições.[46] No entanto, é importante considerarmos qual é o agente que está direcionando a interatividade: a criança ou o aplicativo. É muito fácil encontrarmos em aplicativos voltados para crianças pequenas recursos abusivos de projeto, como relacionamentos parassociais e chamarizes, que atraem a atenção dessas crianças.[47] Recursos supostamente educativos, como *hiperlinks*, animações e música, também desempenham papel considerável – se eles são benéficos ou prejudiciais é uma questão dependente de seu comprometimento com a atividade, do estágio de prontidão da criança do ponto de vista do desenvolvimento e do contexto de uso do aplicativo.

Colocando os pais no banco dos réus

Eu gostaria de lembrar quantas foram as vezes em que Oliver me pegou verificando meu telefone durante os momentos de recreação com ele. Quando tinha 2 anos, a reação típica dele era arrancar o telefone de minha mão e gritar "Pare, mamãe! Não faça assim!". O fato de eu saber que essa forma de distração parental baseada na tecnologia é tão comum a ponto de os pesquisadores terem dado a ela um nome – tecnoferência –, aplaca um pouco minha consciência culpada (mas só um pouco).

Muito embora o termo *tecnoferência* não se limite às relações entre pais e filhos – qualquer interação interpessoal pode ser interrompida quando uma pessoa descontinua o contato visual para observar o telefone –, ele é usado com frequência por pesquisadores que estudam os efeitos da desconcentração dos pais em decorrência do uso da tecnologia, quando na presença dos filhos.[48] À medida que novas tecnologias, como as interfaces de voz (por exemplo, alto-falantes inteligentes como o Amazon Echo), são introduzidas em um número cada vez maior de lares, as oportunidades para situações de tecnoferência só tendem a aumentar.[49]

A desconcentração dos pais não é um fenômeno novo e certamente antecede o surgimento de *smartphones* e mídias sociais. Quando penso em minha infância na década de 1980, a atenção de meus pais era frequentemente desviada por jornais e revistas, pelas últimas notícias ou pela atualização meteorológica no rádio (o silêncio imediato e total era essencial ou teríamos de esperar até o próximo boletim uma hora depois), assim como pelas atividades culinárias e as tarefas domésticas, além dos outros adultos (eu fui durante muitos anos filha única, portanto, não havia outras crianças com quem brigar). Essas interrupções eram para mim fatores secundários de irritação, mas também parte do ritmo normal da vida diária em casa. (Fiquei sabendo que elas geravam certo sentimento de culpa em meus pais, mas era insignificante em comparação com a culpa decorrente do desvio da atenção para dar uma olhada em um telefone durante a recreação com os filhos.)

As expectativas em relação à parentalidade mudaram desde os anos 1980 e as décadas anteriores. (A própria palavra *parentalidade* é uma adição relativamente recente ao vernáculo comum, tendo se tornado mais conhecida apenas na década de 1970.)[50] Especialmente em lares com elevado nível educacional, as mães de hoje, que trabalham, passam um tempo igual – e frequentemente maior – interagindo com seus filhos ao das mães dedicadas ao lar da década de 1970.[51] E é esperado que esse tempo de parentalidade seja um tempo de *qualidade*. Não basta simplesmente estar com os filhos; você deve ler para eles, brincar com eles e ensiná-los a ler, escrever, contar e codificar.[52] À luz da "parentalidade intensiva" dos dias de hoje,[53] qualquer espécie de desvio da atenção dedicada a nossos filhos parece beirar a negligência em relação a eles.[54]

Há também uma sólida defesa da tese de que a natureza da desatenção dos pais é qualitativamente diferente hoje em relação ao que era antes de começarmos a andar por aí com *smartphones*. Brandon McDaniel, um importante estudioso da tecnoferência dentro das famílias, observa que há algo novo acontecendo com os pais e seus dispositivos móveis.[55]

Diferentemente das revistas ou do rádio, nossos *smartphones* estão o tempo todo conectados a nós – ou muito próximos. Na verdade, começamos a entrar em pânico se não conseguimos saber sua localização exata, mesmo que por alguns momentos. É tão expressiva a parcela de nossa vida que acontece em nossos telefones que eles até mesmo parecem ter se tornado extensões de nós mesmos.[56] Se deixamos de ter acesso a eles por qualquer motivo, muitos de nós experimentamos o medo de estar perdendo os últimos acontecimentos de nossos círculos sociais.[57] Esse medo específico, relacionado à impossibilidade de acesso ao telefone, tem até seu próprio nome: nomofobia (formado, em inglês, pelo acrônimo: *NO MObile PHone PhoBIA*).[58]

Para pais novatos que ficam em casa com seus filhos pequenos (muitas vezes são as mães), os *smartphones* podem parecer um fio de contato com o mundo adulto, oferecendo companhia e acalento em meio às inseguranças, ao estresse e à solidão que algumas vezes acompanham a parentalidade.[59] Nossos telefones também desempenham o papel de nos lembrar de sua presença e ser uma perpétua fonte de estímulo, enviando-nos notificações regulares por meio de mensagens, lembretes ou manchetes do noticiário. Nós invariavelmente respondemos a esses sinais e a essas vibrações, olhando para a tela de nossos telefones na esperança (consciente ou não) de que um deles nos traga algum tipo de recompensa de caráter informativo ou social.[60]

Ao mesmo tempo que se mantêm fiéis a padrões sem precedentes de envolvimento parental e capacidade de resposta, os pais de hoje carregam consigo uma fonte permanente e poderosa de desvio desses padrões. Não surpreende o fato de que tantos pais se sintam culpados por usar seus dispositivos perto dos filhos.[61] Mas será que deveriam?

Vamos começar analisando o desenvolvimento das aptidões da função executiva das crianças, o foco principal deste capítulo. Há um grupo de comportamentos infantis – como inquietação, tendência à frustração fácil e ataques de birra – que são conhecidos como *comportamentos de externalização*. Esses comportamentos estão negativamente relacionados com a função executiva, o que significa que as crianças com sólidas aptidões da função executiva são menos propensas a exibi-los.[62]

Pesquisas recentes sugerem que existe reciprocidade entre a tecnoferência parental e os comportamentos de externalização das crianças. Ou seja, a tecnoferência parental pode levar as crianças a se comportarem de forma disruptiva por causa de frustração decorrente do uso do telefone pelos pais, de modo a chamar a atenção deles. Por sua vez, o comportamento perturbador das crianças pode fazer os pais recorrerem aos telefones como forma de controlar o estresse causado pelo comportamento de seus filhos.[63]

A tecnoferência pode também interferir de outra maneira, menos direta, no desenvolvimento da função executiva de crianças pequenas. Como observei no início do capítulo, os pais desempenham papel fundamental no suporte ao desenvolvimento das aptidões da função executiva de seus filhos.[64] De fato, eu algumas vezes sinto como se a maior parte de minha energia parental estivesse concentrada na direção de ajudar Oliver (há quem denomine isso uma tentativa de persuasão por meio de bajulação, súplica ou suborno) a fazer uma transição tranquila de uma atividade para outra, ou de deixar para recompensá-lo com a permissão de assistir a seu programa de TV favorito só depois de ele ter cumprido suas tarefas menos gratificantes, como tomar banho ou escovar os dentes. Esse apoio exige que eu esteja intensamente sintonizada com as deixas que ele me dá a cada momento, e pronta para responder a elas. Se eu interpretar a agitação de seu corpo como desafio em vez de uma demonstração do desejo de brincar, perderei uma oportunidade de me conectar com meu filho e canalizar para um comportamento positivo (como vestir o pijama sem fazer estardalhaço) essa prontidão para a diversão.

A sensibilidade parental é necessária não apenas como suporte à função executiva das crianças, mas também de forma mais ampla – e fundamentalmente – para ajudá-las a desenvolver vínculos positivos e seguros com seus principais cuidadores. Esses vínculos terão importante influência sobre a qualidade e o sucesso dos relacionamentos íntimos que eles vivenciarão ao longo de toda a vida.[65]

Muito embora não existam pesquisas publicadas (enquanto escrevo este livro) que apontem o efeito negativo da tecnoferência parental sobre o vínculo das crianças com os pais, há pesquisas mostrando que os pais que se deixam distrair com seus dispositivos móveis demonstram menos sensibilidade para seus filhos. Essa pesquisa revela que os pais cuja atenção fica concentrada em seus telefones conversam menos com os filhos, mostram-se menos receptivos aos pedidos de atenção de seus filhos e, algumas vezes, exteriorizam mais hostilidade quando voltam a atenção para os filhos.[66]

Além do apoio direto que ofereço a Oliver, outra maneira de ajudá-lo a desenvolver suas aptidões da função executiva é exibir o padrão de comportamento que eu quero que ele desenvolva. Eu nunca me esqueço de tomar banho e escovar os dentes, bem como sempre espero minha vez em um jogo e permaneço pacientemente na fila do caixa do supermercado. Meu exemplo se perde quando eu desvio instantaneamente o olhar para meu telefone ao primeiro sinal ou vibração e coloco em espera o que eu estava fazendo. São diversos os estudos divulgados nos últimos anos mostrando evidências desse tipo de distração dos pais em relação às crianças em parquinhos, restaurantes e museus.[67] Que exemplo de postura no que concerne à tecnologia estamos projetando para nossos filhos quando, com tanta facilidade e frequência, permitimos que nossos telefones nos afastem de uma experiência ao lado deles?

Porém, não vamos nos precipitar nas conclusões. Nessa discussão, eu usei muitas palavras como *poderia* e *seria possível*. A pesquisa sobre tecnoferência parental envolve os mesmos cuidados que aquelas sobre o hábito de assistir à televisão e usar *tablets* pelas crianças. A maior parcela dessas pesquisas se baseia em dados observacionais e transversais, que não têm condições de estabelecer qualquer tipo de conexão causal entre dois fenômenos. Muitas delas também se valem de relatos dos próprios pais, que, ao que tudo indica, não estão muito qualificados a avaliar o uso que fazem do celular.[68]

E não podemos nos esquecer das onipresentes diferenças individuais e contextuais que, inevitavelmente, exigirão que nossa abordagem vá além dos padrões médios de comportamento em grandes grupos de pessoas, passando a examinar a forma como crianças e pais, individualmente, incorporam a tecnologia em seus contextos familiares específicos.[69]

Parentalidade digital "suficientemente boa"

Depois que adicionei uma parcela a mais no sentimento de culpa de pais, avós ou outro adulto responsável pelo cuidado da vida de uma criança, deixe-me tentar trazer de volta um pouco de equilíbrio.[70]

Em meados do século XX, o pediatra Donald Winnicott propôs o conceito de mãe "suficientemente boa".[71] Vamos atualizá-lo então para o século XXI, reescrevendo-o como *pais* suficientemente bons. Winnicott argumentou que, na verdade, é *proveitoso* que as crianças vivenciem situações nas quais os

Primeira infância: desenvolvendo o autocontrole em um mundo saturado de tecnologia

pais não estejam disponíveis 100% do tempo para atender por completo suas necessidades ou seus desejos. Ao vivenciar a frustração que acompanha esses momentos de decepção e aprender a superá-las, as crianças conseguem desenvolver um nível de resiliência que as preparará para os desafios que inevitavelmente encontrarão ao longo de sua vida.

Uma parentalidade suficientemente boa não envolve criar desculpas para não colocar em prática seus ideais de pai ou mãe. Trata-se, sim, de reconhecermos que não devemos sequer tentar ser perfeitos enquanto pais.

Em primeiro lugar – e obviamente –, a perfeição é um ideal inatingível; ou, pelo menos, não consegue se sustentar durante o longo e muitas vezes imprevisível período da infância. De acordo com Winnicott, o mais importante é que não é proveitoso para a criança que seus pais estejam sempre atentos, porque esse excesso de atenção não deixa espaço para o crescimento pessoal. Eu entendo o conceito de pais suficientemente bons como um apelo aos pais para que não se conformem com a imperfeição, mas que a abracem, tanto como meio de contribuir para a resiliência de seus filhos quanto como uma forma de manter a sanidade nos períodos de euforia e exaustão que caracterizam o exercício da parentalidade.

No que diz respeito à tecnologia, pais suficientemente bons se sentirão seguros de que, se, ocasionalmente, distraírem-se com uma tela ou outro dispositivo, isso não será o fim do mundo (tampouco das perspectivas de uma vida feliz e gratificante para seus filhos). Pais suficientemente bons também reconhecem que não são culpados por essa distração, pois as empresas de tecnologia projetam deliberadamente seus produtos com o propósito de atrair nossa atenção.

A distração pode, algumas vezes, ser uma coisa boa, tanto para os pais como para as crianças, desde que o conceito de parentalidade suficientemente boa não seja distorcido e empregado como justificativa para eventual negligência dos deveres que ela impõe, em nome da necessidade de responder a *e-mails* ou monitorar o *feed* das mídias sociais (e isso não é, de forma alguma, uma tentativa de ignorar a responsabilidade das empresas de tecnologia por seus projetos persuasivos!). Uma distração ocasional pode ser uma oportunidade para os pais chamarem a atenção para seu comportamento e promoverem assim um momento de aprendizado: "Veja só, eu me deixei distrair com meu telefone! Vou guardá-lo e vamos retornar ao ponto em que estávamos".

Faço o possível para limitar o uso do telefone quando estou perto do Oliver, mas também tento não colocar muita culpa sobre meus ombros quando dou uma espiada nas manchetes do noticiário, troco mensagens com um amigo ou checo minha caixa de entrada de *e-mails*. Algumas vezes essas interações funcionam como tábua de salvação, uma forma de eu me conectar com o mundo exterior, o mundo *adulto*, e manter minha autoestima separada de meu papel de mãe.

Fazendo uma pausa para rever os três Ds

O que está acontecendo no tocante ao *desenvolvimento*: a primeira infância é um período crítico para o desenvolvimento da autorregulação e de outras aptidões associadas ao sistema de "controle de tráfego aéreo" do cérebro (também conhecido como função executiva). Temos muito para aprender, e nada disso é fácil. Elementos do ambiente infantil – incluindo o respaldo e o exemplo dos pais, bem como as interações com a tecnologia – desempenham papel importante.

Neste capítulo, concentrei-me bastante na questão da "velha" TV, por causa de seu perene domínio entre as crianças pequenas e o elevado grau de sobreposição resultante entre o hábito de assistir à televisão e usar as mídias de tela. Alguns pesquisadores encontraram uma relação negativa entre a TV e o desenvolvimento da função executiva, e existem razões legítimas para cautela, dado o que sabemos sobre a maneira como a função executiva se desenvolve e a forma de funcionamento da televisão: a ênfase da televisão nos processos de atenção de baixo para cima e não nos de cima para baixo; o processamento de informações que é necessário para que a velocidade e os elementos fantásticos de muitos programas gerem significado; e o potencial da TV para substituição de outras atividades que são mais favoráveis ao desenvolvimento da função executiva.

Quando consideramos a categoria mais abrangente de uso das mídias de tela, que normalmente inclui o uso de dispositivos como telefones e *tablets*, existe um número muito menor de pesquisas que tratam dos efeitos sobre as aptidões da função executiva de crianças pequenas.[72] Provavelmente em razão da vasta sobreposição entre o hábito de assistir à televisão e o uso das mídias de tela, grande parte desses trabalhos examina o acervo mais amplo de estudos sobre a televisão (ou seja, principalmente pesquisas correlacionais que mostram pequenos relacionamentos negativos ou neutros). Pesquisas que analisam mais especificamente as experiências *interativas* das crianças com dispositivos de mídia de tela sugerem que um conteúdo educativo cuidadosamente projetado (veremos mais sobre isso a seguir!) pode contribuir para o desenvolvimento da função executiva.[73]

Também considerei o uso das mídias pelos próprios pais no contexto do desenvolvimento das aptidões da função executiva das crianças. Os pais desempenham papel importante no suporte à autorregulação dos filhos, mostrando seu exemplo de autorregulação e mantendo-se em sintonia com as deixas dadas pelos filhos, a fim de lhes oferecer apoio na hora certa. Todas essas condutas são mais difíceis quando os olhos dos pais gravitam para um telefone que toca durante a hora da recreação, das refeições ou do banho. Muito embora as pesquisas sobre tecnoferência possam ser motivo de considerável sentimento de culpa para os pais, eu acredito que o objetivo a ser buscado não é a perfeição, mas sim uma parentalidade digital "suficientemente boa" – não se deixar dominar pela inquietação por causa de uma olhada ocasional para o telefone (o que a pesquisa sugere ser bastante inofensivo),[74] enquanto tenta contrabalançar esses olhares com a atenção concentrada em seu filho.

Analisando em *profundidade* (*deeper*): é difícil extrairmos um conjunto claro de diretrizes quando examinamos tendências populacionais que algumas vezes mostram uma relação negativa, outras vezes uma relação positiva e outras, ainda, nenhuma relação entre o uso das mídias de tela e a função executiva de crianças pequenas. De fato, não existe um padrão genérico para todas as situações, porque o uso das mídias de tela é influenciado demais pelas particularidades de cada criança e do contexto que as circunda.

A lista de verificação que apresentei no início do capítulo pode ajudar os pais a navegar por esse terreno complexo, prestando atenção às especificidades de suas próprias condições familiares: meu filho tem problemas de atenção e/ou de comportamento? (preste atenção à *criança* específica). Com que tipo de conteúdo meu filho tem contato ou está interagindo? (preste atenção ao *conteúdo* de mídia específico). O que meu filho estaria fazendo se *não* usasse as mídias de tela? (preste atenção ao *contexto* específico que cerca o uso da mídia).

Em resumo, muito embora existam certamente motivos para cautela e imposição de limites no uso da tecnologia pelas crianças (e pelos pais!), há também muitos fatores individuais e contextuais que tornam esses limites diferentes de uma família para outra, incluindo as atitudes dos pais em relação às mídias de tela de forma mais ampla.[75]

Considerações de *projeto* (*design*): este capítulo apontou diversas maneiras pelas quais as mídias de tela podem sobrecarregar e até mesmo prejudicar as aptidões da função executiva das crianças. No entanto, esses desafios também apontam para um conjunto de melhores práticas a serem empregadas no projeto de tecnologias que contribuam para o desenvolvimento da função executiva em crianças pequenas, incluindo:

- Minimizar acessórios desnecessários, mesmo que tenham propósito educativo.
- Evitar recursos abusivos de projeto, como relacionamentos parassociais e chamarizes, que priorizem o engajamento em detrimento do bem-estar.
- Assegurar que a navegação por meio da interface não seja muito desafiadora cognitiva nem fisicamente.
- Promover formas de atenção de cima para baixo, em lugar daquelas de baixo para cima, permitindo para tanto que as crianças ditem o ritmo de suas interações.
- Possibilitar que as crianças tenham mais facilidade para envolver outras pessoas (pais, irmãos) no uso que fazem das mídias de tela.
- Proporcionar às crianças e a seus pais controle sobre a forma e o momento de encerrar uma interação.[76]

É possível perceber que essa lista enfatiza a ideia de que as crianças (e seus pais) estejam no comando das próprias experiências tecnológicas. Os projetos aderentes a essas práticas recomendadas têm maior probabilidade de promover o envolvimento das crianças pequenas em experiências tecnológicas autodirigidas e respaldadas pela comunidade (especialmente com o suporte dos cuidadores).[77]

O projeto pode também ser usado para apoiar os pais em seus esforços no sentido de contribuir para o desenvolvimento da função executiva de seus filhos. Por exemplo, os pesquisadores estão estudando a possibilidade de usar as informações que nossos *smartphones* constantemente coletam sobre nós (informações como os aplicativos que estamos usando e nossa localização) – processo denominado detecção passiva –, para "cutucar" os pais quando eles parecerem distraídos com seus telefones nos momentos em que estão com os filhos.[78] Em outro exemplo, alguns pais estão usando alto-falantes inteligentes com o objetivo de amplificar suas práticas de parentalidade existentes, tais como definir temporizadores para ajudar as crianças na transição de uma tarefa para outra.[79] (Na opinião desses pais, o uso do alto-falante inteligente da família em vez de seu telefone pessoal é mais eficaz porque seus filhos veem a Alexa como um mediador neutro.)

Comecei este capítulo chamando a atenção para a importância do desenvolvimento da função executiva nos primeiros anos de vida, por estar ela envolvida em quase todas as outras aptidões que as crianças desenvolvem ao longo da infância, da adolescência e no início da idade adulta. No Capítulo 3, abordarei uma dessas habilidades, o desenvolvimento preliminar da alfabetização, que ocorre em conjunto com a autorregulação durante os primeiros anos de vida.

3

As características digitais do desenvolvimento preliminar da alfabetização

Em uma das fotos de Oliver que é uma das minhas preferidas, ele está sentado no chão da cozinha, com a testa franzida, as pernas esticadas à sua frente, profundamente absorto em um livro. Ele ainda não era alfabetizado, portanto não estava realmente lendo cada uma das palavras na página. Ainda assim, essa foto captura uma experiência preliminar de alfabetização que, segundo os pesquisadores, prepara-o para vir a ler e escrever mais tarde.[1]

E se Oliver estivesse olhando para um *e-book* em um *tablet* no lugar de um livro impresso? Isso também contaria como uma valiosa experiência preliminar de alfabetização?

Este capítulo examina os tipos de experiências preliminares de alfabetização que as crianças pequenas têm quando leem livros e jogam em um *tablet*, conversam por vídeo com seus avós em um *laptop* e fazem perguntas aos dispositivos Siri, Alexa ou Google Assistant sobre seus animais favoritos. Essa análise inclui as características específicas de experiências digitais autodirigidas e respaldadas pela comunidade, capazes de contribuir para o desenvolvimento inicial da alfabetização.

Em primeiro lugar, vamos estabelecer o que entendemos por aptidões preliminares de alfabetização. Há um sólido consenso no sentido de que essas são habilidades que as crianças desenvolvem antes de aprender a ler palavras e frases em um livro e escrever no papel (ou em um computador) frases e parágrafos criados por elas. O ato de segurar um livro na posição vertical, virar as páginas e apontar para as figuras, reagindo a elas, são evidências de que uma criança pequena como Oliver, de 1 ano de idade, está começando a entender conceitos e convenções básicos de alfabetização.

Outras importantes aptidões preliminares de alfabetização incluem reconhecimento do alfabeto, reconhecimento básico de palavras (como apontar uma palavra conhecida em um livro ou em uma placa de rua), desenvolvimento de vocabulário, capacidade de fazer narrativas coerentes e consciência fonológica (a capacidade de manipular a linguagem oral, como rimar e bater palmas marcando as sílabas de uma palavra).

As pessoas, os materiais e os artefatos que compõem os ambientes infantis têm importante influência na formação do desenvolvimento preliminar da alfabetização.[2] Os pais leem livros de histórias em voz alta para os filhos, envolvem os filhos em conversas sobre temas de interesse, compartilham histórias, cantam canções e fazem observações sobre informações impressas que elas encontram durante as atividades diárias, como ao olhar para um *outdoor* ou buscar nos rótulos de alimentos letras ou palavras familiares.[3]

Começando com crianças pequenas entre 2 e 3 anos de idade, elas podem também aprender com pessoas e personagens vistos em uma tela.[4] No entanto, a exemplo do que acontece com a função executiva, o material a que elas assistem (como histórias simples e conhecidas, uma estrutura narrativa simples e consistente e com um conteúdo e nível de vocabulário adequados à idade)[5] é tão importante quanto as características distintas da criança que está assistindo a esse conteúdo e os contextos ambientais mais amplos nos quais se dá o uso das mídias pela criança.[6]

A documentação dos detalhes do impacto da TV no desenvolvimento preliminar da alfabetização infantil é um território bastante explorado nas pesquisas sobre o hábito de assistir à televisão por crianças,[7] portanto este capítulo se concentra nos impactos menos compreendidos das experiências digitais interativas, como aplicativos de alfabetização, agentes de conversação e aplicativos de bate-papo por vídeo.

Desenvolvi o capítulo com base em algumas experiências específicas que Oliver teve aos 3 anos com um aplicativo de alfabetização e um livro ilustrado. Vou descrever quais foram essas experiências, assim como o que, em minha opinião, elas significavam e os pontos de convergência entre minhas observações e as pesquisas atuais.

Neste ponto, convém registrar que a maioria dos aplicativos e *e-books* disponíveis comercialmente não conta com o respaldo de qualquer espécie de pesquisa rigorosa que ateste os benefícios alegadamente educativos que eles dizem ter (e são muitos!).[8] Ainda assim, embora a pesquisa sobre aplicativos específicos seja esparsa ou, até mesmo, inexistente, as investigações acadêmicas conseguem falar de forma mais geral sobre o papel das tecnologias interativas no desenvolvimento preliminar da alfabetização de crianças pequenas.

O aplicativo *Endless Alphabet* (Alfabeto sem Fim) *versus* o livro *Best first book ever!* (versão brasileira chamada *Meu primeiro dicionário: cada palavra uma história*)

Descobri o aplicativo *Endless Alphabet* certa manhã enquanto me preparava para um dia (pré-pandêmico) de viagem com Oliver. Esse trajeto envolveu duas viagens de avião com uma escala longa no meio. Pesquisei no Google os "melhores aplicativos para bebês" e cliquei em um vídeo do YouTube no qual uma mãe falava sobre os aplicativos favoritos de seu filho, explicando do que, em cada um deles, ele gostava (e ela também). O *Endless Alphabet* me pareceu divertido e potencialmente educativo, então fiz o *download*. Ele foi, e continua sendo, um grande sucesso.

Veja como funciona: há uma biblioteca de palavras que podem ser escolhidas – palavras grandes como *vegetal* e *guarda-chuva*, e aquelas que, via de regra, seriam consideradas sofisticadas para crianças pequenas, como *apetitoso*, *introvertido*, *colossal* e *faminto*. Quando a criança seleciona uma palavra, uma voz a pronuncia com toda a nitidez e uma versão colorida de cada letra se espalha pela tela com um contorno em escala de cinza delineado atrás delas. Se a criança coloca o dedo sobre uma das letras dispersas, esta passa a exibir olhos arregalados ou uma boca e começa a se contorcer, pronunciando repetidamente o som a ela correspondente ("ve ve ve" para V, "te te te" para T), enquanto é arrastada pela tela.

A ideia é arrastar a letra e colocá-la sobre seu contorno, após isso o narrador diz o nome da letra. Depois de todas as letras terem sido corretamente colocadas, diversos monstros animados fazem uma representação do significado da palavra, enquanto o narrador apresenta uma definição. Tudo isso se desenrola sob o embalo de uma música alegre.

Quando vi o aplicativo pela primeira vez, considerei-o brilhante. Que maneira fantástica de atrair a atenção para cada uma das letras de uma palavra, para seu nome e o som que ela produz. Além disso, que palavras criativas e refinadas! Certamente a exposição de meu filho a palavras como *minúsculo* e *cooperar* seria uma excelente maneira de desenvolver seu vocabulário.

Nos primeiros meses de uso do *Endless Alphabet*, Oliver parecia estar se divertindo bastante com os sons e os movimentos engraçados que as letras faziam à medida que ele as arrastava para o lugar certo em uma palavra. No entanto, eu observei que ele nunca repetia um som em voz alta, nem pronunciava o nome da letra que estava movimentando. Quando, ocasionalmente, eu lhe perguntava que som determinada letra produzia, ele se mostrava entretido demais no ato de arrastar e soltar para poder me responder.

Uma situação semelhante aconteceu com o significado das palavras. Oliver adorava assistir aos vídeos animados nos quais os monstros representavam a definição de uma palavra, porém ele nunca demonstrou qualquer sinal de que entendia essa definição e, certamente, nunca usava palavras como *apetitoso* ou *faminto* para descrever o sabor de sua comida ou a fome que sentia.

O entusiasmo inicial de Oliver pelo *Endless Alphabet* coincidiu com a ocasião em que ele começou a escolher frequentemente o livro de Richard Scarry, *Best first book ever!*, para ler comigo. Impresso em 1979, esse livro grande, de trinta centímetros, pertenceu a mim quando eu era criança. Oliver o encontrou durante uma visita que fizemos a meus pais no Natal. O volume estava em uma estante que continha uma coleção de meus livros favoritos da infância.

O livro acompanha o dia da família Gato e do Nico Minhoca, começando ao acordarem e se prepararem para o dia e terminando com canções de ninar na hora de dormir. É um livro de figuras em vez de histórias. Nele, cada página é recheada de objetos e ações relacionados com o tema ali tratado.

"Café da manhã na cozinha" mostra a família Gato reunida na cozinha e cercada por toda espécie de alimentos e utensílios de cozinha que você possa imaginar. Oliver adorava apontar e nomear os objetos que reconhecia, principalmente quando tinha uma conexão pessoal com eles. Na cozinha, por exemplo, ele costumava apontar a batedeira, o *fouet* e as colheres medidoras, e me contava que utilizava essas coisas quando fazia biscoitos com a vovó.

Tantas vezes quantas nós líamos juntos esse livro, eu ainda conseguia encontrar algo novo sempre que examinávamos uma página e conversávamos sobre ela – muita coisa acontece na Cidade Atarefada! Já chegando ao meio do livro, existe uma página, "Alfabeto", que relaciona todas as letras maiúsculas e minúsculas, associando cada uma com uma imagem. Ao lado da letra "O" há uma onça, mas eu logo desisti de chamar a atenção para essa figura. Oliver se mostrava muito mais interessado no fato de que "O" é a letra de Oliver, algo que ele costumava declarar segundos depois de abrir essa página.

Depois de exaltar o "O", eu normalmente perguntava se ele conseguia identificar o "M" de Mama, o "P" de Papa (o nome que ele dá a meu pai, seu avô), "N" de Naná (minha madrasta) e "V" para vovó (minha mãe) e vovô (meu padrasto). Nós dedicávamos a maior parte do tempo a essas letras, aquelas com as quais ele tinha uma conexão pessoal. De fato, o envolvimento de Oliver com essa página foi muito mais pessoal e conectado com suas experiências diretas do que sua interação com as letras e as palavras que encontrava no *Endless Alphabet*.

Existe também uma questão de ritmo. Tecnicamente falando, o *Endless Alphabet* permite que as letras sejam arrastadas e soltas no ritmo que você quiser. No entanto, a música de fundo transmite a sensação de que está esperando que você faça alguma coisa, e as letras se agitam de vez em quando, como se estivessem esperando inquietas para serem movimentadas. Além disso, conta o fato de você ter consciência de que será recompensado com um vídeo engraçado depois de completar uma palavra. Esses recursos operam juntos de modo a produzir a sensação de que o aplicativo está incentivando você a se mover em determinado ritmo.

As circunstâncias pareciam bem diferentes quando Oliver e eu examinávamos a página do Alfabeto no livro ilustrado. Era uma experiência mais silenciosa, lenta e invariável. Não há música, nem animação, apenas 26 letras e as correspondentes imagens – imóveis sobre a página.

Oliver podia se concentrar em qualquer letra que escolhesse e falar sobre ela da maneira que preferisse, pelo tempo que quisesse. O ritmo era ditado somente pelo interesse dele em apontar letras, nomeá-las (ou me pedir para nomeá-las) e conversar comigo sobre coisas e pessoas conhecidas cujos nomes começam com essas letras. Não há um objetivo final a ser atingido. A experiência nos pertence e é moldada por nós. Existe um longo histórico de pesquisas mostrando que essas experiências personalizadas são a maneira mais

eficaz de as crianças aprenderem qualquer coisa, inclusive aptidões preliminares de alfabetização.[9]

Comecei a observar certa mudança nas interações de Oliver com o *Endless Alphabet* depois de alguns meses. Ele começou a fazer referência a algumas das palavras em contextos fora do aplicativo. Algumas vezes ele dizia uma palavra, como iodelei, sem qualquer relação com o momento, aparentemente porque gostava de sua sonoridade. Outras vezes pronunciava uma palavra em um contexto relevante, como na ocasião em que declarou que seus flocos de milho estavam *apetitosos*. Ele até começou a apontar o "O" de Oliver, particularmen-te nas palavras com as quais havia interagido repetidas vezes.

Para mim – na qualidade de mãe sintonizada com as deixas do filho e observadora sintonizada com as pesquisas – parecia que Oliver tinha se depa-rado tão frequentemente com os outros recursos, que eles deixaram de ser novidade e, portanto, chamavam menos a atenção. Ele estava também, de certa forma, mais velho e desenvolvera maior número de aptidões de proces-samento de informações e função executiva, assim como habilidades motoras finas para uma interação bem-sucedida com os recursos do aplicativo. Com quase 3 anos e meio, ele agora conseguia trabalhar com as letras de outras maneiras e, principalmente, de maneiras definidas por *ele*.

Ao mesmo tempo, contudo, meu filho começou a entregar o *tablet* para mim com mais frequência, pedindo-me para arrastar e soltar as letras na po-sição correta, após o que ele pegava o equipamento de volta para poder assistir ao vídeo animado que fazia a representação da palavra. A intenção era inequí-voca: "Mamãe, passe para mim essa parte chata para que eu possa assistir à parte divertida".

Será que essa preferência pelos vídeos significa que ele está aprendendo mais vocabulário que o reconhecimento de letras? Eu gostaria de saber a res-posta. Como já observei, a maioria dos aplicativos infantis – entre eles o *Endless Alphabet* – não é fundamentada em pesquisas rigorosas que respaldem os be-nefícios educacionais que alegam ter.[10]

Embora seja uma dedução baseada puramente na observação, está claro que Oliver teve experiências diferentes com o *Endless Alphabet* e o livro de Richard Scarry, *Best first book ever!*. Não obstante não existam pesquisas que mostrem a relação entre aplicativos como o *Endless Alphabet* e o desenvolvi-mento preliminar da alfabetização, há estudos significativos sobre o desenvol-vimento preliminar da alfabetização nas crianças, estudos esses realizados com

Geração tecnológica

e sem o uso de tecnologias digitais e que podem nos ajudar a responder a essa pergunta e compreender minhas observações.

Em cada uma das seções a seguir, analisaremos uma ou mais das observações que fiz sobre a interação de Oliver com o aplicativo de alfabetização e com o livro ilustrado e descobriremos o que a pesquisa pode nos dizer a respeito de semelhanças e diferenças entre essas duas experiências em sua capacidade de contribuir para as aptidões preliminares de alfabetização de Oliver.

Interações desiguais: a importância dos condicionantes sociais

Muito embora Oliver interagisse ativamente tanto com o aplicativo *Endless Alphabet* como com o livro de Richard Scarry, *Best first book ever!*, havia uma diferença fundamental entre os dois tipos de interação. No caso do aplicativo, meu filho realizava uma ação, como arrastar uma letra pela tela; a letra respondia mexendo-se; e o aplicativo aplaudia se ele movesse a letra para o local correto. O fato de ser *Oliver* o agente executor dessas ações não fazia absolutamente diferença alguma para a função do aplicativo.

Já esse não era o caso do *Best first book ever!* Quando Oliver e eu apontávamos as letras no livro e estabelecíamos conexões com os nomes dos membros de nossa família, a atividade era coerente com os relacionamentos e as experiências particulares de meu filho. Esse tipo de interação é socialmente condicionado: eu atuei como uma parceira social que respondeu ao que Oliver disse e ajudei a conectar os elementos do livro à vida dele.

Em contrapartida, as interações com aplicativos do tipo do *Endless Alphabet* não são socialmente condicionadas: não há um parceiro social atuando por trás da tela para reconhecer a específica alteridade de Oliver. (Observe que, sem minha participação na interação com o livro ilustrado, não haveria qualquer interação condicionante, fosse ela social ou não.)

As interações socialmente condicionadas – *on-line* ou *off-line* – são particularmente favoráveis ao desenvolvimento preliminar da alfabetização das crianças.[11] Chamei a atenção na abertura deste capítulo para o fato de que os cuidadores desempenham papel importante no suporte às aptidões preliminares de alfabetização dos filhos. Conhecendo os próprios filhos tão bem como conhecem, os cuidadores adaptam instintivamente para o temperamento específico, as experiências recentes, os relacionamentos e as preferências deles em

As características digitais do desenvolvimento preliminar da alfabetização

sua expressão oral, em suas observações e narrativas e nas leituras que fazem para eles em voz alta. Essas formas de experiências de alfabetização personalizadas e integradas na comunidade constituem parte importante daquilo que torna o suporte dos pais tão fundamental para o desenvolvimento preliminar da alfabetização dos filhos.[12]

Conversa por vídeo com a vovó e o vovô

Certa vez, quando Oliver tinha cerca de 10 meses, tive a feliz ideia de usar fita adesiva para colar meu *smartphone* na parte traseira do banco do passageiro de meu carro, bem em frente à cadeirinha dele. A partir daquele dia, eu o pegava na creche, colocava na cadeirinha e ligava via FaceTime pelo celular para minha mãe e meu padrasto, que moravam em um local com fuso horário diferente.

Eles cantavam canções e liam histórias para Oliver, e o faziam rir durante todo o nosso trajeto de volta para casa. Era um arranjo perfeito. Oliver se entretinha e meus pais tinham oportunidade de tomar parte no dia dele antes de irem para a cama. Essa se tornou uma experiência especial para todos nós (talvez um pouco menos para mim, já que eu estava dirigindo, mas curtia muito escutar as conversas).

Cerca de um ano depois, Oliver e eu nos mudamos para Berlim para meu ano sabático da Universidade de Washington. Não tínhamos mais um carro para as conversas por vídeo depois da creche, mas logo descobri a possibilidade de um de seus dois casais de avós ler alguns livros para ele em meu *laptop* era uma forma eficaz de manter quieta em sua cadeirinha uma criança muito agitada na hora do almoço.

Contudo, além de facilitar um pouco minha vida, será que essas sessões de bate-papo por vídeo estavam realmente trazendo algum benefício para Oliver?

Em 2013, as pesquisadoras Sarah Roseberry, Kathy Hirsh-Pasek e Roberta Golinkoff conduziram o primeiro estudo que investigou o aprendizado de palavras por crianças pequenas por meio da tecnologia de bate-papo por vídeo.[13] Elas levaram para o laboratório crianças com idades entre 2 e 2 anos e meio e ensinaram para elas uma série de novas palavras, por meio de três estratégias diferentes. Um grupo de crianças foi orientado por um adulto via Skype; outro recebeu lições dadas por um adulto pessoalmente; e o terceiro grupo assistiu a um vídeo pré-gravado no qual um adulto ensinava outra criança.

As pesquisadoras tinham boas razões para acreditar que não seria bem-sucedido o aprendizado das crianças de 2 anos que tiveram contato com as novas palavras assistindo a um vídeo pré-gravado. O motivo para isso é que as crianças muito pequenas geralmente aprendem melhor quando as informações são apresentadas a elas via exibição presencial em vez de ser feita por meio de vídeos pré-gravados – os pesquisadores se referem a esse fenômeno como *video deficit effect* (efeito deficiência de vídeo).[14]

Mas o que dizer sobre a interação com um adulto via Skype? A exemplo do que aconteceu com as crianças que assistiram ao vídeo pré-gravado, aquelas que usaram o Skype também tiveram uma experiência bidimensional, que, sabidamente, as crianças pequenas têm dificuldade para transportar de volta para o espaço tridimensional.[15] Entretanto, o grupo do Skype também experimentou um atributo importante vivenciado pelo grupo atendido pessoalmente: um diálogo personalizado, de mão dupla e em tempo real entre um adulto e a criança.

As crianças que usaram o Skype aprenderam novas palavras tão bem quanto aquelas que interagiram pessoalmente com um adulto. Em contrapartida, as que assistiram ao vídeo pré-gravado mostraram dificuldade consideravelmente maior. O Skype acabou sendo uma alternativa mais semelhante a interagir pessoalmente com um adulto do que assistir a uma gravação na tela. O condicionante social se mostrou ser o elemento-chave.

Esse estudo e outros subsequentes mostram que, sob determinadas condições,[16] o condicionante social de aplicativos de bate-papo por vídeo, como Skype, Zoom e FaceTime, permite que crianças pequenas desenvolvam aptidões preliminares de alfabetização e, até mesmo, desenvolvam relacionamentos sociais.[17] Aos 4 anos, as crianças já conseguem aprender tão bem por meio do bate-papo por vídeo quanto nas interações presenciais com um adulto.[18]

Portanto, parece que Oliver estava aprendendo alguma coisa (muito embora, provavelmente, não tanto aos 10 meses de idade[19]) e, de fato, continua aprendendo em suas conversas por vídeo com os avós, conversas estas que se tornaram ainda mais frequentes durante a pandemia. Também é importante meu papel de coparticipante solidário nesses bate-papos por vídeo, alguém que direciona a atenção do menino e reforça o que seus avós estão dizendo.[20]

Independentemente de os pais de crianças pequenas estarem ou não familiarizados com essas pesquisas, parece que eles diferenciam – conscientemente ou não – um bate-papo por vídeo de outras formas de mídia de tela quando se trata do uso da tecnologia por seus filhos. Até mesmo os pais que costumam impor restrições em relação ao tempo que seus filhos passam usando outros tipos de mídia abrem uma exceção no caso do bate-papo por vídeo.[21] Devemos registrar o fato de que esses pais não estão usando o bate-papo por vídeo para substituir a interação presencial com adultos, mas sim para manter conexões com familiares remotos, um recurso que se tornou mais difundido e valorizado durante a pandemia.[22]

Certamente, as conversas por vídeo com crianças pequenas impõem certos desafios. A propensão sensório-motora dessas crianças para tocar tudo que esteja em seu campo de visão implica que as teclas são frequentemente pressionadas de maneira inadvertida e as chamadas são encerradas acidentalmente.[23] Pode levar algum tempo até que os pequenos compreendam que precisam restringir seus movimentos ao campo visual do computador para serem vistos por aqueles com quem estão conversando. O posicionamento típico da câmera na parte superior da tela também dificulta o contato visual e a ação de acompanhar o que uma pessoa está apontando no ambiente da criança.[24]

E há ainda o desafio onipresente de telas nas quais os *pixels* que compõem o que é exibido se tornam aparentes, distorcendo as imagens, bem como de telas congeladas e áudio defasado, o que frustra tanto as crianças como os adultos. À luz desses desafios, os pais desempenham papel fundamental na facilitação das conversas por vídeo com parentes remotos, assim como na solução de possíveis problemas nessa interação. Esses desafios também são oportunidades para os desenvolvedores de tecnologia projetarem ferramentas de bate-papo por vídeo pensando nas crianças.

Há vários anos, os pesquisadores de projeto vêm estudando maneiras inovadoras de facilitar e aprimorar as interações remotas entre os membros de uma família.[25] Um exemplo ilustrativo é o da pesquisadora de projeto Svetlana Yarosh, que desenvolveu o *ShareTable*, um sistema de bate-papo por vídeo que fazia uso de projetores para criar espaços compartilhados entre os membros remotos da família.[26] Quando uma criança colocava seu livro preferido sobre a mesa à sua frente, o livro aparecia como uma projeção na mesa de seu parente. Os membros da família também podiam se reunir no espaço de projeção e desfrutar de passatempos como o jogo da velha.

O *ShareTable* apresentou uma solução para o problema de duas pessoas fisicamente separadas conseguirem visualizar juntas um único livro e com ele interagirem, sem a tortura da tensão no pescoço e o visual estranho que surge quando se tenta ler um livro ilustrado e, simultaneamente, centralizá-lo na frente da câmera do computador para a outra pessoa poder ver. Além de demonstrar as possibilidades de uso das tecnologias interativas como suporte às experiências de alfabetização das crianças, exemplos como o do *ShareTable* ilustram a importância da incorporação das necessidades de desenvolvimento e dos contextos sociais das crianças no processo de projeto, desde o início.

Agentes de conversação: um novo tipo de condicionante social

Se você possui um *smartphone*, é provável que consiga interagir com um agente de conversação como Siri, Alexa ou Google Assistant. Você pode perguntar a esse assistente virtual operado por inteligência artificial (IA) qual é a previsão do tempo para amanhã, ou a letra de uma música favorita, ou, ainda, caso você esteja com seu filho de 4 anos, se os dragões de água são reais.

Os agentes de conversação também são parte constitutiva de alto-falantes inteligentes como o Amazon Echo e o Google Nest, que estão rapidamente assumindo um lugar de destaque nos lares dos EUA. Em 2017, 9% dos lares com crianças pequenas (de 0 a 8 anos) possuíam um alto-falante inteligente; em 2020, apenas três anos depois, esse número já alcançava 41%.[27] As crianças pequenas usam alto-falantes inteligentes para tocar música, procurar informações, encontrar piadas ou "apenas para conversar ou brincar".[28]

Assim como os próprios alto-falantes inteligentes, as pesquisas sobre interações de crianças com essa tecnologia também estão apenas no início e ainda são inconclusivas.[29] Os pesquisadores começaram a investigar se – e como – a introdução de dispositivos como o Amazon Echo e o Google Nest afetam as interações familiares,[30] contribuem para o aprendizado,[31] envolvem as crianças em atividades lúdicas[32] e até mesmo ajudam as intervenções terapêuticas para crianças com distúrbios de desenvolvimento neurológico.[33] Os pesquisadores também estão tentando descobrir o que as crianças pensam sobre os agentes de conversação, investigando, inclusive, até que ponto elas conferem a esses dispositivos qualidades semelhantes às humanas, confiam no que dizem e criam vínculos emocionais com eles.[34]

Os agentes de conversação proporcionam às crianças que ainda não sabem ler ou escrever um acesso sem precedentes às informações na internet. A pesquisadora Silvia Lovato e seus colegas descobriram que crianças de 5 e 6 anos usavam com mais frequência esse acesso para desvendar o mundo que as cerca ("Como são feitos os travesseiros?", "Qual é o animal mais rápido do mundo?"). Elas também faziam perguntas práticas sobre temas cotidianos, como clima e receitas, perguntas pessoais sobre o próprio agente ("Quantos anos você tem?") e sobre elas mesmas ("Qual é o meu nome?"), além de perguntas baseadas na linguagem, como procurar saber o significado ou a ortografia de uma palavra.[35]

Cabe registrar que a pesquisa de Lovato apontou que os agentes de conversação foram capazes de responder apenas a cerca de metade das perguntas formuladas pelas crianças, resultado semelhante ao de outras pesquisas que evidenciam problemas específicos de cada criança em relação aos alto-falantes inteligentes.[36] Por exemplo, muito embora estejam sendo aperfeiçoados,[37] os agentes de conversação algumas vezes têm dificuldade para entender a fala das crianças, especialmente crianças pequenas, cujas habilidades de linguagem ainda estão em desenvolvimento.[38]

Além disso, muitas vezes a interpretação das respostas é um obstáculo para as crianças, pois exige vocabulário, conhecimento prévio ou raciocínio inferencial, recursos de que as crianças pequenas carecem.[39] Também não parece que os agentes de conversação estejam particularmente bem equipados para responder aos tipos de perguntas baseadas na curiosidade, algumas vezes perguntas carregadas de fantasia, que as crianças gostam de formular.[40]

Pergunte ao Google Assistant, por exemplo, se os dragões de água são reais (você sabe a quais eu me refiro: aqueles do tipo que voa e solta fogo e só sai da água à noite), e ele lhe apresentará uma resposta sobre os dragões de água asiáticos – os lagartos verdes brilhantes encontrados em lugares como Tailândia, Vietnã, Camboja, Laos, Birmânia e no sul da China, que são exímios alpinistas e nadadores brilhantes.

Essa pesquisa sugere que, pelo menos no início, os alto-falantes inteligentes não foram projetados especificamente para crianças pequenas. No entanto, essa opção está começando a mudar. Agora você consegue encontrar alto-falantes inteligentes cujo público-alvo são as crianças, e que disponibilizam recursos como controle pelos pais, conteúdo específico para crianças e até mesmo reforço positivo para o uso da palavra *por favor*. As empresas de tecnologia também estão fazendo progresso no reconhecimento de vozes infantis.[41]

À medida que os alto-falantes inteligentes vêm sendo aperfeiçoados em sua capacidade de reconhecer crianças pequenas e a elas responder, quais são as possibilidades no tocante ao suporte ao desenvolvimento preliminar da alfabetização? Os pesquisadores Ying Xu e Mark Warschauer demonstraram que é possível criar agentes de conversação que envolvam as crianças na leitura guiada de livros de histórias (lembre-se da reciprocidade entre Oliver e eu durante a leitura do *Best first book ever!*).[42] Ademais, esses pesquisadores evidenciaram que as experiências de leitura baseadas em agentes podem gerar ganhos em termos de compreensão equivalentes aos da leitura feita com um adulto.[43]

Xu e Warschauer observam, no entanto, que, para os alto-falantes inteligentes comerciais conseguirem transformar esse potencial em realidade, é necessário que as tecnologias a eles subjacentes aprimorem seus recursos de suporte ao diálogo aberto e à reciprocidade.[44] Elas precisam encorajar as crianças a falar mais e com a maior liberdade possível, propondo a elas perguntas relevantes e fornecendo respostas apropriadas sob o ponto de vista do desenvolvimento. Isso é o que os pais fazem normalmente quando leem para seus filhos, bem como explica por que as experiências de leitura conjunta são tão favoráveis ao desenvolvimento preliminar da alfabetização infantil.[45]

Quando o dispositivo não sabe seu nome

Essas discussões sobre bate-papo por vídeo e agentes de conversação ressaltam a importância do condicionante social quando pensamos na capacidade das crianças pequenas para aprender com suas experiências digitais. O engajamento em uma troca bidirecional com uma pessoa de confiança e capaz de oferecer respostas aumenta a relevância pessoal das informações compartilhadas com as crianças, tornando possível que elas conectem essas informações com suas experiências e seus conhecimentos anteriores e as adaptem a seu nível de compreensão. Essa é certamente uma boa notícia no que diz respeito às chamadas de vídeo com avós e outros parentes e justifica a exceção aberta pela American Academy of Pediatrics para o bate-papo por vídeo em sua recomendação "nada de telas antes dos 18 meses".[46]

Entretanto, o que dizer das formas mais comuns de experiência digital em que as crianças se envolvem: aplicativos móveis que são *interativos*, mas não *socialmente condicionados?*

Retornemos às experiências de Oliver ao brincar com o *Endless Alphabet*. A exemplo de outras crianças pequenas, ele passava, em uma semana normal, mais tempo usando esses aplicativos do que conversando com os avós por vídeo. Aplicativos como esses oferecem experiências altamente interativas que, contudo, não são socialmente condicionadas; então, o que as crianças estão aprendendo com eles, se é que aprendem alguma coisa?

Nós sabemos que, a partir de 2 a 3 anos de idade, as crianças podem aprender com programas de televisão de alta qualidade e caráter educacional.[47] Parece plausível, desse modo, que a incorporação de um componente interativo – o que muitos programas de TV tentam realizar por meio do recurso de lançar perguntas para a câmera e fazer uma pausa para que as crianças respondam – poderia respaldar o aprendizado delas, tornando a experiência mais prática e envolvente. Afinal de contas, as crianças aprendem melhor fazendo.[48]

Crianças em idade pré-escolar conseguem, sob determinadas condições, aprender com base em interações condicionantes em uma tela sensível ao toque, mesmo que essas interações não envolvam a comunicação em tempo real com um parceiro social.[49] Além disso, por volta dos 4 anos, a maioria das crianças é capaz de aprender com o uso de mídias interativas tanto quanto aprende em uma interação presencial.[50] Elas também conseguem desenvolver um aprendizado de mesma qualidade com o uso de *e-books* interativos – se não melhor – que a obtida com os livros impressos.[51] Essa parece ser uma boa notícia para os aplicativos dirigidos à primeira infância que estão disponíveis em celulares e *tablets*, aplicativos esses que respondem às ações das crianças (ou seja, são interativos), mas não chegam ao nível das interações sociais de mão dupla que são possíveis por meio do bate-papo por vídeo (ou seja, condicionante social).

Observe, no entanto, que eu disse que "sob determinadas condições" as crianças pequenas podem aprender por meio das mídias de tela interativas. Alguns indicativos de quais são essas condições podem ser encontrados nas observações anteriores em que eu comparo a experiência de Oliver brincando com o *Endless Alphabet* com aquela que ele teve ao observar a página do alfabeto no livro de Scarry, *Best first book ever!*, também levando em consideração algumas das descobertas do Capítulo 2.

Uma diferença notável entre as experiências de Oliver com o aplicativo e com o livro impresso é o ritmo – mais precisamente, quem *controla* o ritmo. Quando Oliver e eu estamos observando a página do alfabeto do *Best first book ever!*, podemos permanecer assim por alguns segundos ou vários minutos, dependendo da letra ou das letras que nos chamam a atenção e da conversa que mantemos sobre elas. A rigor, o *Endless Alphabet* permite de fato que os usuários arrastem e soltem letras em seu próprio ritmo (o que é bastante diferente de muitos outros aplicativos que exigem que os usuários acompanhem um ritmo predefinido). No entanto, como observei anteriormente, a música e as letras que se agitam transmitem a sensação de uma ação imposta de fora para dentro.

Os pesquisadores acreditam que o ritmo definido pelo próprio usuário desempenha papel importante no suporte à capacidade das crianças de aprender novas palavras com base em suas experiências na interação com *tablets*.[52] Portanto, o ritmo definido pelo próprio usuário parece ser fator relevante no potencial de aprendizado oferecido pelas mídias interativas.

Relacionada com a questão do ritmo definido pelo próprio usuário está a dose de distrações desnecessárias que os aplicativos contêm. Como vimos no Capítulo 2, os pesquisadores descobriram que a inclusão de uma porção de "recursos supérfluos" em um aplicativo – independentemente do quão educativos eles pretendam ser – pode acabar desviando a atenção das crianças da atividade central e interferir no aprendizado.[53] Recursos como animação, som e música podem desviar a atenção das crianças pequenas da pretendida experiência de acompanhar a narrativa de uma história.[54] Isso pode ser particularmente verdadeiro no caso de crianças pequenas, cujas limitadas aptidões da função executiva (como atenção seletiva e memória de trabalho) e a reduzida capacidade de processamento das informações são facilmente sobrecarregadas.[55]

Infelizmente, muitos aplicativos educativos – em especial os gratuitos – vêm com diversos adendos supérfluos, alguns deles com propósitos educativos, mas a maioria absolutamente alheia aos objetivos educacionais do aplicativo (lembre-se dos recursos abusivos de projeto discutidos no Capítulo 2).[56] Ao observar Oliver brincando com o *Endless Alphabet*, notei que ele estava absorto com as animações divertidas e os sons produzidos enquanto ele arrastava e soltava letras em uma palavra. Quando vi esses recursos pela primeira vez, acreditei que eram uma forma inteligente de chamar a atenção para cada uma das letras e para os sons característicos delas. No entanto, Oliver parecia admirá-los simplesmente por seu caráter de entretenimento, deixando transparecer que pouco compreendia – ou a ele pouco interessava – o fato de que cada letra emitia um som específico e que esse som era igual todas as vezes (sem considerar que cada som tem um papel a desempenhar no contexto maior da palavra).

A adição de recursos como som, animação e jogos deve ser feita com muita cautela, de modo que eles estejam intimamente relacionados com a história, ao contrário de serem usados principalmente para manter as crianças envolvidas pelo maior tempo possível.[57] Se esses recursos forem empregados como alicerce para a experiência de aprendizado (por exemplo, reforçando palavras e conceitos por meio de repetição) em vez de operar como fator de distração, há evidências de que crianças em idade pré-escolar podem aprender com *e-books* e outros aplicativos educativos.[58]

No entanto, voltando à importância do foco em cada criança individualmente, os pesquisadores descobriram variações na aprendizagem das crianças tendo como base suas aptidões da função executiva, suas habilidades motoras finas, bem como gênero e condição socioeconômica.[59] E, no caso de crianças muito pequenas, na faixa de 2 anos ou menos, pesquisas existentes indicam que, pelo menos para aquelas que são neurotípicas, a leitura de livros impressos e a conversa sobre eles com um adulto ainda são a melhor maneira de desenvolver suas habilidades preliminares de alfabetização.[60]

Outro elemento que tem impacto sobre a capacidade das crianças para acompanhar o conteúdo educacional de um aplicativo é o nível de facilidade ou dificuldade que elas têm para interagir com a interface de usuário. No caso do *Endless Alphabet*, observei que, entre os 3 e 4 anos, Oliver teve considerável facilidade para arrastar as letras até a posição correta. As crianças pequenas ainda estão desenvolvendo suas habilidades motoras finas, o que pode tornar os movimentos de arrastar objetos em uma tela mais desafiadores que apenas tocá-los.[61] Também são desafiadores os recursos que exigem compreensão simbólica, como as barras de progresso – um elemento visual por meio do qual os usuários conseguem acompanhar seu progresso dentro de um aplicativo.[62]

Um último fator a ser considerado diz respeito ao ponto até o qual uma experiência de mídia interativa contribui para o envolvimento com um adulto.[63] Já deve estar claro agora que os pais (e outros adultos que trabalham com crianças pequenas) desempenham papel fundamental no funcionamento executivo e no desenvolvimento da alfabetização preliminar. Os pais têm condições de responder às crianças de maneira altamente individualizada, tomando por base o conhecimento que têm das diferenças delas em termos de personalidade, habilidades e sinais sociais, bem como sua capacidade de sintonia com essas diferenças. Se uma tarefa for muito difícil, um adulto pode oferecer um suporte apenas suficiente – e adequado – para que uma criança tenha sucesso – isso é denominado "suporte temporário" (*scaffolding*).[64] Com o tempo, o adulto vai retirando o suporte até que a criança consiga realizar a tarefa sozinha – isso é denominado "esvaecimento, ou transferência gradativa do controle" (*fading*).[65]

Embora as mídias interativas possam responder até certo ponto às ações das crianças, os aplicativos comuns encontrados na App Store e na Google Play Store ainda não conseguem responder de maneira tão individualizada e calibrada. Conclui-se, portanto, que os aplicativos que permitem e, melhor ainda, *incentivam* a participação dos adultos têm maior probabilidade de proporcionar um nível maior de aprendizado entre crianças pequenas.[66]

O lado oposto do envolvimento de apoio dos pais ao uso das mídias por seus filhos é o desvio da atenção deles para os dispositivos que mantêm nas próprias mãos. A pesquisadora Jessa Reed e seus colegas conduziram um experimento com mães que foram levadas a um laboratório com os filhos de 2 anos, e lá, solicitadas a ensinar a eles duas palavras novas. Um dos períodos de ensino prosseguiu ininterruptamente, e o outro foi interrompido quando a mãe recebeu uma chamada no celular.[67] As crianças conseguiram aprender a nova palavra no experimento ininterrupto, mas não tiveram a mesma condição naquele que foi interrompido. Esse estudo se soma a um crescente conjunto de pesquisas sobre os efeitos negativos da tecnoferência parental (consulte o Capítulo 2), assim como a uma base de conhecimento bem estabelecida que salienta a importância da interação responsável e consistente entre cuidador e criança.[68]

Por que então não manter as interações presenciais e os livros impressos?

Essa discussão sugere que, quanto mais uma experiência baseada em tela se assemelhar a uma presencial – ou mesmo a um livro impresso –, melhor. Então, por que não manter as interações presenciais e os livros impressos?

Se você é pai ou mãe, é provável que aponte imediatamente dois motivos convincentes: seus filhos adoram interagir com celulares e *tablets* e você aprecia o tempo que isso lhe propicia para lavar a louça, cuidar da roupa ou simplesmente respirar. Eu considero que essas são razões perfeitamente legítimas e suficientes para justificar o uso diário moderado das mídias interativas pelas crianças pequenas.[69] Existem também entre as pesquisas recentes vertentes que parecem apoiar o uso ocasional de mídias de tela pelas crianças.

Por exemplo, diferentes populações de crianças têm tipos diversos de experiências preliminares de alfabetização e diferentes tipos de experiências digitais. Os pesquisadores registraram disparidades nas experiências preliminares de alfabetização das crianças em categorias demográficas, como raça e situação socioeconômica (uma combinação de educação, renda e ocupação).[70] Com relação às experiências digitais, a partir de 2020, crianças negras e crianças que vivem em lares de baixa renda eram, em média, propensas a passar cerca de duas horas a mais por dia interagindo com mídias de tela que aquelas que são brancas e vivem em famílias de renda mais alta.[71]

Essa mesma pesquisa mostrou que, em 2020, essas crianças passavam um tempo consideravelmente maior por dia com atividades de leitura do que em 2017 (aumento de cerca de 70% no caso das crianças negras e de 65% para crianças de baixa renda).[72] Em contrapartida, crianças brancas e de maior poder aquisitivo liam em 2020 o mesmo volume que em 2017.

Isso significa que, em 2020, crianças negras e de baixa renda dedicavam mais tempo por dia à atividade de leitura que outros grupos de crianças. O que pesou na balança foi a maior quantidade de tempo que passavam lendo *e-books*.

Esse resultado é apenas um indicativo de tendência e não diz nada sobre o contexto ou a qualidade das experiências infantis com mídias de tela. Sem o contexto, não temos condições de saber se ele reforça ou restringe as disparidades existentes no desenvolvimento da alfabetização infantil, ou simplesmente não tem impacto sobre ela. O que vemos são indicações de um potencial que precisa ser explorado mais minuciosamente com vistas a alavancar a tecnologia como suporte ao desenvolvimento da alfabetização entre diferentes populações de crianças.[73]

Fazendo uma pausa para rever os três Ds

O que está acontecendo no tocante ao *desenvolvimento*: em geral, as crianças com menos de 3 anos têm dificuldade para aprender quando assistem a um conteúdo em uma tela, por causa de obstáculos como as habilidades de atenção ainda em desenvolvimento, a limitada capacidade de processamento de informações e a tarefa não trivial de transportar para o espaço tridimensional o conteúdo apresentado em um formato bidimensional.[74] Programas educacionais de alta qualidade podem reduzir um pouco essa idade,[75] e as experiências com mídias interativas podem reduzi-la ainda mais.[76]

Nós identificamos dois tipos diferentes de interatividade: as interações recíprocas e socialmente condicionadas que as crianças experimentam quando conversam com seus avós (ou outros adultos próximos) por meio de bate-papo por vídeo, e as interações responsivas, mas não personalizadas (ou seja, não socialmente condicionadas), com as quais as crianças se envolvem quando brincam com um aplicativo educativo em um celular ou um *tablet*. Muito embora as interações socialmente condicionadas proporcionem experiências preliminares de alfabetização mais ricas – mais próximas da fala focada na criança que ocorre na comunicação com os pais durante as refeições e a leitura na hora de dormir –, os aplicativos educativos podem ser projetados de forma a apoiar o desenvolvimento preliminar da alfabetização.[77]

Por volta dos 4 anos, crianças com desenvolvimento normal para essa idade podem aprender dentro de todas as condições baseadas em tela – sem interatividade, com interatividade e socialmente condicionadas – quase tão bem quanto nas interações presenciais, desde que o conteúdo seja de alta qualidade.

Analisando em *profundidade* (*deeper*): por mais conveniente que seja, não parece haver uma idade exata ou um estágio de desenvolvimento preciso em que um interruptor inquestionável é acionado e as crianças passam a conseguir aprender com a televisão, os bate-papos por vídeo, os alto-falantes inteligentes ou os aplicativos. A tecnologia e as crianças são complicadas demais para isso.

Quando analisamos como as tecnologias podem interagir com outros aspectos da vida de uma criança para produzir efeitos diferenciais, percebemos que a capacidade das crianças pequenas para aprender novas palavras por meio do uso de aplicativos interativos varia em função de fatores como as aptidões da função executiva, as habilidades motoras finas, bem como o gênero e a situação socioeconômica.[78] Considerações sobre deficiências físicas e cognitivas entre crianças também são relevantes, e há necessidade de mais pesquisas que levem a entender as diferenças em termos de possibilidades e desafios.[79]

Tratamos também das variações na quantidade de tempo que crianças de diferentes grupos demográficos dedicam diariamente às interações com mídias de tela – cerca de duas horas a mais por dia no caso de crianças negras e de baixa renda em comparação com crianças brancas e de elevado poder aquisitivo.[80] Indiquei o valor potencial do aproveitamento dessas diferenças visando apoiar desenvolvimento preliminar da alfabetização entre diferentes populações de crianças.[81]

Considerações de *projeto* (*design*): existem estratégias concretas a serem extraídas das pesquisas existentes no que se refere ao projeto de tecnologias que respaldem o desenvolvimento preliminar da alfabetização infantil.[82] Essas estratégias incorporam as melhores práticas identificadas no Capítulo 2 e são compatíveis com o apelo dominante deste livro no sentido de projetar para as crianças experiências digitais autodirigidas e respaldadas pela comunidade.

Por exemplo, nós retomamos o valor do projeto de experiências individualizadas que permitam que as crianças (e seus pais) determinem a forma de envolvimento com uma atividade baseada em tecnologia. A possibilidade de controle do ritmo pela própria criança pode contribuir para que ela se envolva em uma experiência interativa de modo compatível com suas aptidões, preferências e seus objetivos. Além disso, a *redução ao mínimo da quantidade de recursos que distraem* e o emprego de recursos que reforçam os objetivos de aprendizagem definidos pode ajudar as crianças cujas aptidões da função executiva ainda estão em desenvolvimento. Também é importante garantir que as crianças pequenas possam *compreender os recursos formais de um aplicativo* (por exemplo, recursos de arrastar e soltar, de pinçar, barras de progresso) e com eles interagir, pois as habilidades motoras finas e de raciocínio simbólico delas ainda estão em desenvolvimento.

Nossas análises dos bate-papos por vídeo e dos agentes de conversação demonstraram que as interações socialmente condicionadas podem servir de apoio para a maneira *personalizada e de duas vias* como as crianças aprendem a falar e ler.[83] Muito embora os agentes de conversação apresentem alguns desafios de uso para crianças pequenas (por exemplo, entender sua fala), existe potencial para que essas tecnologias contribuam para o desenvolvimento preliminar da alfabetização, contanto que sejam projetadas de forma a estimular o *diálogo aberto*.[84]

Mesmo na situação em que as experiências tecnológicas não são socialmente condicionadas, elas podem ser projetadas de modo a *estimular o envolvimento dos pais e de outros adultos*, introduzindo assim um elemento de condicionante social. Quando os pais são encorajados a participar das experiências tecnológicas de seus filhos, eles podem oferecer o suporte personalizado e imediato que é tão valioso para o desenvolvimento preliminar da alfabetização.[85]

Ao mesmo tempo, o desvio da atenção dos pais por causa dos dispositivos eletrônicos em suas mãos tem potencial para diminuir a capacidade deles para garantir esse suporte.[86]

Há uma dimensão importante das interações de crianças pequenas com aplicativos e outras tecnologias interativas, dimensão esta que não abordamos com o devido destaque neste capítulo nem no anterior: elas oferecem *diversão*. Muito embora a diversão e a brincadeira não pareçam muito relevantes no tocante às importantes tarefas da função executiva e do desenvolvimento da alfabetização, veremos no Capítulo 4 que a brincadeira é fundamental para quase todos os aspectos do desenvolvimento infantil, incluindo elementos como autorregulação e desenvolvimento do vocabulário.

4

Procurando "peças soltas" nas brincadeiras digitais para crianças

"É divertido brincar, mas você precisa saber como."[1]

Como o *Cat in the hat* (O gatola da cartola), as crianças sabem como brincar e se divertir. Essa é uma boa notícia, porque as brincadeiras proporcionam importante contexto para os marcos de desenvolvimento discutidos nos Capítulos 2 e 3 – função executiva e desenvolvimento preliminar da alfabetização.[2]

Não é necessário dizer que hoje em dia a brincadeira é apresentada em formas analógicas e digitais. Os pequenos podem construir fortalezas com varetas ou tijolos do *Minecraft*. Podem correr atrás de seus amigos e brigar com eles no pátio da escola, ou perseguir e combater o chefe em um *videogame*.

Neste capítulo, examinaremos semelhanças e diferenças entre as formas analógica e digital de brincar, bem como analisaremos se há espaço para as duas formas e as maneiras como os adultos e o ambiente circundante afetam as experiências lúdicas das crianças. Do início ao fim, usarei o conceito de "peças soltas" para avaliar o que significa deter o controle da própria brincadeira, bem como por que esse controle é desejável do ponto de vista do desenvolvimento, e em que condições as crianças têm maior controle sobre as próprias atividades lúdicas.[3]

Este capítulo trata de um ponto de transição entre a primeira e a segunda infância. Assim, começarei me concentrando nas experiências lúdicas analógicas e digitais das crianças pequenas e, em seguida, passarei para a segunda infância, em cuja análise levarei em consideração o papel dos *videogames* no desenvolvimento infantil.

As formas e funções das brincadeiras infantis

As crianças se envolvem com brincadeiras já desde os primeiros meses de vida. Até mesmo bebês pequenos gostam de brincar com seus cuidadores de pirulito que bate-bate e cadê-achou.[4] À medida que crescem, dão os primeiros passos, vão para a escolinha e começam a pensar simbolicamente, elas se entretêm preparando o café da manhã para suas bonecas e seus dinossauros e fingindo que uma vareta encontrada no meio dos arbustos é, na verdade, um cavalo em que podem montar.

Na segunda infância, as atividades lúdicas se tornam mais sofisticadas e sujeitas a regras, mas nem por isso menos divertidas e menos importantes para o desenvolvimento da criança.[5]

Certas características ultrapassam as fronteiras das diferentes formas de brincadeira infantil e as distinguem como *diversão*.[6] Uma diversão é, acima de tudo, livremente escolhida e autodirigida.[7] As crianças brincam por brincar, brincam porque é divertido, e não com o propósito de ganhar qualquer tipo de recompensa no final.[8] A atividade lúdica transmite a sensação de ser, de alguma forma, desvinculada da vida cotidiana; portanto, as regras são um pouco diferentes, e as crianças têm mais liberdade para experimentar novos papéis e comportamentos. De fato, a experimentação é um elemento essencial do ato de brincar. Enquanto brincam, as crianças testam novas ações e novos padrões de comportamento, assim como refletem sobre as consequências e ajustam suas ações futuras de acordo com essas consequências.[9]

Apesar de toda a diversão proporcionada pelas brincadeiras, as crianças vão adquirindo habilidades importantes. A natureza experimental das atividades lúdicas as ajuda a aprender a se adaptar às novas condições do ambiente que as cerca, uma habilidade cujo valor subsiste ao longo da vida e em praticamente qualquer contexto. Como observou a psicóloga Alison Gopnik: "A contribuição de uma atividade lúdica é a maneira como ela nos ensina a lidar com o inesperado".[10] A brincadeira também ensina às crianças o que esperar de seu ambiente. Por meio da diversão, elas aprendem normas, regras, valores, ferramentas e habilidades associados à cultura e à sociedade a que pertencem.[11]

As brincadeiras em grupo proporcionam benefícios específicos para o desenvolvimento das crianças. Brincar entre amigos envolve negociar o caráter do que é certo e errado, o que é justo e o que não é, bem como aprender a entender o ponto de vista das outras pessoas e administrar as próprias emoções quando os acontecimentos não seguem o curso esperado.[12] Nesse processo, as crianças desenvolvem a capacidade de relacionamento interpessoal, a tolerância social e a sensibilidade moral.[13]

Especialmente na primeira infância, muitas das brincadeiras em grupo de crianças pequenas envolvem fazer de conta. Quando brincam com os amigos de casinha ou de caçadores de dragões, elas estão desenvolvendo o pensamento simbólico e contrafactual do tipo "e se", criando assim oportunidades para imaginar diferentes possibilidades para si mesmas e para o mundo a seu redor.[14] As brincadeiras de faz de conta também ajudam as crianças a desenvolver a capacidade de compreender o que se passa na cabeça dos outros. Esse fato é verdadeiro tanto na situação em que as crianças brincam de faz de conta com amigos de carne e osso como quando interagem com seus amigos imaginários (como os dez amigos dragões que o Oliver tinha aos 4 anos, liderados pelo dragão chefe, o *Lightning Fierce* [Relâmpago Feroz]).[15]

O que os parquinhos podem nos ensinar sobre brincadeiras digitais

As brincadeiras nos parquinhos podem parecer bem distantes (tanto conceitual como fisicamente) dos jogos em um *tablet* ou um console de *videogame*. No entanto, eles proporcionam um contexto conveniente para identificarmos as principais características das brincadeiras infantis em geral, características estas que podemos então aplicar às experiências com atividades lúdicas digitais especificamente. Também nos parquinhos encontramos um ambiente valioso para refletirmos a respeito das ideias preconcebidas que temos sobre o que contribui para uma experiência lúdica de qualidade – quer seja *on-line,* quer seja *off-line.*

Na qualidade de mãe de uma criança pequena, passei bastante tempo em parquinhos. Graças à conjunção especial de minha vida profissional com a familiar, tive a chance de conhecer parquinhos em Seattle (onde trabalho na

Universidade de Washington), nas Bermudas (onde reside meu núcleo familiar mais amplo) e em Berlim (onde passei meu período sabático).

Os parquinhos de Berlim são lindos, cada um deles uma joia única de projeto imaginativo e construção cuidadosa. Em geral, eles giram em torno de um tema, como um dragão ou um navio pirata, ou alguma coisa mais prosaica como uma agência dos correios. Independentemente de qual seja o tema, é indiscutível que o principal material usado para a construção de um parquinho em Berlim é a madeira – quanto mais cinzelada a mão e com aparência de castigada pelo tempo, melhor.

Em contrapartida, os parquinhos que frequentei em Seattle e nas Bermudas são praticamente iguais – todos eles empregam os mesmos componentes plásticos duráveis e coloridos para proporcionar às crianças as experiências-padrão de escorregar, escalar e balançar. Há algumas exceções, é claro, mas o padrão geral é inconfundível.

Quando retornei para as Bermudas, depois de passar vários meses em Berlim, lembro-me de ter notado o marcante contraste. Admito que cheguei a pensar que minha infância nas Bermudas foi de alguma forma empobrecida pela falta de parquinhos caprichosos e de madeira.

Mas então, certa tarde, dei por mim sentada com Oliver nos degraus atrás da casa de minha infância. Esses degraus são flanqueados de um lado por um trecho de grama alta, atrás da qual há uma série de arbustos do tipo rabo-de--gato. Oliver decidiu que faríamos um piquenique e começou a arrumar a mesa. Ele colocou dois pratos, cada um deles sendo uma folha de rabo-de-gato. Depois, catou cerca de uma dúzia de pedras suficientemente pequenas para caber em nossas folhas. As pedrinhas eram nossas panquecas. Dois galhos retos e lisos representavam nossos garfos, e ele os colocou cuidadosamente ao lado de cada prato. Oliver derramou o xarope de bordo (faz de conta) em nossas panquecas e desfrutamos juntos de nosso piquenique.

Percebi então que minha infância pode não ter incluído navios piratas em tamanho real, nem estruturas de escalada inspiradas em dragões, mas foi repleta de experiências lúdicas abertas e autodirigidas. Quando voltamos para Berlim em meados de março de 2020, pouco antes do primeiro confinamento causado pela pandemia, Oliver estava bem preparado para criar seu próprio universo usando os materiais que encontrava em nossas caminhadas e nos arredores dos parquinhos agora fechados em toda a cidade. No início levou algum tempo para eu conseguir convencê-lo a se afastar dos equipamentos de recreação isolados por cordas, contudo, depois de alguns dias, até parecia que ele havia esquecido que os parquinhos estavam ali. Na verdade, mesmo depois que eles reabriram, notei que muitas vezes meu filho ainda optava por brincar nos gramados que os circundavam, caçando insetos e perseguindo dragões imaginários.

As características estéticas de um brinquedo ou de uma experiência lúdica podem vir a prejudicar a análise que fazemos de seu valor intrínseco, eclipsando outras características importantes, como a disponibilidade de materiais que permitam o exercício da imaginação e o envolvimento em diferentes formas de diversão autodirigida, desde as escaramuças até as brincadeiras de faz de conta. Podemos considerar que o divertimento em um parquinho com "feios" equipamentos de plástico é algo inferior àquele que temos em um charmoso parquinho com brinquedos de madeira. No entanto, a qualidade de uma atividade lúdica não é determinada pela *estética* de um brinquedo ou de um parquinho, mas sim pelo *projeto* da experiência de brincar.

O valor da diversão com peças soltas

Nós podemos até não ter em mente que as experiências lúdicas obedecem a um projeto específico, mas não devemos esquecer que a estrutura dos ambientes lúdicos e os materiais neles disponíveis possibilitam determinados tipos de comportamento e impedem – ou, pelo menos, desencorajam – outros.

No livro *The design of childhood* (O projeto da infância), a crítica de arquitetura e projeto Alexandra Lange toma como base o conceito de peças soltas para analisar a qualidade das brincadeiras infantis em diferentes ambientes.[16] A ideia é tão simples quanto o próprio nome: de acordo com o falecido professor de escultura Simon Nicholson, as brincadeiras infantis são enriquecidas com base na disponibilidade de materiais lúdicos sem uma finalidade predeterminada – "peças soltas" –, que as crianças podem usar para criar os próprios universos imaginários, em vez de brincar dentro de um mundo projetado por outra pessoa.[17]

Em um ambiente repleto de peças soltas, a brincadeira infantil é potencialmente muito mais criativa e sofisticada do que, por exemplo, em um parquinho, no qual cada equipamento é tipicamente projetado para atender a um propósito único e específico. O conceito de peças soltas é coerente com uma característica fundamental das atividades lúdicas: serem autoescolhidas e autodirigidas.[18]

Para demonstrar a importância das peças soltas, pesquisadores da Cornell University realizaram uma série de estudos nos quais observaram crianças em idade pré-escolar brincando em um parquinho.[19] No primeiro estudo, as crianças foram colocadas para brincar em um parquinho-padrão, e os pesquisadores se concentraram na análise de como as características de projeto dos equipamentos influenciaram o comportamento e as interações sociais delas durante a brincadeira.

Os pesquisadores descobriram que a maior parte das brincadeiras das crianças era "funcional" – movimentos repetitivos como correr, escalar e pular, movimentos estes que envolvem habilidades motoras grossas. Representações teatrais – consideradas uma forma de brincadeira de categoria superior, porque envolvem processos cognitivos mais complexos, como o pensamento simbólico – foram menos frequentes e só ocorreram em áreas determinadas do parquinho, como espaços fechados, recintos semelhantes a palcos e espaços de confluência e conexão. Não foi observada qualquer outra forma de brincadeira de categoria superior – brincadeiras construtivas, como criar com blocos, varetas e outros materiais encontrados –, pois o ambiente era estático e as crianças não tinham como alterá-lo.

Para o segundo estudo, os pesquisadores introduziram no parquinho uma porção de peças soltas: grandes blocos de isopor e de plástico, pedaços de tecido, pneus, tocos de árvores e canos de PVC.[20] Eles fizeram então observações, enquanto um grupo distinto de crianças brincava no parquinho modificado.

Elas se movimentaram imediatamente para as áreas nas quais havia peças soltas, e as usaram para realizar entre si brincadeiras construtivas e de cunho teatral. Criaram casas, fortes e torres (jogo construtivo), que utilizaram como cenário para o jogo dramático. Dessa maneira, as peças soltas facilitaram duas formas de diversão de categoria superior, uma das quais (brincadeira construtiva) não existia no parquinho original.

A teoria das peças soltas nos diz que, quando se trata de estimular as brincadeiras infantis, o importante não é a diferença entre equipamentos de recreação feitos de madeira e aqueles feitos de plástico. Escalar uma estrutura de plástico e dela saltar provavelmente não é uma experiência muito diferente da oferecida pela mesma atividade em uma estrutura de madeira. As histórias imaginárias que as crianças criam dentro de uma casinha de plástico são talvez tão criativas quanto as que elas inventam em uma de madeira.

O ambiente de um parquinho com equipamentos de madeira pode parecer mais idílico e "puro" para nós, adultos (e proporcionar cenários mais bonitos para nossas fotos), que os de plástico, mas provavelmente os tipos de brincadeira que inspiram nas crianças são comparáveis, em especial quando o equipamento subjacente difere apenas no tocante ao material com o qual foi construído. Mais importante que a estética é o fato de que os dois tipos de parquinho – o encantador de madeira e o de plástico carente de charme – incorporam elevada, até mesmo *exagerada*, especificidade do projeto de um adulto.

As experiências lúdicas projetadas por adultos podem limitar o alcance do que as crianças conseguem fazer por conta própria, particularmente aquilo que elas criam e imaginam.[21] A ação dos adultos também pode restringir as brincadeiras infantis ao chamar a atenção para certas características de um brinquedo ou de um ambiente lúdico, em vez de permitir que as crianças o explorem por si sós.[22]

As brincadeiras menos intencionalmente projetadas e controladas tendem a proporcionar às crianças mais liberdade para o desenvolvimento de uma gama maior de ações e enredos. Considere, por exemplo, as diversas maneiras diferentes que as crianças encontram para brincar com caixas de papelão em comparação com as oferecidas pelo real conteúdo dessa caixa.

Nem sempre, porém. Há situações nas quais as experiências lúdicas podem ser minuciosamente projetadas com o específico propósito de proporcionar às crianças autonomia e meios para agir dentro de seus ambientes. Lange destaca uma variedade de parquinhos muito bem projetados nos Estados Unidos (como o Hills, localizado em Governors Island, na ponta sul de Manhattan) que incorporam intencionalmente uma profusão de peças soltas e equipamentos de finalidade não previamente determinada, para que as crianças possam manipular seu ambiente e nele agir com criatividade.

E é dentro dessa perspectiva que eu reconheço que os encantadores parquinhos de Berlim tendem a ser mais compatíveis com a teoria das peças soltas que aqueles de plástico encontrados em Seattle e nas Bermudas. É bastante comum, por exemplo, a existência de areia, água, partes móveis e estruturas abstratas em um parquinho berlinense. Depois que aprendi a vestir Oliver adequadamente, eu me deliciava ao vê-lo todo molhado e cheio de areia enquanto construía castelos de areia circundados por canais sinuosos.

Procurando peças soltas em uma brincadeira digital

Essa discussão sobre peças soltas e parquinhos pode nos ajudar a avaliar a qualidade e a importância das diversas experiências das crianças com brinquedos digitais.

Em primeiro lugar, por mais que sejamos tentados a dar um valor maior para os brinquedos de madeira em detrimento dos de plástico (ou os formados por *pixels*), as peças soltas são um fator mais importante que a estética quando se trata de garantir suporte às brincadeiras infantis.

Assim, quando uma criança está envolvida em brincadeiras digitais, é, talvez, mais relevante avaliarmos se existem ferramentas e materiais disponíveis para ela construir seus próprios universos do que lamentarmos o fato de ela não estar brincando com blocos de madeira. Uma vez construídos os brinquedos, elas são capazes de se colocar nesse mundo e se envolver em brincadeiras de faz de conta? E o que dizer das oportunidades para interação social?

Em segundo lugar, as experiências lúdicas concebidas e projetadas por adultos podem, algumas vezes, solapar as características benéficas de livre escolha e autocontrole das brincadeiras infantis. Parece que a norma nos brinquedos digitais são as experiências extremamente planejadas que organizam de forma muito específica a brincadeira (e a atenção) das crianças. Abordei esse aspecto no Capítulo 3, quando tracei um paralelo entre o envolvimento de Oliver com um aplicativo de alfabetização e com um livro impresso, e no Capítulo 2, quando descrevi um estudo comparativo entre brincadeiras analógicas e digitais para crianças.[23] Nesse estudo, as crianças demonstraram ter menos controle sobre como e para onde sua atenção era direcionada quando estavam jogando em um *tablet* do que em um jogo analógico.

No Capítulo 2, também tratamos dos padrões obscuros e dos recursos abusivos de projeto encontrados em muitos aplicativos infantis, como relacionamentos parassociais, chamarizes e recompensas virtuais, recursos esses que podem seduzir as crianças.[24] Esses mecanismos tornam essas experiências com brinquedos digitais extremamente envolventes, contudo oferecem menos liberdade de escolha e de controle pelas próprias crianças.

O que é menos facilmente identificável (mas não impossível de encontrar) são as experiências com brincadeiras digitais que permitem que as crianças determinem o ritmo e a forma da brincadeira, bem como transformem os mundos existentes e, talvez, até criem outros universos. Quem sabe até, em sentido um tanto contrário ao que advoga a teoria das peças soltas, esses tipos de experiência digital aberta, com ritmo ditado pelo usuário, possam ser – talvez até *devessem* ser – cuidadosamente projetados para garantir suporte a uma brincadeira criativa por parte das crianças.

É possível encontrarmos exemplos de pesquisas sobre projetos para ilustrar como um projeto premeditado é capaz de produzir tecnologias que favoreçam as brincadeiras infantis.[25] Pesquisadores na Suécia trabalharam em colaboração com arquitetos paisagistas para projetar um conjunto de tecnologias de diversão interativas e abertas, que eles instalaram no ambiente de um pátio escolar.[26] Por exemplo, o "tubo" (um túnel quadrangular de madeira, equipado com sensores) consegue detectar determinadas características, como líquidos, ruído e movimento, de objetos colocados em seu interior. O tubo reagia de maneiras diversas aos diferentes materiais que as crianças colocavam dentro dele. Os pesquisadores descobriram que a incorporação do tubo e de outros elementos interativos ao ambiente externo convidava as crianças a explorações lúdicas e estimulava a realização de um espectro mais amplo de atividades lúdicas do que acontecia antes dele.[27]

Esse tipo de projeto de tecnologia com um propósito predeterminado também pode ser usado para promover experiências lúdicas inclusivas para crianças com deficiência.[28] Os pesquisadores investigaram, por exemplo, o uso de realidade aumentada e de brinquedos sensíveis ao toque para facilitar brincadeiras de faz de conta e brincadeiras colaborativas por crianças autistas.[29]

Crianças com deficiência em geral requerem mais apoio direto (normalmente de adultos) para facilitar suas brincadeiras.[30] Portanto, o projeto de tecnologias interativas para essas crianças pode exigir uma abordagem ligeiramente diferente da abordagem aberta e dirigida pela criança que destaquei até agora neste capítulo. Mesmo assim, os projetos voltados a brincadeiras inclusivas devem ser suficientemente flexíveis para que se ajustem às habilidades da criança, como também devem estimular a interação social.[31]

Os limites das peças soltas digitais

A despeito de todo o esforço dos projetistas no sentido de criar ambientes virtuais que estimulem a exploração e a expressão criativa, a camada adicional de inflexibilidade associada ao formato digital pode limitar mais do que no mundo analógico o espectro de ações das crianças.[32] Dois tipos de composição lúdica – um com tintas, outro com brinquedos – ilustram essa observação.

Vou usar uma brincadeira de Oliver para ilustrar o primeiro tipo de combinação. O aplicativo que meu filho usa para criar figuras em seu *tablet* permite que ele desenhe livremente, assim como selecione cores e até mesmo apague e comece outra vez. É uma experiência bastante aberta que ele controla. Da mesma forma, quando cria uma figura usando tintas, papel e pincel, Oliver decide o que quer desenhar e as cores que vai usar (muito embora não seja tão fácil apagar).

A diferença entre os dois ambientes de pintura começa a se evidenciar na hora de misturar duas ou mais cores. No mundo analógico, Oliver pode usar as cores assim como saem do tubo de tinta, mas também pode misturá-las e criar tonalidades diferentes. Não há de fato limite algum para a variedade de cores que ele tem condições de criar. No *tablet*, ao contrário, ele fica limitado às cores que o projetista programou no aplicativo. Mesmo quando pode misturar duas cores (o que nem todos os aplicativos permitem), o resultado ainda será um tom predefinido pelo código subjacente. O mundo analógico permite mais textura e mais nuances que o mundo digital de 0s e 1s binários.[33]

O segundo tipo de composição envolve brinquedos. Muitas vezes as crianças reúnem brinquedos feitos de diversos materiais e em diferentes escalas de tamanho, assim como brinquedos com diferentes histórias, habilidades e objetivos funcionais, e brincam com eles em novos cenários inventados por elas mesmas. Basta lembrarmos de Andy (e mais tarde Bonnie) dos filmes *Toy Story* da Pixar, e das muitas histórias que ele inventa com seu boneco de pano *vintage* Xerife Woody, com o personagem de plástico Buzz Lightyear e um vasto conjunto de outros brinquedos, incluindo Sr. Cabeça de Batata, Bo Peep (uma estatueta anexada ao abajur de cabeceira de sua irmã), o cachorro Slinky e Rex, o tiranossauro.

É muito mais difícil produzir esse tipo de recombinação de brinquedos em um *tablet*, pois nele cada aplicativo tem o próprio ambiente independente, que não se comunica com os ambientes de outros aplicativos.[34] Outras espécies de brinquedos digitais podem ser mais facilmente combinadas e são apropriadas para diferentes cenários de diversão, em especial brinquedos do tipo "figital", que combinam experiências de brincadeiras física e digital.[35]

Um exemplo é o *Purrble*, um desassossegado animal de estimação que se acalma quando as crianças acariciam seu pelo macio.[36] Muito embora Purrble tenha sido projetado com o intuito de ajudar as crianças a controlar suas emoções fortes por meio da ação de acalmar outro ser, Oliver não teve dificuldade para incorporar esse brinquedo inteligente em ambientes de brincadeiras com seus outros brinquedos não digitais (incluindo Woody e Buzz Lightyear).[37]

Peças soltas não são tudo

Nem todas as experiências com brinquedos precisam de peças soltas. Mesmo os parquinhos dotados de equipamentos-padrão imóveis têm espaço nas brincadeiras. Escalar, escorregar e pular em equipamentos de recreação são atividades valiosas para o desenvolvimento das habilidades motoras grossas das crianças. Nenhum brinquedo, aplicativo ou equipamento de caráter lúdico produz todas as formas de diversão, nem precisará fazê-lo, desde que as crianças tenham acesso a uma grande diversidade de experiências lúdicas em sua vida diária.

Ao analisarmos todo o espectro de experiências proporcionadas pelas brincadeiras infantis – tanto analógicas como digitais –, vale a pena termos em mente as características do projeto dessas experiências. Ele garante às crianças oportunidades de exercitar habilidades motoras grossas e finas? Oferece a possibilidade de elas brincarem sozinhas e com outras pessoas (tanto colegas como adultos)?[38] Existem espaços e circunstâncias em que elas podem construir (e às vezes destruir) coisas, inventar coisas e imaginar novos universos?

Eu gostaria de dizer aos pais que acabaram de ler essas linhas e começam a se preocupar com o fato de não haver variedade suficiente nas experiências proporcionadas pelas brincadeiras de seus filhos que se lembrem do conceito de pais digitais suficientemente bons discutido no Capítulo 2! Procurem uma combinação de experiências com brincadeiras autodirigidas e guiadas, entendendo que não existe uma proporção ou uma composição mágica de atividades lúdicas (de que tenhamos conhecimento até aqui).

E não se esqueçam de permitir que as crianças descubram sozinhas essa combinação, admitindo até mesmo que elas fiquem entediadas enquanto decidem qual será a brincadeira seguinte. O tédio – ou, mais precisamente, a capacidade de enfrentá-lo com sucesso – tem certa importância e proporciona às crianças a oportunidade de exercitar o controle de suas emoções, de direcionar sua atenção, bem como de estabelecer e de buscar novos objetivos.[39]

Por último, contribuir para a diversidade nas experiências proporcionadas pelas brincadeiras das crianças não é apenas um assunto da família, mas também uma questão social. As preocupações com a segurança na comunidade aumentaram nas últimas décadas, levando muitas famílias a hesitar quanto a permitir que seus filhos brinquem fora de casa sem supervisão.[40] Pais preocupados com a segurança física de seus filhos podem decidir que é preferível eles brincarem em um celular que em cima de uma árvore.[41] Outros desafios de caráter social incluem as demandas externas em relação ao tempo dos pais, como longas jornadas de trabalho e trabalho em turnos, o que pode limitar a capacidade deles para criar e supervisionar ambientes de qualidade para as brincadeiras de seus filhos.

Das brincadeiras aos jogos na segunda infância

Na segunda infância (por volta dos 6 aos 10 anos), as brincadeiras se tornam menos fundamentadas em fantasias e mais estruturadas e sujeitas a regras.[42] Em vez de brincar de casinha ou assumir o papel de um caçador de dragão, as crianças se mostram mais propensas a participar de atividades organizadas pelos adultos (como esportes de equipe) ou jogos subordinados a regras formais (por exemplo, jogos de tabuleiro) e regras informais (por exemplo, pega-pega). Essas formas de diversão proporcionam às crianças uma variedade maior de papéis, incluindo a oportunidade de tomar parte em um trabalho de equipe e praticar suas aptidões de liderança.[43]

Os *videogames* representam a forma mais popular de jogo digital entre crianças que estão na segunda infância. Em 2021, crianças entre 8 e 12 anos dedicaram cerca de uma hora e meia por dia aos jogos – aproximadamente um terço de seu tempo diário com as telas –, embora essa média tenha sido muito maior para meninos (mais de duas horas) e menor para meninas (pouco menos de uma hora).[44]

Sob o ponto de vista social, nossa percepção sobre os *videogames* e seus impactos nas crianças é tão complexa e inconsistente quanto nossa concepção a respeito da tecnologia e do tempo passado diante de uma tela mais genericamente.

Por um lado, o *Minecraft* – um passatempo no qual os jogadores exploram e constroem ambientes virtuais e descobrem maneiras de neles sobreviver – é exaltado por seu potencial para desenvolver uma ampla variedade de habilidades e conhecimentos, desde geometria, codificação e eletrônica, chegando a tecnologias digitais, cidadania, aptidões sociais e colaboração.[45] Aliás, a Mojang, empresa que criou o *Minecraft*, e a Microsoft, que mais tarde o comprou, desenvolveram o *Minecraft Education Edition*. De acordo com o *website* do *Minecraft*, essa versão educacional do jogo está sendo usada em mais de 115 países com o propósito de ensinar praticamente qualquer habilidade que se possa imaginar.

Por outro lado, é comum encontrarmos manchetes assustadoras que alertam os pais sobre os perigos dos *videogames* violentos e do vício em *videogames*. De fato, esse tipo de jogo tem sido habitualmente apontado como um dos principais ingredientes do aumento da violência armada nos Estados Unidos ao longo das décadas.[46]

Não surpreende o fato de os pais se sentirem motivados a matricular seus filhos em acampamentos de *Minecraft*, com a expectativa de que eles aprendam geometria, codificação e eletrônica e, simultaneamente, tentem limitar a quantidade de tempo que seus filhos passam jogando *Fortnite*, preocupados com a possibilidade de que venham a se viciar em *videogames*.

Essas contradições e mensagens conflitantes se repetem em pesquisas publicadas sobre os impactos dos *videogames* sobre os jovens. Parte do desafio aqui é o complexo e amorfo grupo de atividades que coletivamente denominamos *videogames*. A estudiosa do assunto Daphne Bavelier e seus colegas advertiram: "Não somos capazes de dizer quais são os efeitos dos *videogames* mais do que conseguimos dizer quais são os efeitos da comida".[47]

Contudo, mesmo quando restringem seu foco a um conjunto mais específico de jogos – os *videogames* violentos –, os estudiosos parecem não concordar sobre seus efeitos. Assim como nas pesquisas sobre o hábito das crianças de assistir à TV, é fácil destacarmos algumas que mostram uma relação irrefutável entre *videogames* violentos e comportamento agressivo,[48] e igualmente fácil encontrarmos aquelas que não mostram qualquer relação.[49]

No entanto, em meio a esse nebuloso cenário de pesquisa e à heterogeneidade dos *videogames*, ainda é possível identificarmos estratégias concretas para a avaliação da qualidade das experiências das crianças com esse tipo de jogos. Para tanto, devemos levar em consideração o que os *videogames* oferecem e o que as crianças fazem com eles.

No tocante àquilo que os *videogames* oferecem, relembre um dos temas transversais deste livro: *questões de projeto*. No Capítulo 1, falei sobre a importância de termos em mente a forma como uma tecnologia foi projetada e como ela é usada atualmente, desde a camada de recursos até as camadas de prática e cultura.

Os *videogames* podem ser uma concepção intrincada, mas tendem a convergir para um conjunto central de propriedades fundamentais percebidas, ou "possibilidades de ação".[50] A estudiosa Isabela Granic e seus colegas identificaram a interatividade como a principal propriedade percebida dos *videogames*: "O atributo característico mais essencial dos *videogames* é seu caráter interativo; os jogadores não podem se render passivamente ao enredo de um jogo. Em vez disso, esse tipo de jogo é projetado para que os jogadores se envolvam ativamente com o sistema, e para que esse sistema, por sua vez, reaja ao comportamento agentivo dos jogadores".[51]

A interatividade dá origem a propriedades adicionais, como baixo custo de falha e *feedback* imediato.[52] Se seu jogador for derrotado, não tem problema, basta recomeçar o jogo. Você pode fazer isso quantas vezes quiser até que tenha aprendido a controlar o jogo. Os *videogames* também costumam oferecer aos jogadores um *feedback* descomplicado e imediato, para que eles sempre consigam saber em que ponto do jogo estão e qual é seu desempenho.[53]

Os *videogames* proporcionam um equilíbrio ideal entre desafio e frustração – muitas vezes denominado estado de *fluxo* –, a fim de que o jogador nunca fique entediado, mas também nunca se sinta tão frustrado a ponto de querer desistir de jogar.[54] Esse equilíbrio está ligado ao fato de que os jogos podem ser dinamicamente calibrados de acordo com o nível de habilidade de um jogador, de tal modo que ele sempre esteja sendo submetido a um nível apenas suficiente de desafio, mas nunca demasiado.[55]

Finalmente, muitos dos *videogames* que as crianças jogam hoje em dia são inerentemente sociais e exigem uma coordenação complexa para que os objetivos específicos sejam atingidos.[56] Quer seja construindo estruturas e mundos no *Minecraft*, criando os próprios jogos ou disputando jogos de outras pessoas no *Roblox*, lutando pela sobrevivência em *Fortnite* ou passando o dia em uma aldeia em *Animal Crossing*, os *videogames* envolvem as crianças em uma vasta diversidade de interações sociais, desde a colaboração e o exercício de um papel de liderança em uma equipe de jogadores até o envolvimento direto em uma competição.

Existe também uma camada de interação social circundando o ambiente imediato do jogo, como o ato de assistir a jogadores que transmitem ao vivo suas sessões de jogo. De fato, muitas pessoas destacam essas dimensões sociais quando explicam por que gostam de jogar *videogame*.[57]

Interatividade, baixo custo de falha, *feedback* descomplicado e imediato, um equilíbrio ideal entre desafio, frustração e interação social: são esses os benefícios que os *videogames* podem oferecer às crianças. Em seguida, precisamos considerar se – e quando – essas propriedades promovem experiências autodirigidas e respaldadas pela comunidade – os principais ingredientes das experiências digitais que contribuem para o desenvolvimento.

Quem detém o controle, seu filho ou o jogo?

Muita coisa do que se sabe sobre *videogames* parece ser compatível com a percepção de iniciativa e potencialidade que exemplifica as experiências digitais autodirigidas. Características como *feedback* imediato, baixo custo de falha e desafio na medida suficiente tornam os *videogames* recursos propícios para gerar sentimentos de progresso pessoal e até destreza. São exatamente essas potencialidades o motivo pelo qual muitos estudiosos e educadores se mostram entusiasmados com a ideia de conceber experiências de aprendizagem escolar com base no uso do *videogame* pelas crianças.[58]

No entanto, essas mesmas propriedades tornam os *videogames* extremamente envolventes e, algumas vezes, muito difíceis de serem deixados de lado. Convém lembrarmos que as experiências digitais autodirigidas são voluntárias. O fato de um jogador se sentir compelido a ganhar mais pontos e mais recompensas e alcançar o próximo nível pode fazer o jogo parecer para ele menos voluntário.

Em junho de 2018, a Organização Mundial da Saúde (OMS) reconheceu que o *distúrbio de games* é uma doença diagnosticável e anunciou sua intenção de incluí-la – com outros transtornos relacionados ao uso de drogas ou a comportamentos viciantes – na 11ª edição de seu guia para doenças e problemas de saúde mental. A OMS define o distúrbio de *games* como:

> um padrão de comportamento associado a jogos ("jogo digital" ou "jogo de vídeo"), caracterizado pela incapacidade de controle sobre o ato de jogar, com

priorização crescente do jogo em detrimento de outras atividades, chegando ao limite em que ele passa a prevalecer sobre outros interesses e outras atividades do dia a dia, e o hábito de jogar se mantém ou se agrava, apesar da ocorrência de consequências negativas.[59]

Muito embora não haja um consenso sobre se o distúrbio de *games* deva ou não ser um diagnóstico formal,[60] existem pessoas – inclusive jovens – cujo comportamento é compatível com a definição da OMS. Elas têm dificuldade para controlar a quantidade de tempo que passam jogando, priorizam o jogo em detrimento de outras atividades e continuam jogando mesmo quando experimentam consequências negativas (por exemplo, notas mais baixas na escola, perda de amizades). Embora sejam apenas correlacionais, há evidências que associam comportamentos problemáticos em relação a jogos com sofrimento psicológico em algumas crianças.[61]

Comportamentos como esses merecem atenção. Eles são um indicativo de que o *videogame* tem controle maior sobre a atenção de uma criança do que ela própria. Esse tipo de relacionamento com os jogos é incompatível com características de uma brincadeira que promovem o desenvolvimento da criança: ser livremente escolhida e autodirigida. Além disso, a destinação de uma quantidade desproporcional de tempo aos *videogames* pode prejudicar outras experiências lúdicas que expandem o desenvolvimento, sem deixar de mencionar o sono, que é primordial para o desenvolvimento saudável das crianças.[62]

Ao mesmo tempo, como venho argumentando ao longo deste livro, um comportamento problemático relacionado aos *videogames* deve ser analisado no contexto mais amplo da vida de um jovem. Por exemplo, pode ocorrer a situação em que um jovem recorre aos *videogames* como forma de lidar com algo estressante em sua vida, como *bullying* (intimidação sistemática) ou conflito familiar?[63] Uma análise focada apenas em seu comportamento em relação ao jogo – especialmente atribuindo a ele um caráter patológico com rótulos como distúrbio de *games* – deixaria de considerar a causa subjacente, podendo até mesmo exacerbar o problema ao estigmatizar ou proibir uma atividade que está ajudando o jovem a lidar com uma dificuldade da vida.

Encontrando o senso de comunidade dentro e ao redor dos *videogames*

Já destaquei a qualidade social de muitos *videogames* – a capacidade de colaborar e competir com amigos e estranhos desempenha papel importante na popularidade inalterável desses jogos. Têm a mesma importância as interações sociais que ocorrem em plataformas de rede nas quais os jogos se desenrolam, como o aplicativo *Discord*, por meio do qual os jogadores podem conversar entre si enquanto jogam, e o serviço de *streaming* de vídeo *Twitch*, que oferece a possibilidade de os jogadores transmitirem seus jogos ao vivo para públicos mais amplos.

Para muitos jovens, essas interações sociais baseadas em jogos são predominantemente positivas e gratificantes. O *Minecraft*, que ainda aparece entre os jogos digitais mais populares praticados por crianças, é um exemplo de brinquedo que proporciona às crianças a oportunidade de colaborar, competir ou apenas se divertir com os amigos, tanto juntos em um sofá como conectados remotamente por meio de um servidor.[64]

Elas podem inclusive integrar uma comunidade mais ampla de jogadores de *Minecraft*, como a comunidade global que as pesquisadoras Katie Salen Tekinbas e Mizuko Ito criaram por meio de sua instituição chamada Connected Camps. Essa organização sem fins lucrativos reúne crianças de todo o mundo e, com o apoio de mentores adolescentes, envolve-as em experiências do *Minecraft* cujo propósito é desenvolver a criatividade, bem como as habilidades de solução de problemas e de colaboração.[65]

Os jogos com suporte da comunidade não se limitam às interações entre colegas; as famílias também podem se reunir em torno dos *videogames*. Vamos analisar, por exemplo, o *Pokémon Go*, um jogo para celular baseado na localização, que usa o GPS do telefone do jogador para sobrepor ao mundo real o universo do jogo, permitindo que os jogadores cacem monstros virtuais chamados Pokémon. Logo após seu lançamento, em 2016, o *Pokémon Go* se tornou um jogo muito popular, com o qual as famílias podiam jogar juntas enquanto faziam "*Pokéwalks*" por sua região.[66]

A pesquisadora Kiley Sobel e seus colegas encontraram evidências de que jogar *Pokémon Go* em grupo proporcionava uma experiência de conexão entre os membros da família, fortalecendo interesses comuns e gerando temas para as conversas entre pais e filhos.[67] O jogo oferece às famílias muitas alternativas para uma atividade em grupo – cada um em seu próprio celular, todos compartilhando um único telefone, os pais incentivando os filhos na caçada pelos Pokémons, ou os pais e a criança caçando juntos como parceiros em pé de igualdade. Existe ainda o potencial para um envolvimento comunitário mais amplo à medida que as famílias se reúnem e interagem tendo como pano de fundo seu interesse no jogo.

Também existem lados obscuros em algumas culturas relacionadas a diversões eletrônicas, incluindo jogos e discussões *on-line* que promovem violência, blasfêmias, racismo e sexismo. Um incidente denominado Gamergate[68] – no qual elementos misóginos da cultura *gamer* ficaram integralmente evidentes na atitude de assediadores *on-line* cujo alvo eram as mulheres no setor de *videogames*, às quais dirigiam ameaças de violência – é um exemplo cabal de como alguns jogadores podem vivenciar em suas experiências de jogo uma realidade diametralmente oposta ao respaldo da comunidade. O caso Gamergate é um exemplo bastante divulgado e amplamente discutido de assédio por meio de competições eletrônicas, mas mesmo ocorrências em menor escala de *bullying, trolling* (comportamento que visa desestabilizar uma discussão e irritar as pessoas) e outras experiências sociais negativas com os jogos podem ser prejudiciais para as crianças.

Nesses casos, o *respaldo* que a comunidade proporciona às crianças em suas experiências com os jogos é fundamental. Por exemplo, alguns pais me relataram que seus filhos se mostram abalados e agitados depois de participar de jogos que envolvem violência, relatos consistentes com experimentos que demonstram aumento dos níveis de excitação imediatamente após a atividade com um *videogame*.[69]

É importante buscarmos entrar em sintonia com esse tipo de comportamento e envolver as crianças em conversas sobre ele – isso cria a oportunidade de descobrirmos como elas estão entendendo suas experiências com os jogos e integrando-as com as demais dimensões de sua vida. Dependendo da idade, essas conversas podem até contribuir para que as crianças incorporem o conteúdo do *videogame* em um contexto social mais amplo, como a sub-representação de mulheres e pessoas não brancas no setor de jogos e os confrontos sexistas e racistas em espaços de jogos *on-line*.[70]

Fazendo uma pausa para rever os três Ds

O que está acontecendo no tocante ao *desenvolvimento*: as brincadeiras infantis são um tipo de interação muito importante e fundamental para praticamente todos os aspectos do desenvolvimento: do crescimento físico à consciência social. O ato de brincar não é uma construção uniforme, e os diversos tipos de diversão, desde as escaramuças até as brincadeiras de faz de conta, contribuem de maneiras distintas e importantes para o desenvolvimento da criança. À luz desse espectro de opções, as crianças devem ter oportunidades de se envolver em uma variedade de experiências lúdicas.

As brincadeiras abertas e dirigidas pelas próprias crianças em geral são as melhores, especialmente na primeira infância. As crianças pequenas são cientistas que passam a compreender seu mundo por meio da experimentação, testando para ver o que acontece.[71] As tecnologias interativas têm condições de dar suporte às brincadeiras abertas, mas isso não é garantido, e muitas diversões digitais existentes contêm recursos abusivos de projeto (como relacionamentos parassociais e recompensas virtuais), recursos esses que priorizam o envolvimento das crianças em detrimento do suporte às brincadeiras autodirigidas.

Analisando em *profundidade* (*deeper*): diversidade e exploração autodirigida nas experiências lúdicas podem ser desafios complexos para as crianças superarem no contexto das preocupações com a segurança da comunidade, das demandas de trabalho dos pais e das pressões sociais para ocupação das agendas delas com atividades enriquecedoras.[72] Esses fatores de caráter social interagem, inevitavelmente, com as experiências lúdicas digitais das crianças, fazendo o equilíbrio ideal entre brincadeiras digitais e analógicas (e as variações dentro de cada uma) ser diferente de uma criança para outra. Esse desafio não é – ou pelo menos não deveria ser – alguma coisa a ser descoberta pelas famílias sozinhas; as dinâmicas em nível social exigem atenção em nível social.

Passando para a segunda infância, vimos que muitas características dos *videogames* parecem ser bastante compatíveis com a forma como as crianças brincam e aprendem: a interatividade, o baixo custo de falha, o desafio adequadamente calibrado e as oportunidades de interação social. No entanto, as pesquisas não delineiam um quadro uniformemente positivo – longe disso.

Em razão da grande variedade de gêneros de jogos e dos resultados conflitantes das investigações sobre seus efeitos, é possível nos perdermos em meio ao joio das pesquisas, das notícias e do boca a boca, na tentativa de descobrir os efeitos diversos que diferentes jogos podem produzir em tipos distintos de criança. A fim de apresentar alguma forma de orientação, mostrei como as dimensões de autodireção e respaldo da comunidade são fatores importantes para conseguirmos distinguir as experiências com *videogame* que oferecem suporte ao desenvolvimento daquelas que não o fazem.

Considerações de *projeto* (*design*): sempre haverá limites para o que as crianças podem fazer com os materiais (analógicos ou digitais) que usam em suas brincadeiras. O balizador vermelho não pode ser verde só porque assim queremos, e o forte construído na sala é limitado pelo tamanho e o peso de almofadas e cobertores empregados em sua construção.

Contudo, os materiais digitais dos dias de hoje são um pouco menos flexíveis, no cômputo geral, que seus congêneres analógicos. O processo de digitalização de determinadas ações, com sua codificação em termos de 1s e 0s, necessariamente as restringe, deixando de lado uma gama de possibilidades que, de outra forma, estariam presentes no universo analógico.[73] Isso impõe limites à capacidade de intervenção que pode ser transferida do projetista para a criança uma vez que a ferramenta digital tenha sido criada.

Essas limitações parecem ser maiores no contexto de aplicativos baseados em *tablets* e *smartphones*. Já no momento da escolha do dispositivo (Apple ou Android), somos direcionados para a Apple Store ou para a Google Play Store. As duas mantêm um controle rígido sobre os aplicativos que disponibilizam para *download* (o controle da Apple é sabidamente mais rígido). Além disso, existe atualmente pouca ou nenhuma oportunidade de combinação de experiências com base em dois ou mais aplicativos diferentes. Em outras palavras, essas empresas não facilitam o projeto de peças soltas.

Em contrapartida, os brinquedos "figitais", os quais combinam experiências de jogo físico e digital, oferecem às crianças uma flexibilidade consideravelmente maior.[74] Brinquedos inteligentes como o Purrble – o desassossegado animal de estimação – e os equipamentos inteligentes para parquinhos, como o "tubo", mostram que é possível projetar peças soltas para as brincadeiras digitais infantis, por meio da criação de experiências abertas e flexíveis que as próprias crianças controlam. Ainda assim, jogos com peças soltas não se traduzem em ausência de suporte, especialmente no caso de crianças com deficiência, que podem se beneficiar de um suporte estruturado compatível com suas habilidades.[75]

Coerentemente com nossas discussões sobre função executiva e desenvolvimento da alfabetização, os recursos abusivos de projeto, como relacionamentos parassociais, chamarizes e recompensas virtuais, devem ser evitados, porque prejudicam a capacidade das crianças para manter controle sobre suas experiências com brinquedos digitais. Esses projetos podem parecer atraentes, mas não devemos esquecer que a qualidade de uma brincadeira não é determinada pela estética do brinquedo tanto quanto pela diversidade de ações que seu projeto viabiliza.

Nossa discussão sobre os *videogames* trouxe à tona diversas propriedades – baixo custo de falha, *feedback* descomplicado e imediato, equilíbrio ideal entre desafio, frustração e interação social –, que têm potencial para promover experiências com brincadeiras digitais autodirigidas e respaldadas pela comunidade. Na verdade, dadas as formas complexas pelas quais as tecnologias digitais interagem com crianças específicas e seus contextos circundantes, os projetistas de tecnologia podem ter controle limitado sobre a condição de essas propriedades atingirem seu potencial. Mas isso não significa que eles não tenham controle algum. E, certamente, têm o dever de tentar.

Os projetistas, bem como as empresas para as quais eles trabalham, devem avaliar até que ponto seus projetos promovem sentimentos de progresso e destreza em vez de uma compulsão a permanecer jogando para continuar avançando no jogo. Os projetos (em conjunto com políticas de moderação) devem promover interações sociais positivas, conciliando essas interações com o sucesso no jogo e desencorajando comportamentos como *bullying* e *trolling*.

Os projetos também devem proporcionar às crianças oportunidades de incluir os familiares em suas experiências com diversões digitais. Esses esforços podem não garantir que todas as crianças tenham experiências digitais autodirigidas e respaldadas pela comunidade, mas as tornarão mais prováveis.

Vamos agora passar do brincar para o aprender, o que, nas condições adequadas, é a mesma coisa. No Capítulo 5, abordaremos o que há de melhor e de pior na tecnologia quando se trata de apoiar as experiências de aprendizagem das crianças durante a segunda infância.

5

A "maldição do já consolidado" e seu impacto na aprendizagem

Já falamos bastante sobre brincadeiras. A meninice também envolve muito trabalho, especialmente quando os pequenos passam da primeira para a segunda infância. Em contraste com as profusas investigações sobre bebês e crianças pequenas, a psicóloga do desenvolvimento Alison Gopnik observa: "Talvez não haja na face da Terra criatura mais racional e moderada que uma criança na casa dos 8 anos".[1]

Este capítulo examina o papel atual e potencial das tecnologias digitais na aprendizagem das crianças durante a segunda infância (aproximadamente entre 6 e 10 anos), assim como a importância da comunidade quando se trata de promover experiências digitais que contribuam para o desenvolvimento infantil. As escolas, as famílias, as vizinhanças e as políticas que as estruturam desempenham papel fundamental na definição da forma como as tecnologias são projetadas e empregadas a serviço da aprendizagem.

Acima de tudo, este capítulo versa sobre a discrepância entre o potencial da tecnologia para dar suporte a valiosas experiências de aprendizagem e a realidade de como as tecnologias existentes são de fato colocadas em prática – ou não – em escolas, lares e outros contextos de aprendizagem. Veremos que as tecnologias voltadas ao aprendizado podem ser – mas muitas vezes não são – projetadas com o propósito de subsidiar experiências de aprendizagem autodirigidas e respaldadas pela comunidade durante a segunda infância (e depois dela).

A criança de 8 anos racional e moderada

A guinada na direção da moderação descrita por Alison Gopnik se reflete nas teorias que definem a segunda infância.[2] Freud deu a isso o nome de fase de latência, que é quando as crianças reprimem suas inquietações de cunho sexual (a motivação fundamental dos seres humanos, de acordo com Freud) e se concentram no desenvolvimento de suas aptidões intelectuais e sociais.[3] O psicólogo do desenvolvimento e psicanalista Erik Erikson descreveu a segunda infância como um período de grande atividade, no qual as crianças estão ocupadas aprendendo a fazer coisas novas e demonstrando suas novas habilidades.[4] O psicólogo do desenvolvimento Jean Piaget definiu a segunda infância em termos de sua realização cognitiva fundamental: a capacidade de empregar pensamento lógico.[5]

Latência, atividade, pensamento lógico – esses rótulos trazem à mente a criança cuja tarefa principal é aprender.

Assim como as brincadeiras dos pequeninos mudam de forma na passagem da primeira para a segunda infância, conforme vimos no Capítulo 4, um processo semelhante acontece com a atitude delas em relação ao aprendizado. O foco se estreita, e elas passam a se empenhar na aquisição de aptidões específicas – seja ler, jogar basquete ou se tornar hábil nas receitas familiares tradicionais. Esse tipo de aprendizado envolve mais exercício e repetições que aquele baseado em descobertas que ocorre na primeira infância.[6]

Essa transformação coincide com a passagem das crianças para o ambiente altamente estruturado da escola e é reforçada por essa mesma transição. Considerando o papel primordial da escola nas experiências de aprendizagem da maioria das crianças – sem esquecermos a considerável quantidade de tempo que elas passam lá –, o ambiente escolar será o foco principal deste capítulo.

Entretanto, a escola não é o único local onde as crianças aprendem, e, assim, também levaremos em conta alguns contextos de aprendizagem mais informais. Graças a décadas de pesquisas, sabemos bastante sobre como as crianças aprendem melhor, dentro e fora da escola. Nós conhecemos a importância da mobilização dos interesses das crianças como fator de motivação e guia das experiências de aprendizagem baseadas em questionamentos;[7] também do provimento de respaldo – ou alicerce de sustentação – que seja adequado para as habilidades já existentes e as formas de aprendizagem das crianças;[8] e do reconhecimento, da valorização e da incorporação de aptidões, conhecimentos e experiências que as crianças trazem consigo de outros domínios de sua vida.[9]

Essa compreensão pode ser útil para a identificação dos tipos de experiência tecnológica com maior ou menor probabilidade de contribuir para o aprendizado. No entanto, se eu me contentasse em enumerar essas experiências baseadas em tecnologia e parar por aí, estaria desperdiçando parte essencial da história relativa à tecnologia e à aprendizagem.

Expectativas elevadas se deparam com uma dura realidade

Alguns meses depois do início da pandemia, fui convidada a participar do *Silver Lining for Learning* (Uma luz no fim do túnel para a aprendizagem), uma série semanal de discussões *on-line* sobre o futuro da aprendizagem. A série, lançada no início da pandemia por um grupo de pesquisadores em educação,[10] convida pesquisadores e líderes educacionais para compartilharem o trabalho que eles estão desenvolvendo com o propósito de repensar e reinventar os processos de ensino e aprendizagem, muitas vezes com o emprego de tecnologias digitais, interativas e conectadas em rede.

Fui convidada de Cecilia Aragon, com quem escrevi *Writers in the secret garden: fanfiction, youth, and new forms of mentoring* (Escritores no jardim secreto: *fanfiction*, juventude e novas formas de aconselhamento),[11] um livro que investiga a impressionante dimensão do aprendizado que ocorre todos os dias quando jovens – e também adultos – se reúnem informalmente em comunidades *on-line* de *fanfiction* (histórias envolvendo personagens conhecidos da ficção, escritas e postadas pelos fãs) para compartilhar suas narrativas e dar *feedback* sobre elas.

Cecilia e eu conversamos detalhadamente (ou, pelo menos, apaixonadamente) sobre a pandemia ser um momento sem igual para tentarmos promover mudanças radicais em todo o projeto instrucional, implementando nas escolas o tipo de aprendizagem autodirigida e intrinsecamente motivada que documentamos em nossos longos anos de investigação sobre as comunidades de *fanfiction*.

Não demorou para nos descobrirmos erradas – e um tanto mais do que ingênuas. No final do ano letivo de 2020, percebia-se claramente que a maioria dos professores havia recorrido às mesmas práticas e tecnologias que vinham usando em suas aulas nas escolas físicas, adaptando-as na medida da necessidade para a escola *on-line*.[12] As planilhas em papel tornaram-se planilhas digitais. As apresentações antes feitas em um quadro branco da sala de aula foram transferidas para um quadro branco do Zoom.

Essas observações não são, de forma alguma, uma crítica aos professores. Longe disso. A mudança que eles conseguiram realizar para a escola *on-line*, em tão pouco tempo, contando com poucos recursos, foi de fato extraordinária. Na maioria dos casos, contudo, não foi uma mudança transformadora.

Também percebemos durante a pandemia que as disparidades educacionais existentes aumentaram e tomaram grandes proporções, pois as crianças que viviam em comunidades rurais e em famílias de baixa renda careciam dos meios necessários em termos de conectividade, equipamentos e ambiente (como um espaço tranquilo onde pudessem estudar e um adulto disponível para fornecer ajuda), para conseguirem se conectar com a escola *on-line* e dela participar.[13] Houve certamente casos de transformação em algumas escolas e turmas, mas eles foram uma exceção.

O que aconteceu no tocante ao ensino escolar durante o primeiro ano da pandemia reflete em grande parte a história do papel da tecnologia nas escolas e na aprendizagem ao longo das últimas décadas. O fato ilustra a discrepância entre o potencial da tecnologia como suporte para valiosas experiências de aprendizagem e a realidade da forma como as tecnologias são realmente adotadas (ou não) nas escolas e em outros contextos de aprendizagem.

Quando a inovação da tecnologia esbarra no *status quo* das escolas

Comecei minha carreira na educação no início dos anos 2000, ministrando aulas para uma turma equivalente ao 4º ano do ensino fundamental (crianças de 9 e 10 anos) em uma escola localizada a cerca de um quilômetro daquela que frequentei quando criança, nas Bermudas.

Quando pus os pés em minha primeira sala de aula, tudo me pareceu praticamente igual ao que era 15 anos antes, na época em que eu tinha 9 anos. Tenho certeza de que parte desse impacto decorria do fato de que, agora, muitos dos professores que me ensinaram eram meus colegas, e os filhos deles, meus alunos.

Mas, também, a própria sala de aula me parecia familiar. As carteiras, dispostas em fileiras ordenadas, ficavam voltadas para o quadro branco colocado na frente da sala de aula (o quadro branco era novo, mas a escola ainda tinha um estoque de quadros-negros de giz). Ainda havia bolas de tênis calçando as pernas das cadeiras para evitar o som de metal rangendo sobre o piso de linóleo. Nas paredes, ficavam enfileirados alguns trabalhos artísticos dos alunos, assim como pôsteres exaltando a diversão da leitura, da matemática e da geografia, e a silhueta colorida de uma árvore cujas folhas continham os nomes dos auxiliares das aulas semanais.

Reconheci muitos dos mesmos objetos de aprendizado usados na minha infância, como manipuladores matemáticos, *flashcards* (cartões para exercitar a memória) e até um ábaco. O dia escolar era dividido em blocos de tempo praticamente iguais aos de minha época, cada um deles correspondendo a uma matéria distinta, como matemática, ciências ou geografia. Havia também semanalmente testes de ortografia e multiplicação, problemas práticos de matemática e exercícios de compreensão de leitura.

Existia um item novo: um computador que ficava em uma mesa ao lado da mesa do professor. Meus alunos e eu gostávamos muito de usar esse computador. Eu o utilizava regularmente para me comunicar com meus colegas nas outras salas de aula (a fim de compartilhar ideias sobre as aulas e memes relacionados à escola) e com a diretoria (para receber notificações sobre eventos futuros e contratempos na programação diária).

Os alunos usavam o computador sobretudo para fazer testes de leitura e matemática. Esses testes eram vinculados aos trabalhos independentes que eles realizavam depois de concluir a tarefa principal determinada para aquele dia. A ideia não se diferenciava muito daquela dos cartões de compreensão de leitura classificados por nível ou dos livros de exercícios de matemática que eu usei quando era criança, ou seja, trabalhar no próprio ritmo, revisar as respostas, comparando-as com uma solução pronta, e avançar tanto quanto quiser, obedecendo à quantidade de tempo que você tem.

Havia algumas vantagens marcantes nessa abordagem digital para o trabalho independente. Depois que um aluno conclui um teste, ele imprime um relatório mostrando suas respostas certas e erradas, bem como um relatório cumulativo de seu progresso até o momento. A instantaneidade da avaliação gerada por computador economizava tempo, além de a visualização do progresso de um aluno ao longo do período se mostrar bastante proveitosa. Eram recursos interessantes, mas não alteravam a essência do que acontecia em minha sala de aula.

O que eu, uma professora novata, não percebi foi que já haviam ocorrido vários ciclos de empolgação – e decepção – nas décadas anteriores, em relação ao potencial transformador da tecnologia para o ensino e a aprendizagem.[14] Não acontecera naquela época, e claramente não aconteceu durante o período em que, de aluna do ensino fundamental, eu me tornei uma professora aos 24 anos de idade.

Nos vinte anos seguintes, enquanto eu fazia a transição de professora do ensino fundamental para aluna de pós-graduação e, depois, professora universitária, a quantidade e a variedade de tecnologias relacionadas ao aprendizado aumentaram consideravelmente, de robôs programáveis e ambientes de programação amigáveis para crianças até cursos *on-line* abertos e massivos (MOOC, na sigla em inglês) e sistemas de tutores inteligentes.

Entretanto, mesmo em meio a todas essas inovações, a escola conseguiu permanecer praticamente igual. Podemos encontrar bolsões de inovação aqui e ali, mas eles ocorrem em número limitado e, normalmente, nas escolas dotadas de recursos mais abundantes.[15]

Por que as novas tecnologias falharam em reinventar as experiências de aprendizagem das crianças na escola? É a mesma razão pela qual a escola acabou se revelando, durante a pandemia, apenas uma versão *on-line* de suas congêneres de tijolo e argamassa.

Em seu livro *Failure to disrupt: why technology alone can't transform education* (Fracasso em promover disrupção: por que a tecnologia por si só não consegue transformar a educação), o pesquisador educacional Justin Reich observa que "as novas tecnologias não transformam os sistemas educacionais existentes. Ao contrário, os sistemas educacionais existentes subvertem as novas tecnologias e, na maioria dos casos, empregam-nas a serviço de objetivos e estruturas bem consolidados das escolas".[16]

Essa é a razão pela qual, no início da pandemia, vimos planilhas de papel serem convertidas em planilhas digitais, e também por que o computador em minha sala de aula do ensino fundamental era usado para a solução de problemas de matemática e testes de compreensão de leitura. Nos dois casos, a tecnologia era empregada como meio de reprodução de uma prática pedagógica existente.

Reich se refere a esse fenômeno como a *maldição do já consolidado*: quando novas tecnologias são introduzidas, seja na escola ou em outro contexto, seu uso inicial tem, invariavelmente, o propósito de reproduzir velhas maneiras de fazer as coisas (embora com mais eficiência) em vez de criar outras coisas a serem feitas.[17] A maldição do já consolidado pode estar ainda mais arraigada nas escolas, que são notoriamente conservadoras, subordinadas a regulamentos e morosas para introdução de mudanças.

As tecnologias mais propícias a reproduzir práticas existentes são as que normalmente chegam às escolas. Já aquelas que incentivam novas formas de ensino e aprendizagem permanecem, em grande parte, fora das salas de aula. Quando elas encontram o caminho para dentro, costumam ser "domesticadas" para se adequarem às práticas existentes.

Um exemplo apresentado por Reich para ilustrar essa dinâmica é o Scratch, um ambiente de programação *on-line* desenvolvido por Mitch Resnick e colegas no MIT Media Lab. As crianças usam o Scratch para projetar e programar os próprios jogos, bem como criações de arte e histórias interativas. Elas podem compartilhar suas criações com outros usuários do Scratch na comunidade Scratch *on-line* e até mesmo motivar outras pessoas a remixar seu trabalho em novos projetos.[18] Agora, em sua terceira versão, o Scratch se tornou extremamente popular. Em maio de 2022, a comunidade *on-line* tinha mais de 90 milhões de usuários registrados e mais de 100 milhões de projetos compartilhados.

O Scratch é baseado em uma teoria de aprendizagem denominada construcionismo, desenvolvida por Seymour Papert (que orientou Resnick quando ele era aluno do MIT). O construcionismo entende a aprendizagem como um processo ativo e prático que se desenrola à medida que as crianças exploram seu ambiente e nele criam artefatos.[19] A exemplo de outros pioneiros da educação progressiva (John Dewey e Maria Montessori, por exemplo), Papert acreditava que as crianças deveriam estar no centro de seu aprendizado, explorando o que as interessa em relação a seu ambiente e, por meio de uma investigação ativa, aprendendo muito mais do que jamais conseguiriam com o

A "maldição do já consolidado" e seu impacto na aprendizagem

uso de um currículo padronizado que enfatiza a memorização mecânica de fatos impessoais.

A maioria das escolas – em especial as escolas públicas localizadas em regiões com poucos recursos – não está estruturada para esse tipo de experiência de aprendizagem construcionista. Desse modo, embora o Scratch seja utilizado em muitas salas de aula dentro dos Estados Unidos e até mesmo em todo o mundo, essas salas de aula são exceções e não a norma. Além do mais, os professores que adotam o Scratch ainda são obrigados a fazê-lo dentro das estruturas e das restrições do ambiente de suas salas de aula. É possível que eles promovam experiências de aprendizagem valiosas dentro dessas restrições, mas provavelmente não estarão em perfeita consonância com os ideais construcionistas de ensino e aprendizagem.[20]

A realidade da maldição do já consolidado pode estar a léguas de distância da promessa de transformação feita por muitas novas tecnologias (ou, mais especificamente, seus criadores e financiadores).[21] E talvez não represente um problema. Reich propõe um caminho intermediário que é mais realista que uma transformação instantânea e completa, e mais otimista do que indica o *status quo*.

Ele preconiza a ideia de que seria mais proveitosa a implementação das novas tecnologias como meio de promover mudanças incrementais nos processos de ensino e aprendizagem. Em outras palavras, *reformular* em vez de *transformar*.[22]

Um reformulador pensa mais ou menos assim: a princípio, as novas tecnologias seriam usadas para melhorar a eficiência das práticas existentes (mais ou menos nos moldes dos testes computadorizados de leitura e matemática das minhas aulas do 4º ano). Com o tempo, elas passariam a estimular trocas de ideias entre os professores sobre modificações nas práticas de ensino, modificações essas que, se associadas a mudanças e suporte em nível de sistema (um ingrediente essencial), poderiam acabar promovendo mudanças significativas nas experiências de aprendizagem das crianças na escola.

Para que uma transformação incremental seja bem-sucedida, é necessário que os projetistas de tecnologia entendam os contextos escolares, bem como troquem informações e colaborem com professores e administradores ao longo do tempo.[23] (Deve-se reconhecer que a equipe do Scratch trabalhou muito ao longo dos anos para fazer exatamente isso – com resultados positivos.) A abordagem de reformulação também requer certa disposição por parte de professores, administradores e formuladores de políticas (como os conselhos escolares

Geração tecnológica

locais) para experimentar novas maneiras de atuação na sala de aula, o que não é uma tarefa fácil em virtude da inflexibilidade estrutural da maioria dos sistemas escolares.

Acesso desigual à inovação em tecnologia educacional (edtech)

A maldição do já consolidado tem mais chance de se manifestar em algumas escolas que em outras. Aquelas que contam com melhores recursos e, em geral, atendem sobretudo a alunos ricos e brancos costumam ser as que se beneficiam de uma aplicação inovadora da tecnologia. Esse era o panorama antes da pandemia, e a discrepância se tornou mais evidente depois que muitas escolas nos Estados Unidos passaram a operar na modalidade *on-line* em março de 2020.

Justin Reich dá a essa desafortunada realidade o nome de *Efeito Mateus na edtech*, uma referência bíblica que evoca a ideia de que os ricos ficam mais ricos e os pobres ficam mais pobres em consequência da introdução de novas tecnologias.[24]

Existem duas formas de segregação digital que ajudam a explicar como funciona o Efeito Mateus na edtech.[25] A primeira diz respeito ao acesso: especificamente, que tipo de acesso as crianças têm à internet e a dispositivos computacionais demandados pela aprendizagem mediada por tecnologia. Uma das disparidades mais marcantes no acesso à tecnologia é a observada entre crianças que vivem em lares de baixa renda e aquelas das famílias mais abastadas.[26] As crianças de famílias pobres têm menos probabilidade que seus colegas mais ricos de ter acesso à internet de banda larga e a um computador doméstico, o que dificulta ou até impossibilita a realização de tarefas como fazer pesquisas *on-line*, digitar relatórios escolares, comunicar-se remotamente com professores e colegas de classe e fazer *login* no ambiente *on-line* da escola.

A boa notícia é que, em 2021, um número maior de famílias de baixa renda nos Estados Unidos tinha acesso à internet de banda larga e a um computador doméstico, em comparação com alguns anos atrás.[27] No entanto, *ter* acesso é apenas uma parte dessa segregação digital. Fatores como a *forma* de acesso das crianças e de suas famílias à internet também são importantes.

A pesquisadora Vikki Katz emprega o termo *subconectividade* para transmitir a ideia de que as crianças têm níveis diferenciados de acesso às tecnologias de aprendizagem, bem como às infraestruturas das quais essas tecnologias dependem.[28] Portanto, é possível que uma criança consiga acessar a internet por meio de um computador doméstico, mas a conexão pode ser lenta demais, ou talvez o computador seja compartilhado entre muitas pessoas, ou ainda o serviço pode ser interrompido por falta de pagamento. Desafios semelhantes surgem quando ela tenta acessar a internet por meio de um dispositivo móvel (por si só uma forma de subconectividade, dado o conjunto mais restrito de atividades disponíveis) – as famílias podem ser desconectadas após atingir o limite do plano de dados ou não pagar a conta.

Essas formas de subconectividade limitam o espectro de atividades que as crianças conseguem realizar no modo *on-line* e nos computadores. Elas também ajudam a explicar por que a escola *on-line* impôs tantas dificuldades para tantas crianças durante o período da pandemia e por que esta última exacerbou as disparidades preexistentes no acesso das crianças a experiências de aprendizagem baseadas em tecnologia.

A segunda forma de segregação digital diz respeito à maneira como as crianças *usam* a tecnologia.[29] Em relação ao ambiente escolar, é comum encontrarmos exatamente o mesmo tipo de tecnologia sendo usado de maneira muito diferente nas escolas que atendem alunos de famílias de maior poder aquisitivo em comparação com aquelas cujos alunos pertencem a classes menos privilegiadas.[30] No primeiro caso, os alunos tendem a usar a tecnologia de forma que envolva aptidões de ordem superior, como solução de problemas e criatividade, enquanto nas escolas que atendem alunos de baixa renda ou alunos com antecedentes ligados à marginalidade a tendência é o uso da tecnologia apenas para a realização de exercícios e para reforço de aptidões básicas.[31]

Fora do universo escolar, o volume de recursos financeiros que as famílias ricas investem nas chamadas atividades de "aprimoramento" para seus filhos (coisas como acampamentos de codificação e oficinas de produção de vídeo) excede em muito o que as famílias de baixa renda têm condições de investir.[32] As famílias abastadas também têm uma situação mais favorável para garantir que seus filhos recebam o tipo de apoio social (dos membros da família, de colegas e de mentores adultos) capaz de ajudá-las a usar a tecnologia de maneira compatível com os indicadores escolares de sucesso acadêmico.[33]

Essa comparação destaca as forças sociais e culturais mais amplas que estão em ação,[34] mesmo quando são removidas as barreiras relacionadas à renda e ao acesso à tecnologia. Justin Reich e Mizuko Ito identificaram duas forças que são particularmente poderosas e estão por trás de iniciativas fracassadas no sentido de se empregar a tecnologia para democratização das oportunidades de aprendizagem.[35]

A primeira decorre de um viés institucionalizado e inconsciente. Mesmo quando as intenções são boas, a implementação pode ser prejudicada por preconceitos e pressupostos ocultos. Por exemplo, professores que trabalham em escolas cujo propósito é atender alunos de baixa renda ou alunos de minorias étnicas podem ser movidos por pressupostos inconscientes sobre os interesses, as motivações e as habilidades de seus alunos, bem como sobre a maneira como eles se envolvem com a tecnologia. Esse tipo de preconceito pode ser determinante da forma pela qual os professores incorporam a tecnologia em suas salas de aula. Ele também explica por que os professores são mais propensos a rotular seus alunos de indolentes rebeldes quando esses exploram a tecnologia de maneiras criativas e abertas, uma percepção que contrasta categoricamente com o modo como *hackers* precoces são enaltecidos por professores em escolas que atendem um público mais abastado.[36]

A segunda força de nível cultural é a distância social entre desenvolvedores e usuários finais. No meio dos desenvolvedores de novas tecnologias há uma predominância de brancos ou asiáticos, do sexo masculino e altamente qualificados.[37] Quando desenvolvem novas tecnologias, é mais provável que esses inventores tomem suas próprias experiências como diretrizes para a definição da forma como as crianças aprendem, daquilo que as motiva e dos tipos de suporte a que têm acesso, em vez de procurar entender os contextos diversos e as diferentes experiências que essas crianças vivenciam.[38] É grande a possibilidade de que essas experiências estejam muito longe daquelas vividas pela ampla maioria dos atuais desenvolvedores de tecnologia.

Essa análise sobre tecnologias domesticadas e segregação digital deixa claro que não é possível tratarmos da empreitada do aprendizado com o uso da tecnologia sem levarmos em consideração as forças sociais, culturais e de nível de sistema que estão em jogo.

É improvável que a tecnologia faça muita diferença na maneira como as crianças aprendem na escola sem que sejam atendidas simultaneamente condições como o desenvolvimento profissional dos professores, os currículos escolares, a forma como o calendário escolar é estruturado e os recursos (materiais e sociais) disponíveis para os alunos dentro e fora da escola.[39]

Tendo em mente esse contexto mais amplo, vamos examinar o projeto das tecnologias de aprendizagem, com foco naqueles que dão suporte ao aprendizado estimulado pelo interesse; em projetos que levam em conta a diversidade de aptidões, habilidades e formas de aprender que as crianças trazem para suas experiências de aprendizagem; e projetos que incluem as comunidades às quais as crianças pertencem e nas quais se envolvem. Esses não são, de modo algum, os únicos elementos cuja análise é importante quando se trata de projetar tecnologias de aprendizagem, mas explicitam o potencial de uma metodologia de projeto que promova experiências de aprendizagem autodirigidas e respaldadas pela comunidade, na segunda infância.

Projetando para um aprendizado estimulado pelo interesse

Certo sábado, há alguns anos, meu colega Josh Lawler, biólogo conservacionista e ecologista ambiental da Universidade de Washington, estava tentando cumprir o prazo para conclusão do processo de inscrição para obtenção de uma bolsa. Seu filho, então com 8 anos, não estava facilitando o trabalho. Ao ver seu celular em cima da mesa, Josh o entregou ao menino e o desafiou a sair e tirar cinco fotos de alguma coisa na natureza. O estratagema funcionou. O garoto voltou depois de uma hora para mostrar as fotos – muito mais que cinco – que havia tirado de elementos interessantes em seu ambiente natural.

Essa experiência despertou em Josh a ideia para um aplicativo que incentivaria as crianças a irem para um ambiente da natureza, explorá-lo e entendê-lo por meio das fotos que tiram. O aplicativo permitiria que as crianças coletassem e classificassem suas fotos de elementos da natureza de maneira semelhante à usada por muitas crianças que colecionam e classificam adesivos e cartões de beisebol. Talvez possam, até mesmo, compartilhar suas fotos com os amigos, assim como trocam fichas de jogos e outros esportes.

Tive a sorte de ser convidada por Josh para trabalhar com ele no empreendimento de converter sua ideia em realidade. Agora posso ligar meu celular e ver na tela o ícone do aplicativo *NatureCollections*, que Josh e eu desenvolvemos com nossos alunos de pós-graduação.[40]

O *NatureCollections* adota a abordagem um tanto contraintuitiva de usar a própria tecnologia que parece desviar a atenção das crianças de seu ambiente natural para conectá-las à natureza. No nível mais elementar, o aplicativo permite que as crianças tirem fotos do que veem na natureza, classifiquem-nas em diferentes coleções de fotos (por exemplo, pássaros, árvores, insetos, paisagens) e as compartilhem com os amigos.

O aplicativo também possui uma característica de jogo: as crianças são incentivadas a explorar seu ambiente natural com o objetivo de cumprir desafios de cunho fotográfico, bem como participar de gincanas de caça ao tesouro e, até mesmo, vencer desafios propostos por seus amigos. Elas podem ganhar distintivos por suas realizações. Por exemplo, o distintivo *Aspiring Mammalogist* (Aspirante a mamalogista) é concedido depois que a criança tira suas primeiras dez fotos de mamíferos, e o selo *Oh My G-ostrich* (Oh, meu avestruz) é obtido quando ela atinge a marca de trinta fotos de pássaros.

O objetivo final do *NatureCollections* é aproximar as crianças da natureza, estimulando nelas o interesse pela exploração de seu ambiente natural, seja por uma erva daninha que se insinua por uma rachadura na calçada ou por uma sequoia que atrai admiradores na reserva florestal de um parque nacional. Nesse processo, além do conhecimento que as crianças adquirem sobre a natureza, sua saúde mental e física se torna melhor e elas aprendem a ser boas guardiãs do mundo natural.

O percurso desde a ideia original de Josh até nossa versão beta de *NatureCollections* não foi linear, mas orientado por uma intenção. A exemplo de tantos desenvolvedores de aplicativos que nos precederam, nós tivemos o que pensamos ser uma ideia formidável para um aplicativo. Ao contrário da maioria desses desenvolvedores, tivemos o privilégio de contar com uma bolsa de pesquisa que nos garantia tempo e recursos para projetar nosso aplicativo com o determinado propósito de subsidiar o tipo de aprendizagem ativa, estimulada pelo interesse e baseada em investigação que desejávamos promover.[41]

Nós adotamos três estratégias para atingir esse objetivo. Em primeiro lugar, conversamos com professores e pais sobre nossa ideia e o modo como ela poderia se adaptar às suas práticas de ensino e parentalidade. Queríamos entender com certeza os contextos em que as crianças provavelmente usariam o aplicativo e como ele poderia complementar (ou prejudicar) o tipo de aprendizado que já estava acontecendo.

Em seguida, consultamos pesquisas educacionais que nos muniram de informações sobre estratégias para suporte à aprendizagem ativa estimulada pelos interesses das crianças.[42] Esses resultados fundamentados em evidências nos levaram a desenvolver uma estrutura de projeto baseada no interesse, um conjunto de princípios que colocam os interesses e a autonomia das crianças na frente e no centro do processo de desenvolvimento do projeto.[43]

Nossa terceira estratégia foi envolver as crianças diretamente no projeto do *NatureCollections*, um processo que compreendeu várias iterações e rodadas de testes de campo para avaliação de como o aplicativo era usado por diferentes crianças em diferentes cenários.[44] Para o projeto inicial do aplicativo, fizemos uma parceria com meu colega Jason Yip, responsável pelo KidsTeam UW, um grupo de crianças com idade entre 7 e 11 anos que trabalham ao lado de pesquisadores da Universidade de Washington como parceiros de projeto com isonomia de funções. Tendo sido treinado para o uso de métodos de projeto participativo,[45] esse extraordinário grupo de crianças nos ajudou a gerar ideias para recursos, como caça ao tesouro, e identificar problemas de usabilidade, como a apresentação de textos complexos demais para crianças menores, que ainda estão aprendendo a ler.

A experiência de criar um aplicativo de forma colaborativa com crianças é reveladora. A primeira e talvez mais profunda lição que aprendi foi que as crianças usarão a tecnologia de maneiras que você jamais imaginou – e isso pode ser muito positivo, tanto para o desenvolvedor de tecnologia como para as próprias crianças.

Em nossa primeira sessão de projeto com o KidsTeam UW, demos um celular para cada criança e as convidamos a tirar fotos de seu ambiente natural (o jardim do *campus*) durante vinte minutos. Você saberia dizer qual foi a primeira coisa que elas fizeram com seus telefones? Exatamente. Tiraram uma porção de *selfies* e fotos umas das outras.

Quando me deparei com o fato, fui tomada pelo mesmo tipo de pânico que eu experimentava quando professora novata do ensino fundamental nas ocasiões em que o comportamento de meus alunos parecia fugir de meu controle. Por que eles não estavam seguindo nosso comando? Isso significava que eles agiriam "fora do *script*" com o aplicativo real? De fato, foi assim.

Quando entregamos um protótipo funcional a outro grupo de crianças, elas também tiraram *selfies* e fotos umas das outras e classificaram essas fotos como "mamíferos", colocando-as na coleção correspondente de fotografias.

Nos dois casos, entretanto, aconteceu um evento interessante depois de cerca de cinco minutos em que as crianças estavam tirando *selfies* e fotos de amigos. Elas começaram a desviar a atenção para o ambiente natural e rapidamente se entregaram à atividade central de fotografar, classificar e organizar as fotos da natureza.

Em vez de mudar o projeto do aplicativo para, de alguma forma, "forçar" as crianças a tirar fotos exclusivamente da natureza, decidimos aceitar esse uso imprevisto do *NatureCollections*. Afinal de contas, elas estavam fazendo exatamente o que pretendia nosso modelo de projeto centrado no interesse: ir atrás do que interessava a elas e transformar a tarefa em uma atividade particular. Nosso estudo sugere que os resultados positivos que obtivemos nas avaliações do *NatureCollections* decorrem de seu projeto aberto, que proporciona às crianças condições de encontrar respostas significativas ao explorarem a natureza com amigos e familiares.[46]

Antes de minhas experiências pessoais no projeto de um aplicativo com as crianças, e para elas, eu acreditava racionalmente que as tecnologias mais eficientes eram aquelas que colocavam os jovens no comando de suas experiências tecnológicas – em outras palavras, projetos que garantem experiências digitais autodirigidas.[47] Desde que trabalhei com jovens no desenvolvimento do *NatureCollections* e em outros projetos baseados em desenho compartilhado, meu apreço por esse princípio só se aprofundou, assim como o reconhecimento de que um número expressivo das tecnologias projetadas para crianças fica aquém nesse aspecto.

Projetando para modos diversos de aprendizagem

Quando era estudante de pós-graduação, fui orientada por dois psicólogos do desenvolvimento, Howard Gardner e o já falecido Kurt Fischer, cujo trabalho explicou as diversas maneiras como se dá o pensamento, a aprendizagem e o desenvolvimento das crianças.[48] As orientações de Howard e Kurt, associadas às minhas observações pessoais quando professora do ciclo fundamental, levaram-me a entender que a diversidade é a regra e não a exceção quando se trata da maneira como as crianças aprendem. Por sorte, as atuais tecnologias de aprendizagem, se projetadas com um propósito definido, são eficazes para lidar com as variações individuais.

O conceito de projeto universal é um contexto útil para pensarmos sobre como as tecnologias de aprendizagem podem e devem ser projetadas de modo a contemplar as diversas formas pelas quais as crianças aprendem. O conceito de projeto universal é oriundo do campo da arquitetura e do projeto de produtos, porém, na década de 1990, o pesquisador David Rose e seus colegas o aplicaram ao projeto de experiências de aprendizagem.[49] O consagrado projeto universal criado por eles para a estrutura de aprendizagem ressalta a importância de manter o foco, desde o início, nas diferenças individuais, quando do desenvolvimento de um projeto para ambientes de aprendizagem, currículos escolares, tecnologias educacionais etc.

Para que um projeto voltado à aprendizagem seja universal, é fundamental o reconhecimento de que não existem dois cérebros exatamente iguais ou que se envolvam no processo de aprendizagem rigorosamente da mesma forma.[50] O cérebro tem uma estrutura complexa e é influenciado tanto por fatores genéticos como pelas experiências de cada pessoa dentro do ambiente em que ela vive. Sem dúvida, existem semelhanças entre os indivíduos, mas cada um de nós utiliza as diversas partes do cérebro de maneiras um tanto diferentes para a realização de tarefas específicas e no modo de mobilizarmos diferentes estruturas de pensamento. Também não podemos esquecer que algumas pessoas utilizam seu cérebro de maneira mais singular que outras.

Portanto, não faz sentido a adoção de uma abordagem "padronizada" para o ensino de novos conceitos e novas aptidões, o que, infelizmente, é a realidade na maioria das escolas americanas. Ao contrário, experiências de aprendizagem eficazes são aquelas que reconhecem a estrutura singular de cada cérebro e suas formas distintas de aprendizagem, e desenvolvem um trabalho coerente com essa diversidade.[51]

Recorrendo aos fundamentos do projeto universal na arquitetura, Rose usou o exemplo de um edifício projetado de acordo com esses princípios para destacar alguns de seus pressupostos fundamentais. Edifícios que obedecem a projetos universais podem ser acessados por qualquer pessoa, independentemente de seu perfil distinto de aptidões. Um exemplo são as rampas.[52] Elas são usadas por pessoas em cadeiras de rodas, cuidadores empurrando carrinhos de bebê, trabalhadores que utilizam carrinhos para entregar caixas e todos aqueles que simplesmente preferem subir uma rampa em vez de usar as escadas.

A ideia essencial por trás de um projeto universal é que, se ele for feito para essas pessoas marginalizadas, terá mais chances de oferecer uma experiência gratificante para todos. Essa é uma consideração muito diferente daquela que embasa o projeto da maioria dos currículos e das avaliações escolares, ou seja, o foco centrado no aluno "médio" (que, diga-se de passagem, não existe).[53]

A primeira vez que tomei conhecimento da ideia do projeto universal para a aprendizagem foi na ocasião em que fui aluna de Rose, há vinte anos, quando a Amazon ainda era "apenas" uma livraria *on-line*, Mark Zuckerberg ainda não se matriculara em Harvard e Steve Jobs só viria a apresentar o primeiro iPhone seis anos depois. Desse modo, as conversas que tivemos em sala de aula sobre tecnologia e suas promessas foram focadas principalmente na Web 1.0 e não na *web* social (Web 2.0). No entanto, mesmo nesse contexto mais estático e menos participativo, mantivemos conversas proveitosas sobre as maneiras pelas quais as tecnologias digitais e em rede poderiam oferecer suporte para os alunos marginalizados.

A alfabetização ilustra bem essa questão. A leitura é um processo complexo que envolve muitas partes diferentes do cérebro trabalhando de maneira distribuída. A consequência dessa complexidade é que todos nós aprendemos a ler de formas ligeiramente diferentes. Também temos diferentes motivações para ler e aprender a ler. Decorre daí, então, que o ensino da leitura deveria ser personalizado para combinações particulares de potencialidades, desafios e motivações de cada aluno. Isso é especialmente verdadeiro no caso de alunos que apresentam dificuldades específicas de leitura, como dislexia ou disgrafia.

Rose e sua colega Bridget Dalton descreveram o potencial que as tecnologias digitais (ainda fundamentalmente do tipo Web 1.0), em razão das formas específicas com que aderiam aos princípios do projeto universal para aprendizagem, tinham para oferecer suporte a um espectro mais amplo de leitores do que conseguiam os livros impressos padrão.[54]

A distinção mais evidente entre o texto impresso e o digital é que o segundo permite personalização e flexibilidade. Se você já leu um *e-book*, sabe que é possível alterar facilmente o tamanho, a fonte e a cor do texto exibido. Uma propriedade ainda mais significativa é que o formato digital permite que o conteúdo seja independente da forma como é exibido. Em outras palavras, é possível exibir um conteúdo digital em outras modalidades além do texto.

Descobri a utilidade desse recurso quando comecei a aprender alemão durante meu período sabático em Berlim. Eu ouvia um *audiobook* enquanto acompanhava o texto em meu celular. Essa modalidade dupla me ajudava a relacionar o som das palavras com sua representação textual. Essa capacidade de representar um conteúdo de diversas maneiras é um princípio fundamental do projeto universal para a aprendizagem.

Além disso, graças a linguagens de marcação como HTML, que permitem conectar e visualizar conteúdo em plataformas de rede, a leitura não precisa ser uma atividade linear. Essa propriedade pode agradar a leitores cujo cérebro processa e representa as informações em uma estrutura mais parecida como uma rede do que de maneira linear.

E, por último, a natureza interativa de muitas tecnologias digitais oferece a vantagem de os alunos poderem receber *feedback* imediato para subsidiar seu processo de aprendizagem, uma característica que abordamos no Capítulo 4 quando tratamos das possibilidades dos *videogames*.[55]

Rose e Dalton não investigaram outras tecnologias mais emergentes, como os sistemas de realidade aumentada ou realidade virtual, que viabilizam interações imersivas com ideias e informações, ou os tutores inteligentes, que se adaptam em tempo real ao desempenho de cada aluno, ou ainda as plataformas em rede cujas comunidades de participantes oferecem experiências de aprendizado guiadas pelos próprios pares. Mas isso significa apenas que as possibilidades por eles apresentadas se ampliaram ainda mais com a introdução dessas novas formas de tecnologias.

Existem muitos modelos interessantes de escolas que incorporaram com sucesso em seus currículos e suas práticas de ensino os princípios do projeto universal para aprendizagem a fim de atender melhor alunos marginalizados.[56] O que ainda carece de mais definição é como seria incorporar essa abordagem diretamente ao projeto de tecnologias de aprendizagem.

O trabalho da pesquisadora de projetos Laura Benton oferece uma perspectiva a esse respeito. A atividade de Benton no projeto de tecnologias de aprendizagem para crianças com deficiência ilustra como as diferenças individuais podem ser a prioridade e o foco do processo de desenvolvimento de um projeto, com resultados positivos. Ao contrário da metodologia do "modelo médico", na qual os problemas são identificados no indivíduo e o projetista é responsável por "corrigi-los" por meio de soluções tecnológicas, Benton destaca as aptidões distintas de crianças com deficiência, tratando-as como pontos fortes capazes de fornecer dados e até orientar o processo de criação de novas tecnologias voltadas para essas crianças.[57]

Para ajudar na condução desse trabalho, Benton e seus colegas desenvolveram uma metodologia de projeto participativo envolvendo crianças portadoras de neurodiversidades. A abordagem permite que os projetistas reconheçam e utilizem os pontos fortes específicos de crianças neurodiversas enquanto, ao mesmo tempo, expliquem as dificuldades que podem encontrar durante o processo de desenvolvimento do projeto e se concentram nessas dificuldades.[58]

Ela recomenda, por exemplo, a estruturação do ambiente de forma a destacar as habilidades das crianças e contribuir para o aumento de sua compreensão sobre as atividades do projeto. Também é importante a identificação e o realce dos interesses e das motivações individuais das crianças de modo que elas vivenciem o trabalho do projeto como algo significativo do ponto de vista pessoal.

Benton e seus colegas empregaram sua metodologia, denominada *Diversity for Design* (Diversidade de projeto), com o objetivo de engajar um grupo de crianças disléxicas no projeto de uma ferramenta de aprendizagem destinada a ajudá-las a incrementar suas aptidões de leitura e escrita. Em um esforço para contemplar os pontos fortes específicos das crianças disléxicas, os pesquisadores desenvolveram atividades multissensoriais.

Atividades baseadas em Lego, por exemplo, proporcionaram às crianças uma forma de se envolver cinestesicamente no processo de desenvolvimento do projeto. Reconhecendo a potencialidade visuoespacial de muitos alunos disléxicos, os pesquisadores apresentaram a eles recapitulações visuais da sessão anterior, bem como um cronograma visual das atividades de projeto futuras (que incluía uma fonte amigável para indivíduos disléxicos) e um modelo visual de projeto para as crianças documentarem suas ideias.

As crianças também foram estimuladas a compartilhar suas ideias de diversas formas, como por meio de desenhos, da fala e da representação dos conceitos usando materiais como adereços. Para aumentar o envolvimento e a motivação das crianças, foram realizadas oficinas de projeto temáticas de acordo com interesses e passatempos particulares de cada uma delas.

Muito embora a metodologia de Benton, *Diversity for Design*, não faça referência alguma a projeto universal para aprendizagem, ela é compatível com os princípios fundamentais desse tipo de projeto: representar as informações em múltiplas formas, permitir às crianças demonstrarem sua compreensão de maneiras diversas e aproveitar e incorporar os interesses e a ânsia dessas crianças. Mas Benton vai além e demonstra a importância da incorporação desses princípios diretamente no próprio processo de desenvolvimento do projeto e não apenas no produto. A lógica que permeia essa ideia é que um processo de de-

Projetando com a comunidade e para ela

Como evidenciam as duas formas de segregação digital, há uma desigualdade considerável quando se trata do aprendizado infantil por meio da tecnologia. O acesso às tecnologias de aprendizagem, assim como às infraestruturas que as sustentam e ao respaldo social necessário para sua utilização, é distribuído de forma assimétrica na sociedade dos EUA (e em muitas outras sociedades) por causa das desigualdades sistêmicas decorrentes de classe, raça e capacidade, entre outros.[59] Crianças oriundas de famílias com recursos sociais, culturais e econômicos específicos estão mais bem posicionadas para interagir com as tecnologias digitais de formas mais adequadas e, assim, acabam tendo melhores condições para conquistar o sucesso educacional e profissional no futuro.[60]

O projeto por si só não consegue dar conta desses desafios complexos e permanentes. Mas deve ser parte da solução.

As tecnologias de aprendizagem atuais são, de modo geral, projetadas para subsidiar e reforçar ideias culturais dominantes sobre o que é importante no contexto da aprendizagem, tanto dentro como fora da escola, e também para definir como ela deve ser medida e recompensada. Além do mais, as tecnologias de aprendizagem são normalmente projetadas por pessoas que tiveram sucesso dentro desse paradigma dominante.[61]

O processo de desenvolvimento do projeto carece das perspectivas e experiências de crianças e famílias marginalizadas por essa concepção de aprendizagem. Essa realidade reflete um padrão de marginalização mais abrangente entre crianças cujas práticas culturais, linguagens e formas de conhecimento não são compatíveis com as práticas culturais, as linguagens e as formas de conhecimento que encontram na escola.[62]

O trabalho do pesquisador Alexander Cho e colegas oferece uma ideia de como as comunidades marginalizadas podem ser o foco do processo de desenvolvimento de um projeto voltado à criação de tecnologias que aproveitem os recursos sociais e culturais que já existem nessas comunidades, em vez de impor a elas soluções externas de cima para baixo.[63] Motivados pela crescente lacuna entre o acesso de crianças ricas e crianças pobres a programas de aprendizagem fora da escola, Cho e seus colegas desenvolveram uma tecnologia que conecta pais latinos de baixa renda a oportunidades baratas, fora do ambiente escolar, para os filhos.[64]

Os pesquisadores poderiam ter adotado o mesmo procedimento que muitos desenvolvedores de tecnologia adotam: identificar um problema que precise ser resolvido e, em seguida, recorrer à sua própria bagagem de conhecimentos e experiências para projetar uma solução. Em vez disso, eles começaram o processo de desenvolvimento do projeto conversando com pais latinos de baixo poder aquisitivo que vivem no sul da Califórnia, muitos dos quais eram imigrantes de primeira e segunda geração com raízes no México.

Essas conversas proporcionaram aos pesquisadores um conhecimento importante sobre os sólidos laços sociais dos pais com a família e os amigos, incluindo as "redes de mães" – mães que não confiavam na burocracia escolar e atuavam proativamente, por conta própria, na busca de oportunidades para os filhos. Eles também ficaram conhecendo os desafios que os pais enfrentam rotineiramente: longos deslocamentos para ir trabalhar, a responsabilidade de cuidar de pais idosos, serviços de internet inconsistentes ou inexistentes em casa e computadores portáteis antigos.

Os pesquisadores decidiram criar um sistema que funcionasse nos moldes de uma rede de mães. Aproveitando a dependência dos pais em relação a celulares para acesso à internet, e a preferência deles pela comunicação via SMS, desenvolveram um sistema de SMS bilíngue que oferecia oportunidades de aprendizado convenientes e cuidadosamente escolhidas, disponíveis nas proximidades das casas das famílias. Depois de inscritos no programa, os pais recebiam de duas a três mensagens por semana avisando-os sobre as oportunidades de aprendizagem em sua área.

Um dos membros da equipe, um estudante universitário da primeira geração, criou o nome do sistema: *Comadre*. Os pesquisadores explicaram: "O significado desse termo em espanhol é algo como 'madrinha', mas também tem, coloquialmente, o significado educado de 'a outra mãe cordial que você conhece de suas redes estendidas, com quem você tem muita coisa em comum'".[65]

O projeto *Comadre* ilustra o poder da inclusão das vozes da comunidade no processo de desenvolvimento do projeto, com o foco centrado em suas potencialidades e o uso dessas potencialidades para criação de tecnologias que ampliam a capacidade de uma comunidade para respaldar as experiências de aprendizagem das crianças.

Fazendo uma pausa para rever os três Ds

O que está acontecendo no tocante ao *desenvolvimento*: a segunda infância é uma fase de grande atividade, na qual as crianças estão constantemente aprendendo novas aptidões e adquirindo novos conhecimentos sobre o funcionamento do mundo. À medida que deixam o domínio da primeira infância, com suas brincadeiras de finalidade indeterminada e exploração desenfreada, as crianças se envolvem cada vez mais com experiências de aprendizagem mais estruturadas, cujo foco se concentra na destreza em lugar da descoberta.[66] A escola é um contexto fundamental para essas experiências, mas de forma alguma o único. As crianças desenvolvem novas aptidões no convívio com suas famílias, com a vizinhança e na participação em atividades extracurriculares.

Graças à sua flexibilidade e ao seu grau de personalização, as tecnologias de aprendizagem atuais têm grande potencial para contribuir para um aprendizado mais adequado: por meio de experiências estimuladas pelo interesse e baseadas em questionamentos,[67] experiências essas que levam em consideração as diversas formas de aprendizagem das crianças[68] e que reconhecem e aproveitam as habilidades encontradas nos lares e nas comunidades em que vivem essas crianças.[69] No entanto, como mostramos neste capítulo, esse potencial continua até agora largamente carente de realização.

Analisando em *profundidade* (*deeper*): examinando para além do potencial, somos confrontados com a realidade de que as novas tecnologias em geral são domesticadas pelas escolas antes que tenham qualquer possibilidade de transformá-las.[70] A *maldição do já consolidado* explica de que maneira as escolas empregam as novas tecnologias para reproduzir os modos antigos de fazer as coisas, em vez de repensar a forma como o ensino e a aprendizagem acontecem.[71] Esse padrão é ainda mais comum nas escolas que contam com poucos recursos, exatamente as que atendem às crianças pertencentes a famílias de baixo poder aquisitivo.[72]

Como a pandemia escancarou, muitas das mesmas desigualdades que permeiam escolas, famílias e comunidades são reproduzidas e, frequentemente, ampliadas no domínio tecnológico. A interação com uma escola *on-line* é muito difícil sem que haja acesso estável à internet, um computador confiável e um local tranquilo onde se possa estudar. Além da questão do acesso, existem diferenças de classe na maneira como o uso da tecnologia pelas crianças é estimulado e reconhecido dentro e fora da escola. Essas diferenças estão relacionadas aos recursos sociais, culturais e econômicos que proporcionam às famílias mais abastadas condições de conectar o uso da tecnologia por seus filhos a futuras atividades acadêmicas e profissionais.[73]

Considerações de *projeto* (*design*): em lugar de uma transformação total, uma reformulação pode ser a abordagem mais eficaz para o projeto e para a implantação de novas tecnologias dentro dos ambientes de aprendizagem existentes.[74] Uma abordagem baseada na reformulação, em vez de tentar desconstruir, reconhece as práticas, estruturas e restrições que balizam as escolas desde longa data, e com elas trabalha. Essa metodologia cria condições para os educadores refletirem sobre novas possibilidades sem abrir mão de suas práticas existentes. É importante ressaltar que uma abordagem de reformulação requer que os projetistas busquem conhecer os ambientes para os quais estão projetando e, com esse objetivo, dediquem um tempo para conversar e aprender com os educadores, as famílias, as crianças e os membros das comunidades em geral, que, essencialmente, serão os usuários das tecnologias criadas. Essa abordagem de projeto voltada para a comunidade tem maior probabilidade de promover experiências de aprendizagem infantil respaldadas pela comunidade.

Três estratégias adicionais de projeto podem resultar em tecnologias de aprendizagem autodirigidas e respaldadas pela comunidade. A metodologia usada no projeto do aplicativo *NatureCollections* nos mostrou como desenvolver um projeto destinado a promover o aprendizado estimulado pelo interesse. Antes de mergulhar no desenvolvimento do aplicativo, nossa equipe dedicou um tempo para entender os contextos em que ele provavelmente seria usado, para identificar o que os pesquisadores já sabem sobre o suporte à aprendizagem estimulada pelo interesse e para envolver as crianças diretamente como parceiras do projeto. Em vez de tentar controlar e direcionar as interações das crianças com o protótipo, os pesquisadores se renderam ante as inesperadas maneiras de utilizá-lo e reconheceram que a maior participação das crianças em suas interações era coerente com nosso objetivo de criar uma experiência digital autodirigida.

Conforme a discussão sobre o projeto universal para a aprendizagem evidenciou, as experiências digitais autodirigidas não serão iguais para todas as crianças. A grande diversidade de aptidões, motivações e formas de aprender que as crianças trazem para suas experiências exige uma correspondente diversidade de pontos de acesso nas atividades de aprendizagem. Os processos de desenvolvimento de projeto que, desde o início, destacam essa disparidade, como tratado pela metodologia de Laura Benton, *Diversity for Design*, têm maior probabilidade de produzir tecnologias de aprendizagem que repercutam em alunos de diferentes perfis.

Além das diferenças individuais, o projeto deve evidenciar as diversidades nas comunidades de crianças. Na atualidade, as tecnologias de aprendizagem são usadas primordialmente para reforçar os privilégios de cunho social, cultural e econômico das famílias abastadas. Mas, como nos mostrou o projeto *Comadre*,[75] os projetistas podem contribuir para uma reversão dessa tendência, colocando como foco de suas iniciativas as comunidades tradicionalmente marginalizadas dos sistemas educacionais e do projeto de tecnologia. Em vez de tomar como referência a própria experiência de vida, os projetistas podem estruturar seus projetos em torno dos valores, bem como das potencialidades, das práticas e das dificuldades dessas comunidades.

À medida que deixamos a segunda infância, a dinâmica familiar começa a mudar. Os pais continuam a desempenhar papel importante no suporte ao uso da tecnologia por seus filhos, mas os colegas ocupam cada vez mais o centro das atenções. Como veremos no Capítulo 6, essa transição vem carregada com uma profusão de dinâmicas turbulentas tanto nas famílias como nos grupos de amigos, mas também oferece novas oportunidades para experiências digitais autodirigidas e respaldadas pela comunidade.

6

Pré-adolescência: uma fase de transições e tensões

O período de desenvolvimento que cobre a passagem da infância para a adolescência é muitas vezes turbulento. Coloquialmente denominada anos da "pré-adolescência", a fase inicial da adolescência – aproximadamente entre os 10 e os 14 anos – é de fato um período *intermediário* de desenvolvimento.

Este capítulo analisa como as tecnologias conectadas em rede adicionam camadas de complexidade ao relacionamento em progressiva transformação entre pais e filhos pré-adolescentes. Ele também explora o papel fundamental da tecnologia na forma como os pré-adolescentes conduzem suas amizades e administram seu universo social, que está em processo de expansão e é cada vez mais interligado.

Até aqui estávamos lidando com crianças que são suficientemente imaturas para que os pais, na maioria das vezes, estabeleçam regras e controlem o tempo de seus filhos, inclusive no que diz respeito ao uso da tecnologia. O que acontece quando essas crianças passam a ser senhoras dos próprios equipamentos, descobrem aplicativos desconhecidos para os pais e desejam ter maior autonomia no uso das tecnologias?

"Eu tenho uma lembrança muito diferente dos bailes da escola"

Os bailes do ensino fundamental são um rito de passagem bastante conhecido para muitos pré-adolescentes na América do Norte. Vou utilizar como ponto de partida para os temas que serão abordados neste capítulo a descrição feita por um pai sobre o baile do ensino fundamental de sua filha de 11 anos. Quando o entrevistamos, em 2018, ele nos relatou o seguinte:

Ela teve um baile na escola há um mês, mais ou menos. Foi um baile radiante depois das aulas, das 17:00 às 19:00, ou algo assim. Nós [os pais voluntários] passamos um bom tempo abrindo bastões brilhantes e produzindo camisetas incríveis, entre outras coisas. E então, quando terminou, eu quis saber, "Como foi seu baile?". E ela disse, "Bem" – e a única coisa que conseguiu me contar sobre o tempo passado no baile foi que eles tiraram fotos, e depois todos se revezaram usando filtros e aplicativos diferentes para criar diferentes imagens... – mas então me parece, "Você não dançou nem conversou?". Parece que eles "apenas" brincaram com o telefone. Tiraram foto de si mesmos enquanto se divertiam e depois passaram cerca de 15, 20 minutos criando diferentes imagens daquele momento. Eles se divertiram, mas foi assim o baile deles, em vez de... eu tenho uma lembrança muito diferente dos bailes da escola.[1]

"Meninos de um lado, meninas do outro", respondeu uma mãe do mesmo grupo de discussão.[2]

Esse exemplo ilustra algumas das dinâmicas atuais envolvendo os pais, os pré-adolescentes e a tecnologia, assim como os grupos de amigos e a tecnologia. Vamos começar com os pais.

O papai ainda está muito envolvido na vida social da filha. Ele se oferece para ajudar na decoração do baile e está ciente do horário de início e término do evento. Embora não estivesse de fato presente no baile, outros pais acompanhantes estavam. Ao mesmo tempo, um baile do ensino fundamental é claramente um acontecimento entre colegas, uma das diversas etapas iniciais do caminho dos pré-adolescentes na direção de um mundo social centrado nos próprios pares – e em hipótese alguma na família.[3]

Nem é preciso dizer que essa transição pode ser difícil tanto para os pais como para os filhos. Os pré-adolescentes vão adquirindo independência mais

Geração tecnológica

rapidamente em alguns domínios que em outros. O objetivo deles sobre *em quais* domínios e com que celeridade essa independência deve avançar nem sempre é compatível com as perspectivas de seus pais.[4] Além disso, fatores como raça, cultura, posição socioeconômica e gênero acarretam uma disparidade considerável em relação à maneira como essa transição é sentida de uma família para a outra.[5]

O conceito de *individuação* ilustra o resultado ideal de uma relação pai-filho renegociada durante esse período. A individuação envolve a busca de um equilíbrio entre separar-se dos pais e manter a conexão com eles.[6]

Por um lado, os pré-adolescentes precisam entender quem são quando dissociados de seus pais, e essa descoberta exige algum grau de separação. Eles começam a passar mais tempo na companhia dos colegas, a tomar consciência de símbolos, tendências e memes em uma cultura mais ampla, além de passarem a assumir parcelas do que observam como sendo aspectos da própria identidade.

Por outro, a separação em relação aos pais não é de forma alguma total. Os pré-adolescentes ainda dependem dos pais para prover recursos básicos, como abrigo, comida e roupas, bem como para atender suas necessidades emocionais, oferecendo companheirismo, conselhos e apoio emocional. O lar ainda é o sustentáculo para a maioria dos pré-adolescentes. Essas duas forças explicam por que não é raro um pré-adolescente caminhar dez passos atrás de seus pais quando em público, deixando para se aconchegar a eles à noite no sofá.

Desse modo, parte do que observamos na descrição do baile na escola é um pai que está começando a aceitar a transformação no relacionamento que tem com a filha e na forma de compreendê-la. O que é relativamente novo na situação atual é o surgimento dos onipresentes *smartphones* conectados em rede, suscitando novos comportamentos que desconcertam os pais, os quais, por sua vez, "têm uma lembrança muito diferente dos bailes da escola".

Smartphones: a naninha digital ou a chave para a liberdade definitiva?

A tecnologia é hoje um terreno de potencial conflito na negociação do delicado equilíbrio entre separação e conexão no período da pré-adolescência.[7] Uma das maiores fontes de conflito é a forma como os pais lidam com a questão da propriedade e do uso do *smartphone* por seus filhos pré-adolescentes.

Muitos pais têm dificuldades para decidir quando dar um celular a seus filhos, sentindo-se pressionados não apenas por eles, mas também pelas normas do grupo de amigos a que eles pertencem, bem como as de sua própria esfera social e da sociedade em geral. Nos Estados Unidos, essas normas estabelecem a idade entre 10 e 12 anos para a criança ter o próprio *smartphone*.[8]

Pais e filhos podem concordar quanto à idade para um pré-adolescente possuir um celular, contudo a opinião deles sobre o que significa ter um *smartphone* pode divergir consideravelmente. Nossa equipe de pesquisadores conversou com um grupo de alunos do 8º ano em Seattle. Eles nos explicaram que seus pais lhes deram inicialmente um *smartphone* para que pudessem monitorar a segurança dos filhos no deslocamento entre a escola e a casa, ou entre sua casa e a casa de um amigo.[9]

Para os pais, o telefone é uma forma de propiciar aos filhos alguma autonomia em seus deslocamentos físicos e, ao mesmo tempo, acompanhar de perto esses movimentos.[10] Dessa forma, o celular tem sido caracterizado como um "objeto de transição" para crianças que estão entrando na adolescência.[11]

Normalmente pensamos em objetos de transição como sendo as naninhas e os ursinhos de pelúcia usados pelas crianças pequenas que estão se acostumando a dormir no próprio quarto, longe dos pais. A mesma ideia se aplica à questão dos pré-adolescentes, só que, nesse caso, a transição envolve um movimento independente fora de casa (e o objeto de transição pode proporcionar mais tranquilidade aos pais que aos filhos).

Para os pré-adolescentes, o celular representa muito mais do que a salvaguarda da segurança. Isso mesmo, o *smartphone* proporciona a eles uma forma de comunicarem aos pais onde e como estão, uma coisa com a qual os pré-adolescentes em nossa pesquisa não pareciam se importar – um pequeno preço a pagar por uma liberdade maior de comunicação independente e decisão próprias.[12]

Enquanto muitos pais encaram o *smartphone* pelo ponto de vista da segurança e do controle,[13] seus filhos pré-adolescentes veem nele uma via de acesso para a independência. Essas concepções distintas sobre o que representa a posse de um celular exacerbam o estresse de um período já tenso do desenvolvimento infantil – um período marcado pela busca turbulenta de um equilíbrio satisfatório entre independência e conexão nas impermanentes relações entre pais e filhos.

É esperado que os pré-adolescentes oponham resistência às restrições estabelecidas pelos pais em relação aos *smartphones*, desde as regras sobre quando, onde e por quanto tempo podem usá-lo até o controle representado pelo rastreamento da localização física dos filhos e a limitação quanto aos aplicativos que eles podem usar.[14] Muitos pré-adolescentes sentem que essas restrições aparentemente arbitrárias não levam em conta as diversas formas de uso de seus telefones, muitas das quais eles consideram essenciais dentro de seu universo social cada vez mais significativo.[15] Alguns pré-adolescentes interpretam essas restrições como um sinal de que os pais não confiam neles.[16] Outros consideram hipócritas as restrições impostas pelos pais, pois os veem usando os próprios telefones tanto quanto eles, senão até mais.[17]

Também é esperado que os pais queiram proteger os filhos da exposição ao *cyberbullying*, a predadores e a conteúdos *on-line* potencialmente prejudiciais (ameaças reais, embora muitas vezes superestimadas pela mídia), bem como do potencial de vício no uso de celulares ou internet (questão sobre a qual há considerável debate acadêmico).[18] Existe uma preocupação generalizada, quase um clichê, de que as telas – quer seja de TV, computador, *laptop*, *tablet* ou *smartphone* – são simplesmente nocivas, e seu uso deve ser limitado tanto quanto possível.[19]

Muitos pais também se sentem inseguros por causa de sua relativa falta de fluência tecnológica em comparação com os filhos. Eles ficam apreensivos por não conseguirem ver (ou entender) o que seus filhos estão fazendo nos respectivos celulares – mas, o que quer que seja, tem o efeito de fazer os pais se sentirem preteridos.[20] É provável que esse sentimento de serem excluídos das experiências de seus filhos por tecnologias que eles não entendem contribua para a propensão dos pais no sentido de estabelecer restrições uniformes no lugar de diretrizes mais gradativas sobre o uso do *smartphone* pelos filhos.[21]

Por mais tentadora que seja uma abordagem voltada à segurança e ao controle, existe o risco de perda de uma oportunidade valiosa para que os pré-adolescentes adquiram independência e desenvolvam um relacionamento de confiança com os pais. Se tratado com a devida atenção, o envolvimento dos pais na questão do uso do *smartphone* por seus filhos pré-adolescentes – e uso da tecnologia de forma mais ampla – pode vir a ser um componente significa-

Pré-adolescência: uma fase de transições e tensões

tivo das experiências digitais desses jovens, experiências essas respaldadas pela comunidade.[22]

Certamente é muito mais fácil falar do que fazer, mas os pesquisadores descobriram que muitas crianças realmente *desejam* contar com a orientação dos pais quando se trata da maneira como usam a tecnologia.[23] Elas reconhecem o impacto potencialmente negativo para seu bem-estar e querem ajuda para usar a tecnologia de maneira mais responsável.[24]

No entanto, em razão da fase do desenvolvimento em que se encontram, é provável que muitos pré-adolescentes sejam mais receptivos a uma abordagem que privilegie a mediação baseada na confiança e no respeito do que a restrições unilaterais e vigilância.[25] Lamentavelmente, a maioria das soluções técnicas disponíveis para os pais (como aplicativos para controle parental e segurança *on-line*) favorece as restrições e a patrulha em vez de uma comunicação aberta e o fomento da confiança.[26]

Ademais, o contexto social e cultural específico do pré-adolescente e suas características individuais afetarão a forma como os pais os envolvem nas decisões sobre o uso do celular e sobre o tipo de regras que decorrem dessas decisões.

A pesquisadora Lynn Schofield Clark descobriu em seus estudos que as famílias de baixa renda e menor nível educacional eram mais propensas a tratar a vida digital de seus filhos com base na "ética da conectividade respeitosa", segundo a qual o uso da tecnologia deve ser pautado pelo respeito aos pais (por exemplo, com obediência às suas regras restritivas de uso da tecnologia) e os laços familiares e culturais devem ser fortalecidos.[27] Em contrapartida, uma "ética do empoderamento significativo" foi prevalente entre famílias de renda mais alta e maior nível educacional. Essas famílias buscavam para seus filhos experiências tecnológicas empoderadoras, com foco no aprendizado e no autodesenvolvimento.[28]

Uma abordagem mais restritiva pode fazer sentido quando os pais, os filhos ou ambos carecem das aptidões digitais (por exemplo, letramento informacional essencial, aptidões para comunicação e criação de conteúdo) necessárias para o sucesso no enfrentamento aos riscos do universo *on-line* ou quando as crianças estão em condição de maior vulnerabilidade a riscos *on-line* específicos como *cyberbullying*.[29] Muito embora as restrições possam ser defensáveis nessas circunstâncias, há chances de elas também acabarem reforçando nas experiências digitais de um jovem as desigualdades já existentes.[30] Esse cenário ocorre porque as crianças que têm acesso a recursos sociais, culturais e econômicos para usar a tecnologia como forma de suporte ao desenvolvimento continuarão a fazê-lo, enquanto aquelas que carecem desses recursos poderão ficar ainda mais marginalizadas em decorrência das restrições impostas a elas.

Essa é uma questão complicada que exige resposta dos pais. As pesquisadoras Sonia Livingstone e Alicia Blum-Ross observam que uma significativa carga de responsabilidade recai sobre os ombros dos pais quando se trata de administrar a vida digital dos filhos.[31] A sociedade os exorta a prepararem seus filhos para um futuro digital, mas, ao mesmo tempo, adverte-os a limitar o tempo que as crianças passam na frente de uma tela. Sem poder contar com a própria infância como modelo no qual se basear, os pais muitas vezes se sentem mal aparelhados para descobrir o melhor caminho a ser adotado.

Livingstone e Blum-Ross acreditam que eles não deveriam procurar sozinhos esse caminho. Afinal de contas, o respaldo da comunidade vai além da família e engloba instituições sociais como as escolas e outros organismos governamentais. Lamentavelmente, o surgimento, nas últimas décadas, de uma vertente partidária do comportamento individualista trouxe como consequência que a unidade familiar – e não as instituições sociais – deve carregar o ônus de descobrir a melhor forma de dar suporte ao uso da tecnologia pelas crianças.[32]

Revisitando o baile do ensino fundamental

Se tivéssemos ouvido nossa própria filha falar sobre o baile da escola citado anteriormente, a interpretação da pesquisa seria que a garota não caracterizava seu comportamento e o de seus amigos no evento como sendo "apenas" uma brincadeira com seus celulares.[33] Em vez disso, a descrição da menina teria revelado uma dinâmica social sobrecarregada e constituída por múltiplas camadas em torno das fotos que foram tiradas e compartilhadas naquela noite. Quem posou junto? Quem foi marcado na postagem e qual era a legenda? Quem curtiu a postagem? Quem fez um comentário e com que prontidão? Quais foram as reações deles?

Eis aí o problema. Os *smartphones* e as mídias sociais deram origem a uma camada dupla de sutilezas sociais que se entrelaçam: uma dessas camadas é o espaço físico do baile (ou qualquer outra reunião social) e a outra, o espaço conectado em rede das mídias sociais. O fato de a segunda transcender os limites de tempo e o espaço físico torna os riscos muito mais elevados porque eles são mais persistentes e têm, potencialmente, alcance muito maior.

Os pré-adolescentes precisam entender rapidamente essa dualidade. O preço da falta de êxito em consegui-lo pode ser alto. Um movimento errado na fase inicial da adolescência pode ter como consequência ficar fora do grupo com o qual se tem identidade – por um dia, uma semana ou possivelmente durante o resto do ensino fundamental, e até mais além. Essa é uma situação complicada: definir quem está dentro e quem está fora nunca antes foi tão importante para a percepção da própria identidade (e da autoestima).[34]

Muito embora a mídia tradicional seja propensa a reforçar e amplificar os aspectos negativos relacionados ao uso das mídias sociais pelos jovens,[35] há também aspectos positivos. As tecnologias conectadas em rede permitem que os pré-adolescentes coordenem planos com seus amigos, bem como fortaleçam, por intermédio do compartilhamento de fotos, piadas e memes, os laços que unem o grupo de colegas, além de aprofundarem as amizades por meio da confidência de questões de foro íntimo.[36]

Contudo, seria ingênuo não reconhecer o estresse considerável que acompanha as comunicações de pré-adolescentes (e adolescentes) por meio da rede. O estresse digital se manifesta em diversas formas, desde o medo de ficar de fora (FOMO, na sigla em inglês) até o excesso de conectividade.[37] No contexto do baile escolar, um adolescente que não estiver presente pode vir a experimentar o sentimento de ter ficado de fora quando as imagens de seus amigos começarem a aparecer em seu *feed* do Instagram. Essas são declarações públicas de afiliação a um grupo de pares, e esse adolescente ficou de fora.

Quanto aos pré-adolescentes que participam do baile, é possível que fiquem ansiosos em relação às respostas que estão recebendo em suas fotos ou ainda em saber se elas estão sendo exibidas em um número que faça frente à quantidade de exibições das fotos de seus amigos. Como as ações de postar, marcar, curtir e comentar persistem depois do baile, alguns pré-adolescentes podem começar a sentir o excesso de conectividade à medida que o telefone avisa sobre a chegada de notificações durante a noite, gerando uma tensão entre o desejo (e a necessidade) de dormir e o desejo (e a pressão) para participar de uma experiência compartilhada dentro do grupo de colegas.[38]

É possível que uma camada adicional de estresse se manifeste se um amigo exteriorizar seu sentimento de angústia sobre algo que aconteceu no baile – o adolescente do outro lado pode sentir que precisa estar disponível para ajudar o amigo em dificuldades, mesmo que isso signifique a interrupção de uma noite de sono.[39]

Compare essa turbulenta dinâmica social com o comentário do pai, dando conta de que sua filha e os amigos "apenas brincaram com seus telefones" a noite toda.[40] A dissonância entre essas duas perspectivas traduz a lacuna existente entre o que os adultos pensam que os pré-adolescentes (e os adolescentes) estão fazendo com seus *smartphones* e o que eles estão realmente vivenciando[41] – um símbolo da desconexão digital que as gerações estão tentando superar.

O desenvolvimento adolescente esbarra no projeto tecnológico

A natureza opressiva das experiências dos pré-adolescentes nas mídias sociais começa a fazer muito sentido quando analisamos conjuntamente a posição em que eles se encontram no tocante ao desenvolvimento e o projeto das tecnologias que estão usando.

"Quem sou eu?" e "quem são meus amigos?" passam a ser questões de importância fundamental durante a transição da infância para a adolescência – independentemente da presença da tecnologia. Graças ao desenvolvimento de suas aptidões para o pensamento abstrato e a adoção de perspectivas,[42] os pré-adolescentes respondem a essas perguntas de formas mais complexas do que teriam respondido alguns anos atrás.

Por exemplo, em vez de – ou além de – se definir com base nas coisas que são capazes de fazer, como é normalmente o hábito das crianças, os pré-adolescentes destacam cada vez mais as qualidades que possuem, como ser extrovertido, esforçado ou engraçado.[43] A mesma observação é verdadeira em relação às amizades. Em comparação com o período da infância, os pré-adolescentes definem suas amizades e sua participação em grupos de colegas menos em termos do envolvimento com atividades compartilhadas e mais em termos dos valores, da confiança e da lealdade que têm em comum.[44] É importante observarmos que costuma ser mais difícil negociar essas qualidades que decidir para qual casa ir ou com que jogo brincar.

As novas características das amizades dos pré-adolescentes podem provocar neles uma dose considerável de estresse e ansiedade. Durante a adolescência, as partes do cérebro relativas às emoções se desenvolvem mais depressa que aquelas relacionadas à autorregulação e à tomada de decisões, o que se converte em respostas emocionais muito mais intensas aos eventos cotidianos – especialmente os de caráter social –, aos quais nós, adultos, conseguimos responder de maneira mais equilibrada.[45]

Diante de todas essas mudanças na forma como eles se veem enquanto indivíduos e também em relação a seus pares, não surpreende o fato de os pré-adolescentes experimentarem diariamente um nível maior de instabilidade em sua autoestima do que acontece com as crianças mais novas e os adolescentes mais velhos.[46] Acrescente-se a esses padrões de desenvolvimento a questão das características de projeto das plataformas de mídia social, e começamos a perceber por que o estresse digital é um quadro comum entre pré-adolescentes (e adolescentes).

Cada curtida e cada comentário que um pré-adolescente recebe em sua postagem representam um reconhecimento público, permanente e quantificável de suas amizades e de sua aceitação entre os pares.[47] Publicidade, permanência e quantificabilidade são recursos de plataformas como o TikTok e o Instagram, que as distinguem dos contextos *off-line* de interação entre colegas. Em uma época em que as amizades e a participação em grupos de amigos parecem ser tão importantes, a capacidade de quantificá-las no ambiente *on-line* e de forma pública e permanente tem potencial para causar ansiedade considerável entre os pré-adolescentes.

Em seu livro que explora as complexidades da vida em rede dos adolescentes, minhas colegas Emily Weinstein e Carrie James estabelecem uma distinção entre *exibições públicas* e *círculos íntimos*.[48] O primeiro diz respeito ao domínio das postagens de conteúdo público e reações a ele nas mídias sociais. As exibições públicas podem ser estressantes por causa do risco potencial de um adolescente ser excluído publicamente de um grupo de colegas ou se sentir carente de algum marcador de *status* social. Os círculos íntimos, por sua vez, são menos públicos, mas a conversa com amigos por meio de um bate-papo em grupo privado no Discord ou no Snapchat ainda assim pode ser estressante.

Mais uma vez, o projeto é importante. Se você já usou o WhatsApp ou o iMessage, conhece o recurso de *confirmação de leitura*. Ele indica se uma pessoa leu ou não sua mensagem. É possível até mesmo que você sinta a ansiedade de esperar por uma resposta de alguém depois de ver a confirmação de leitura. Weinstein e James descobriram que o fato de ser deixado *"on read"* (a mensagem foi lida, mas ainda não foi respondida) pode provocar no adolescente um sentimento de extrema ansiedade em relação à situação de sua amizade.[49] Por causa de sua elevada reatividade emocional e do peso que atribuem às amizades e ao *status* social, é muito provável que a ansiedade de um adolescente nessa situação seja mais intensa do que sua ou minha.

Um dos motivos pelos quais as confirmações de leitura são geradoras de ansiedade é aquilo que elas não conseguem nos dizer. Nós tomamos conhecimento de que o destinatário viu nossa mensagem, mas não sabemos por que ele não respondeu. (Nossa ansiedade aumenta ainda mais se o *status* do destinatário mostrar que ele está *on-line*.) Esse tipo de ausência de indício é comum a muitos recursos das plataformas em rede, tanto públicas como privadas.[50] Por exemplo, quando um pré-adolescente vê que um amigo está digitando uma mensagem, mas o indicativo de digitação para de repente antes que a mensagem seja enviada, ele pode ser assaltado por dúvidas: será que o amigo está irritado? O telefone dele ficou sem bateria? Ou talvez ele tenha sido chamado para jantar e também esteja preocupado por deixar o amigo esperando?

As plataformas de mídia social que são populares hoje em dia entre os pré-adolescentes compartilham muitos dos mesmos tipos de recursos, incluindo alguma forma de curtir, marcar, comentar e compartilhar postagens, bem como perfis de usuários públicos e *feeds* roláveis. Mas existem algumas diferenças, e elas podem dar origem a dinâmicas específicas entre plataformas. As mensagens do Snapchat, por exemplo, desaparecem após determinado período, o que as torna menos permanentes que as postagens feitas em plataformas como Instagram ou TikTok. Essa maior efemeridade pode conferir aos "*snaps*" a ideia de serem menos sérios e importantes (muito embora um destinatário possa fazer uma captura de tela antes que o *snap* desapareça).

O Snapchat também tem placares de Snap (o total de "*snaps*" que uma pessoa já enviou e recebeu), mapas de Snap (mostrando a localização física dos amigos) e Snapstreaks (monitoramento do número consecutivo de dias de comunicação entre dois amigos). Todos esses recursos são potenciais geradores de ansiedade e tensão em relação aos pares dentro de um grupo de pré-adolescentes; por exemplo, se o placar de Snap de um deles for menor que o de seus amigos, se o mapa de Snap de um adolescente mostrar que seus amigos estão saindo sem ele ou se um amigo interromper repentinamente um Snapstreak que esteja em andamento.[51]

Do estresse digital à agressão aberta

As tecnologias em rede claramente tornam mais complexa e profunda a maneira como os pré-adolescentes lidam com suas amizades, afiliações a grupos de colegas e seu *status* social. Eventos como ser deixado *"on read"* ou receber um comentário atrasado em uma postagem podem gerar problemas de comunicação e conflitos não intencionais entre amigos. E, no caso de um conflito *intencional*, as tecnologias em rede têm potencial para produzir efeitos igualmente complicadores e intensificadores.

Quando entrei na pós-graduação em 2005, os adultos estavam começando a perceber que os jovens podiam ser muito maldosos uns com os outros no ambiente *on-line*. Contudo, poucas pessoas empregavam naquela época a palavra *cyberbullying* para se referir a essa sordidez *on-line*. Atualmente, o termo faz parte de nosso vernáculo corrente e passou a ser objeto de muitas pesquisas, notícias, intervenções educacionais e também da preocupação dos pais.

A propensão do noticiário é relatar os casos mais extremos de *cyberbullying* – tão graves que o jovem intimidado abandona a escola, muda-se para um novo bairro ou até chega a tirar a própria vida. Lamentavelmente, são essas as histórias que muitas vezes nos vêm à mente quando lemos que cerca de 1 em cada 5 pré-adolescentes norte-americanos (de 9 a 12 anos) já vivenciou uma situação de *cyberbullying*, seja como alvo, testemunha ou agressor.[52]

Por sorte, a incidência de suicídio como consequência de um ato de *cyberbullying* é relativamente rara, e, em geral, são identificados outros fatores significativos de estresse que contribuíram para a angústia do adolescente.[53] Ainda assim, o *cyberbullying* está associado a repercussões negativas em termos de saúde mental, como depressão, ansiedade e pensamentos suicidas – todos eles com acentuado aumento entre pré-adolescentes e adolescentes nos últimos anos (consulte o Capítulo 7) – e merece ser tratado com atenção e preocupação.[54]

O *cyberbullying* é, em última análise, o *bullying* comumente definido por quatro características: é *reiterado* ao longo do tempo, é *intencional*, causa *prejuízo* a uma pessoa e envolve um *desequilíbrio de poder* entre o agressor e a vítima.[55] As tecnologias digitais transformam o *bullying*, incorporando novas dinâmicas e novas variações aos comportamentos nocivos.[56]

Geração tecnológica

Por que as crianças submetem umas às outras ao (cyber)bullying?

Com frequência, o *bullying* que os pré-adolescentes vivenciam no ambiente *on-line* também acontece com eles no espaço *off-line*,[57] e essa forma de *bullying* está incorporada às diferentes interferências de caráter social, cultural, econômico e histórico que afetam a vida diária dos pré-adolescentes.[58]

Existe também no comportamento de *bullying* um forte componente de cunho desenvolvimental. As transformações nas relações com os pares e na compreensão de si mesmo descritas anteriormente podem produzir algumas dinâmicas bastante poderosas no período inicial da adolescência. Muitas dessas dinâmicas giram em torno das *panelinhas*, que talvez sejam, depois das melhores amizades, a mais importante unidade de relacionamento entre pares na pré-adolescência.[59]

Os integrantes de uma panelinha demonstram sua conexão uns com os outros por intermédio das roupas que vestem, da maneira como falam e, nos dias de hoje, dos *emojis* que usam e dos grupos de conversa dos quais fazem parte.[60] A exemplo do que ocorria nas gerações passadas, nem todas as panelinhas surgem do mesmo modo; as mais cobiçadas ocupam o topo da *hierarquia de popularidade*,[61] enquanto a maioria se situa em algum nível nos patamares inferiores. Os pré-adolescentes e as panelinhas posicionados no alto da hierarquia de popularidade são, em geral, aqueles cujos atributos em termos de aparência, comportamento e aptidões são mais profundamente aderentes aos valores e ideais do contexto social e cultural circundante.[62]

Para os pré-adolescentes, sua afiliação a uma panelinha é um mecanismo de apoio que os ajuda a definir sua emergente percepção da própria identidade.[63] Essa é a razão da enorme importância que tem para eles a definição de quem está dentro e quem está fora de determinado grupo. Afinal de contas, qualquer tipo de ambiguidade nessa definição ameaça a exata definição do próprio *ser*.

É também por esse motivo que o *bullying* costuma ser praticado dentro de panelinhas – e por que a maioria das vítimas de *cyberbullying* conhece a pessoa que a está intimidando.[64] Se você faz parte de uma panelinha e seu comportamento despreza as normas do grupo, você está ameaçando a identidade da própria panelinha e de seus membros. Para colocá-lo de volta na linha (ou bani-lo do grupo de uma vez por todas), é possível que você se torne alvo de atos de *bullying*.

Com muita frequência, o *bullying* na pré-adolescência está ligado ao *status* social de modo que eles se realimentam mutuamente.[65] Quanto mais alto é o nível que você ocupa na hierarquia de popularidade, mais poder terá sobre os menos populares, um cenário que estabelece a condição fundamental para o *bullying*: o desequilíbrio de poder. Também existe maior probabilidade de que um comportamento de intimidação por parte de crianças populares receba apoio dos membros de sua panelinha, assim como de outros colegas que aspiram a tomar parte (ou pelo menos ser aceitos) na panelinha. Há evidências, também, de que o próprio ato de intimidar confere um *status* social mais elevado para o agressor, estabelecendo assim um ciclo de realimentação entre *status* social e *bullying*.[66]

Quem vai se tornar popular e quem vai ser submetido a *bullying* depende bastante dos valores e das estruturas que definem os contextos social e cultural nos quais os jovens se encontram. Por exemplo, pré-adolescentes que apresentam uma identidade de gênero típica (por exemplo, alguém masculino biologicamente, que se reconhece como um indivíduo do sexo masculino) têm mais probabilidade de serem populares, enquanto aqueles que não se encaixam na definição típica de um gênero provavelmente sofrerão intimidações.[67]

A dinâmica entre *bullying* e *status* social também tem lugar no ambiente *on-line*. Pré-adolescentes populares no espaço *off-line* provavelmente também serão populares no mundo *on-line*. Na verdade, pré-adolescentes e adolescentes populares usam suas atividades *on-line* para ostentar e amplificar sua popularidade, atraindo curtidas e comentários favoráveis nas postagens que fazem no Instagram, criando no TikTok vídeos que conseguem ampla visualização e acumulando Snapstreaks impressionantemente longos. E se eles são agressores no espaço *off-line*, há grande chance de também o serem no universo *on-line*.[68]

Mas o *cyberbullying* é diferente

A despeito de todos os paralelos e conexões observados entre o *bullying* tradicional e o *cyberbullying*, existem diferenças importantes entre os dois tipos de intimidação.

Considere uma das características bem conhecidas do *bullying*: a *reiteração*. Não há uma campainha *on-line* que sinalize o final do dia, como acontece na escola. Em razão da permanente conexão dos dispositivos móveis, os agressores têm condições de atormentar suas vítimas o tempo todo e em múltiplas plataformas *on-line*.[69] Eles podem também atacar a qualquer hora do dia ou da noite, de qualquer localidade, deixando assim suas vítimas em estado de alerta constante.[70]

Por causa de recursos como marcar, comentar, curtir e republicar, um único ato maldoso pode ser reproduzido e amplificado sem exigir muito esforço do agressor. Considere, por exemplo, um pré-adolescente que captura uma mensagem privada na tela contendo informações confidenciais compartilhadas por um ex-amigo que desde então caiu em desgraça. Basta apenas um ou dois cliques para ele transmitir a mensagem para um grupo maior de pessoas, que, por sua vez, pode aumentar sua visibilidade e permanência comentando, marcando e repostando. Essa situação é muito diferente da que ocorre nos contextos *off-line*, nos quais, em geral, é exigido um esforço maior do agressor para que seu comportamento de intimidação se mantenha. Ainda assim, o alcance da ação intimidatória provavelmente será muito menor do que é possível em um ambiente *on-line*.

Algumas vezes, um único ato maldoso pode se transformar em uma experiência reiterada de *bullying*, quer tenha sido essa ou não a intenção do agressor.[71] Por exemplo, considere a possibilidade de que o pré-adolescente do caso citado anteriormente compartilhe a captura de tela em um grupo de bate-papo do qual participam apenas três ou quatro amigos, e não tenha tido a intenção de que ela se disseminasse. Mas então, um dos destinatários decide postá-la de forma mais pública, sem levar em conta o dano que isso poderia causar.

Nesse cenário, há uma chance significativa de serem causados danos reais, os quais acabarão sendo repercutidos durante um bom tempo, à medida que a captura de tela é visualizada e postada nas mídias sociais. Entretanto, o primeiro pré-adolescente não se envolveu em um comportamento de *reiteração* (um dos critérios que caracterizam o *bullying*) e o segundo não teve a intenção de causar algum *prejuízo* (outro critério para *bullying*). Esses pré-adolescentes são agressores? Como o exemplo ilustra, as fronteiras entre quem é e quem não é um agressor, bem como entre o que conta e o que não conta como comportamento de intimidação, são indistintas no ambiente *on-line*.[72]

Outro fator complicador associado ao *cyberbullying* é a ausência de insinuações sociais comuns, especialmente o contato visual, condição que pode encorajar agressores em potencial.[73] Muitos pré-adolescentes e adolescentes me relataram ao longo dos anos que é mais fácil ser perverso quando você não precisa olhar alguém nos olhos.[74] Também é mais fácil a interpretação errônea

Pré-adolescência: uma fase de transições e tensões

da intenção de uma postagem sem a ajuda de indícios sociais como as expressões faciais e o tom de voz, o que aumenta ainda mais a probabilidade de prejuízos, mesmo que não tenha sido esse o propósito.

Algumas vezes, a sordidez *on-line* assume formas que seriam familiares para qualquer pessoa que tenha sofrido agressão dos colegas quando adolescente, como enviar uma mensagem de texto odiosa (a versão digital de uma nota manuscrita enfiada em um armário) ou expulsar alguém de um grupo de bate-papo *on-line* (a versão digital da exclusão de alguém da mesa do almoço). Outras vezes, os pré-adolescentes se valem do anonimato (ou, pelo menos, da *sensação* de anonimato) proporcionado pelas mídias sociais para criar formas inventivas de *bullying*. Weinstein e James descrevem casos de adolescentes que criaram contas falsas nas redes sociais para se fazer passar por outros adolescentes e postaram conteúdo embaraçoso ou, normalmente, danoso para a reputação de suas vítimas.[75]

Em virtude da permanência e do caráter público das redes sociais, o dano causado por esse tipo de ato de *cyberbullying* pode ser duradouro e difícil de ser evitado. Em um estudo sobre *cyberbullying* realizado com pré-adolescentes suíços, os participantes classificaram o *bullying* anônimo e o *bullying* público como piores que o congênere não anônimo ou privado, o que sustenta a ideia de que a ausência de indícios e a natureza pública das mídias sociais intensificam a experiência de cometer e de sofrer *bullying*.[76]

Os *desequilíbrios de poder* associados ao *bullying* tradicional também podem ser mais complexos no ambiente *on-line*. Em muitos casos, as dinâmicas de poder do mundo *on-line* refletem as dinâmicas de poder do mundo *off-line*. É por essa razão que é maior a probabilidade de que as vítimas do *bullying* tradicional, como os jovens LGBTQ+ e os jovens com deficiência, também sejam vítimas de *cyberbullying*.[77] Mas também existem casos de jovens marginalizados que lançam mão do anonimato, da disponibilidade e da natureza pública das tecnologias em rede para virar o jogo em relação a seus algozes, em um esforço para reivindicar o poder de que carecem no universo *off-line*.[78]

Administrando o estresse da vida digital

As comunicações dos pré-adolescentes por meio das redes apresentam potencial para causar considerável nível de estresse e, algumas vezes, até mesmo grande angústia. Embora seja necessária a realização de mais pesquisas, o estresse associado ao medo de ficar de fora, ao excesso de conectividade e à ansiedade para obter aprovação parece aumentar a probabilidade de os adolescentes sofrerem consequências negativas em termos de saúde mental.[79] Meninas, adolescentes com baixa popularidade no mundo *on-line* e adolescentes alvos de intimidação por parte de colegas na escola estão sujeitos a um risco particularmente maior.[80]

As pesquisas sobre *cyberbullying* demonstram uma conexão bem definida com problemas de saúde mental, como ansiedade e depressão.[81] O *cyberbullying* também coloca os adolescentes em maior risco de alimentarem pensamentos suicidas e cometerem tentativas de suicídio, especialmente quando vivenciado com o *bullying* tradicional.[82]

Apesar do custo potencial para sua saúde mental, muitos pré-adolescentes, compreensivelmente, não entendem como estratégia viável a opção de ficar de fora das interações *on-line* – os custos sociais são simplesmente altos demais.[83] Então, em vez da opção por ficar de fora, o que pode ser feito para tornar menos estressantes as interações sociais dos pré-adolescentes?

Ao longo deste livro, venho mostrando que as melhores experiências digitais para os jovens são aquelas autodirigidas e respaldadas pela comunidade. Quando se trata, então, de administrar o estresse da vida digital, essas duas características são valiosas.

O estresse digital parece estar envolto por um sentimento de carência de controle – sobre o número de curtidas e os tipos de comentário que sua postagem provocará; sobre quantas notificações e de que tipo você receberá, e quando virão; sobre quando e se um amigo necessitado pedirá ajuda ou um valentão enviará uma mensagem perversa.[84] O sentimento de não deter o controle é incompatível com o de autodireção.

Surpreendentemente, muitos adolescentes estão estabelecendo as próprias estratégias para retomar algum nível de controle sobre sua vida digital, como deixar de seguir ou silenciar contas que os deixam estressados, desligar as notificações e colocar seus celulares no modo silencioso ou em outro recinto enquanto estão dormindo ou estudando.[85] Algumas vezes essas estratégias são individuais, mas outras vezes são desenvolvidas com amigos.

Parece-me particularmente promissora a iniciativa de amigos que trabalham juntos para modificar as normas do grupo a que pertencem, porque essa é uma alternativa respaldada pela comunidade à limitação da obrigatoriedade de es-

Pré-adolescência: uma fase de transições e tensões

tarem sempre disponíveis e *on-line*. O apoio social que os amigos dispensam uns aos outros também pode contribuir para a mitigação dos efeitos negativos do *cyberbullying*.[86]

Os adultos podem assegurar o apoio da comunidade por meio de conversas sobre as próprias lutas e estratégias para conseguir administrar o estresse digital, e de explanações aos pré-adolescentes sobre como adotar procedimentos como desativar notificações ou colocar o *smartphone* no modo não perturbe.[87] Existe também a possibilidade de os adultos ajudarem os pré-adolescentes a reformularem suas interações via mídias sociais,[88] chamando a atenção deles para o fato de que um amigo cuja resposta demora a chegar pode simplesmente estar indisponível, em vez de desinteressado, ou que o fluxo de imagens e vídeos atraentes que eles veem em seus *feeds* das mídias sociais provavelmente exigiram esforço considerável em sua produção (e possivelmente um filtro ou dois). O simples ato de perguntar a um pré-adolescente sobre suas fontes de estresse digital e ouvir com empatia o que ele diz também pode ser útil.[89]

Além disso, é possível encontrar o respaldo da comunidade fora de casa. Por exemplo, o Youth, Media, & Wellbeing Research Lab no Wellesley College desenvolveu uma série de *workshops* para ajudar alunos do ensino fundamental a refletirem sobre suas experiências com as mídias sociais e identificarem abordagens positivas em relação ao engajamento na rede.[90] A organização sem fins lucrativos Common Sense Media adiciona constantemente novos conteúdos em seu currículo de cidadania digital com o propósito de contribuir para que jovens de todas as idades reflitam e conversem sobre sua participação no universo *on-line*.[91]

Essas iniciativas destacam um crescente reconhecimento de que ajudar os jovens a desenvolver aptidões, hábitos e estratégias para um envolvimento seguro, positivo e proativo com a tecnologia é a melhor maneira de contribuir para seu desenvolvimento, ao contrário de tentar (e inevitavelmente fracassar) impedir por completo a participação *on-line*.

Há motivos para acreditarmos que essa espécie de esforço comunitário será bastante favorável. Evidências obtidas pelas pesquisas sugerem que os adolescentes que recebem alguma forma de apoio da comunidade, seja por parte de pais, escolas, colegas ou profissionais de saúde mental, têm melhores condições para lidar com o estresse digital e o *cyberbullying*.[92]

Essas intervenções levam em conta a tecnologia *como ela é atualmente*. Contudo, ela não precisa continuar sendo o que é agora. Amanhã, a Snap Inc.

(a empresa desenvolvedora do Snapchat) pode decidir acabar com Snapstreaks, placares de Snap e mapas de Snap e inventar novos recursos que diminuam a ênfase nas trocas transacionais e mitiguem os sentimentos de imposição e de angústia social.

Devagar e gradativamente, algumas empresas de mídia social estão começando a procurar saída para o estresse digital que ajudaram a criar. Em 2021, por exemplo, o Facebook e o Instagram implementaram um novo recurso que dá aos usuários a opção de ocultar as curtidas e visualizações de outras pessoas e esconder das outras pessoas seu próprio placar de curtidas e visualizações.[93] A empresa não chegou ao ponto de remover completamente o placar de curtidas – usuários específicos ainda podem ver quantas curtidas receberam em suas postagens, mesmo que outros não possam. E, no momento em que escrevo este texto, os usuários ainda precisam desabilitar a contagem de curtidas para cada postagem, em vez de poder definir essa opção como uma configuração que se aplica a todas as suas postagens. Ainda assim, é um passo na direção correta, bem como um importante reconhecimento por parte de uma grande empresa de tecnologia de que as decisões de projeto adotadas inicialmente com o propósito de aumentar a atividade em uma plataforma podem ter consequências negativas para a saúde e o bem-estar de alguns usuários.

Quando o ambiente *on-line* é melhor que o *off-line*

Talvez contrariamente ao que se espera, a participação *on-line* dos pré-adolescentes pode algumas vezes ajudá-los a lidar com os desafios que enfrentam no ambiente *on-line*. Os pré-adolescentes portadores de autismo são um exemplo disso.

As interações sociais podem ser especialmente desafiadoras para pessoas com autismo – estabelecer e manter contato visual, interpretar sinais não verbais, fazer inferências e reproduzir o estado emocional de outra pessoa.[94] Esses desafios tendem a assumir um novo significado no período de início da adolescência, quando as interações entre colegas se tornam cada vez mais patentes e fundamentais para o mundo dos pré-adolescentes. As conexões sociais são tão relevantes para o desenvolvimento e o bem-estar social dos pré-adolescentes autistas quanto são para seus pares não autistas, o que torna suas dificuldades com as interações interpessoais importante foco de atenção e intervenção.

Autcraft é um servidor parcialmente privado que executa uma versão do *Minecraft* desenvolvida especificamente para crianças com autismo.[95] Criado por um desenvolvedor de programas para a *web* que tem um filho autista, e moderado por adultos, muitos dos quais também autistas ou pais de uma criança autista, o Autcraft passou rapidamente de algumas dezenas para vários milhares de jogadores. A descrição existente na página inicial do *wiki* do Autcraft fornece uma visão sobre o segredo da popularidade do servidor:

> Autcraft é mais do que apenas uma comunidade para aqueles que se encaixam no espectro autista. É também um lugar onde adultos e crianças com autismo podem praticar o jogo e se divertir na companhia de outras pessoas como eles, sem medo de serem intimidados ou mal-interpretados. [...] Graças à franqueza e à compassividade dos membros dessa comunidade, crianças e adultos têm aqui o instrumento mais poderoso de que podem usufruir – a capacidade de serem eles mesmos.[96]

O *wiki* do Autcraft faz mais do que apenas enaltecer o ambiente positivo da comunidade Autcraft – ele assevera sua condição de melhorar a vida dos participantes, ao torná-los mais felizes e ajudá-los a conversar, a ler e a fazer amigos.

A pesquisadora Kate Ringland passou mais de 60 horas na comunidade Autcraft, buscando verificar se ela tem realmente um impacto tão poderoso. Ela se concentrou em descobrir se a plataforma conseguiria ajudar pré-adolescentes a enfrentarem suas dificuldades interpessoais e vivenciarem uma conexão social genuína.

A comunidade Autcraft, assim como o escopo da pesquisa de Ringland, é consideravelmente mais ampla que o servidor em si, incluindo um *website* da comunidade, uma página do grupo no Facebook, uma conta no Twitter e conteúdo de vídeo postado no YouTube e no Twitch.[97] Mergulhando na vida dessa comunidade, observando como seus membros interagem uns com os outros e tomando parte nas atividades comunitárias dentro e fora do mundo virtual, Ringland chegou a uma profunda compreensão de como os integrantes – muitos deles pré-adolescentes com autismo – interagem e como interpretam suas interações sociais.

Para muitos pré-adolescentes com autismo, o *Autcraft* é um lugar no qual eles podem compartilhar com um público receptivo e solidário, capaz de se identificar com as mesmas experiências, seus sentimentos sobre não se enquadrarem no ambiente que os cerca ou sobre sofrerem *bullying* "IRL" (sigla em inglês para *in real life*, na vida real).[98] Nesse contexto de compartilhamento de interesses (*Minecraft*) e experiências pessoais (autismo), os pré-adolescentes desenvolvem amizades significativas com outros jogadores, assim como um sentimento de pertencimento. Eles têm condições de colocar em prática aptidões sociais que podem ser desafiadoras para pessoas autistas, como as relações de troca características da reciprocidade social.

Os recursos e as propriedades da plataforma Autcraft são essenciais para as experiências sociais positivas dos pré-adolescentes.[99] A maior parte da comunicação no mundo virtual ocorre por meio de bate-papo no decorrer do jogo, uma conversa que, em comparação com a comunicação interpessoal, é mais lenta e baseada em texto. Ao eliminar desafios como estabelecer e manter contato visual e responder instantaneamente à observação da outra pessoa, os pré-adolescentes autistas têm mais facilidade para expressar suas emoções e se envolver em conversações recíprocas.

No Autcraft, é comum a formação de equipes de jogadores que atuam em conjunto para desenvolver estruturas complexas no mundo virtual. Ringland observou que os jogadores geralmente trabalhavam juntos em um projeto de equipe paralelo, com foco em uma tarefa ou um objetivo comum, mas sem uma comunicação direta entre eles. Essa estrutura elimina o peso da comunicação direta um a um, mantendo, contudo, a percepção de um propósito compartilhado.

O Autcraft e sua comunidade distribuída no mundo *on-line* expandem as maneiras pelas quais os jogadores podem agir socialmente, proporcionando aos pré-adolescentes autistas a oportunidade de vivenciar uma conexão social e praticar as aptidões sociais com as quais têm dificuldade nas comunicações interpessoais.

Fazendo uma pausa para rever os três Ds

O que está acontecendo no tocante ao *desenvolvimento*: neste capítulo, nós adentramos um novo território com a transição da infância para a adolescência. Vimos de que maneira, à medida que começam a afirmar sua independência em relação aos pais, os pré-adolescentes podem passar a ter um entendimento diferente do de seus pais sobre o uso adequado da tecnologia. Idealmente, os pais encontram uma forma de responder que seja compatível com o conceito de *individuação*, buscando encontrar um equilíbrio entre independência e conexão com seu filho pré-adolescente.[100] No contexto tecnológico, esse equilíbrio se situaria entre o acesso irrestrito à tecnologia (independência total), por um lado, e uma abordagem restritiva à tecnologia, de cima para baixo (dependência total), por outro.

Também analisamos o desenvolvimento dos pré-adolescentes sob a perspectiva das relações entre pares, que representam um contexto importante para a formação da identidade e o desenvolvimento social. A dinâmica envolvida na busca do entendimento sobre quem você é e como você se encaixa no mundo social a seu redor pode ser complexa e estressante no período inicial da adolescência. As tecnologias conectadas em rede desempenham papel crucial nesse processo de desenvolvimento para muitos dos pré-adolescentes dos dias de hoje, gerando novas formas de estresse digital, como o medo de ficar de fora, o excesso de conectividade e ansiedade para obter aprovação.[101] Por esse motivo, devemos fazer o possível para resistir à tentação de ignorar a atitude dos pré-adolescentes quando estão tirando e compartilhando fotos em seus *smartphones*, tratando-a como "sem importância". Os riscos associados às interações sociais *on-line* parecem tão imensos para eles quanto uma entrevista de emprego pode parecer para nós.

Analisando em *profundidade* (*deeper*): as tensões entre pais e filhos e a forma como elas são negociadas sofrem a influência de uma grande variedade de fatores, dentro e fora da família: as aptidões e as vulnerabilidades características de cada pré-adolescente, assim como de seus pais; a dinâmica relacional e os níveis de confiança dentro das famílias; as expectativas e as pressões provenientes de colegas, outros pais e, talvez, de membros da família estendida. Essas tensões tornam-se ainda mais complexas em virtude do projeto dos controles parentais e aplicativos de segurança *on-line*, bem como das normas culturais e sociais relativas a riscos decorrentes da tecnologia e às estratégias adequadas de mediação parental.[102] Em virtude desses fatores, as tensões entre pais e filhos variam consideravelmente de uma família para outra.

Os pré-adolescentes também são diferentes quanto ao risco de sofrer *cyberbullying* e à forma como respondem às fontes de estresse digital. Meninas, adolescentes com baixa popularidade no ambiente *on-line* e adolescentes que também são vítimas de intimidação por parte de colegas na escola têm maior probabilidade de sofrer impacto negativo do estresse digital em sua saúde mental.[103] Adolescentes que sofrem *bullying* no mundo *on-line*, entre eles jovens LGBTQ+ e jovens com deficiência, são mais propensos a também serem vítimas de *bullying* no ambiente *on-line*.[104]

Muitos pré-adolescentes estão desenvolvendo estratégias – algumas vezes por conta própria, outras com amigos – para recuperar parte do controle tão eficientemente solapado pelo estresse digital. Alguns grupos de colegas estão reformulando as normas digitais, em um esforço para aliviar as pressões decorrentes da conexão quase permanente e das exibições públicas de pertencimento a grupo de pares.[105] Pais e professores podem respaldar esses esforços ajudando os pré-adolescentes a desenvolver estratégias (como silenciar notificações) e reformular suas experiências (talvez o amigo tenha um bom motivo para não responder imediatamente), bem como estando presentes para ouvir e oferecer apoio emocional.[106]

Considerações de *projeto* (*design*): os recursos e as propriedades percebidas das diversas plataformas interagem de maneiras específicas com a dinâmica de desenvolvimento em atuação no período inicial da adolescência. A portabilidade e a conexão quase permanente dos celulares, somadas ao zumbido incessante das notificações das mídias sociais, podem contribuir para a ênfase no instante presente e a reatividade emocional comuns nesse estágio do desenvolvimento.

Métricas de popularidade, como curtidas, marcações, comentários e republicações, encontradas em muitas plataformas de mídia social, assim como recursos mais específicos de cada plataforma, como Snapstreaks e placares do Snap, afetam diretamente a intensa dinâmica entre colegas e a autoavaliação, marcantes no início da adolescência. Essas características podem ser importantes para o sucesso da plataforma, mas envolvem o risco de incorporação de mais estresse e ansiedade no esforço desenvolvimental dos pré-adolescentes de negociar relacionamentos com colegas e formar uma identidade que promova a satisfação pessoal.

O projeto tem grande contribuição para o surgimento do estresse digital, portanto ele pode também fazer algo para mitigar esse estresse. A decisão do Facebook e do Instagram no sentido de dar aos usuários a opção de ocultar curtidas e visualizações públicas é um passo na direção correta, mas é necessário muito mais.[107] Que tal a eliminação total de todas as métricas? Esse seria um movimento mais audacioso, contudo, sem dúvida alguma reduziria a ne-

Pré-adolescência: uma fase de transições e tensões

cessidade premente que as empresas de tecnologia têm de alavancar o engajamento dos usuários a fim de conseguirem aumentar seus lucros.[108]

Em um mundo ideal, os dispositivos e as plataformas utilizados pelos pré-adolescentes seriam projetados desde o início com foco nas impermanentes dinâmicas de pais e colegas, que ocorrem durante esse período de desenvolvimento. Em vez de amplificar as ansiedades dos pré-adolescentes e os impulsos protecionistas dos pais, como fazem atualmente muitas ferramentas e plataformas, os projetos deveriam ter como propósito o suporte a interações positivas entre pares e a relacionamentos pautados pela confiança entre pais e filhos.

Quem dera!

À medida que avançarmos para a adolescência no Capítulo 7, veremos que os adolescentes continuam a lutar contra o estresse digital enquanto tentam descobrir quem são nos contextos *on-line* e *off-line* – e o papel do projeto continua sendo de fundamental importância.

7

Adolescência: a fase do "quem sou eu"

Não há outro momento no desenvolvimento psicológico de uma criança que seja tão marcado pela vulnerabilidade e pela potencialidade como são os anos da adolescência (aproximadamente de 13 a 18 anos). Em meio às colossais mudanças de caráter neurobiológico que estão em curso nessa fase, os adolescentes enfrentam risco maior de sofrerem distúrbios de saúde mental em decorrência das estressantes experiências de vida.[1] Lamentavelmente, as taxas de depressão, ansiedade, automutilação e suicídio têm aumentado de forma alarmante nos últimos anos,[2] em especial entre as meninas e os jovens da comunidade LGBTQ+ – não são poucas as pessoas que atribuem a responsabilidade aos *smartphones* e às mídias sociais.[3]

Ainda assim, a maioria dos adolescentes não está sofrendo de depressão.[4] A vulnerabilidade da adolescência não precisa necessariamente ter como consequência a diminuição do bem-estar. Sob condições adequadas, eles conseguem – e aprendem a – lidar com os desafios que enfrentam, usando-os como mecanismo que os ajuda a desenvolver a resiliência, vivenciar um estado de bem-estar e estabelecer um significativo senso de identidade.[5]

Este capítulo continua a análise iniciada no Capítulo 6 sobre as experiências cotidianas dos adolescentes com a tecnologia, visando identificar como e quando essas experiências (e os recursos de projeto que as moldam) ampliam a vulnerabilidade dos jovens e quando contribuem para seu bem-estar e o desenvolvimento de sua identidade. Veremos que os adolescentes que trazem vulnerabilidades preexistentes para suas atividades no ambiente *on-line* têm dificuldades para conseguir vivenciar experiências digitais autodirigidas, especialmente quando carecem do respaldo da comunidade de pais, amigos e ideologias culturais que definem suas experiências digitais.

Reels colocados em destaque: uma sedução destrutiva

Em seu comparecimento perante o Joint Committee do Parlamento do Reino Unido, que avalia a segurança *on-line*, Frances Haugen, a ex-funcionária do Facebook que vazou publicamente documentos internos da empresa, em 2021, testemunhou que o Instagram (de propriedade do Facebook, agora chamado Meta) estimula os adolescentes a se envolverem em comparações sociais prejudiciais para a autoestima, e a alimentarem uma obsessão doentia com seu corpo. "O Instagram privilegia a comparação social e a obsessão com o corpo", disse ela, sem rodeios.[6] O testemunho dado por Haugen aos governos dos Estados Unidos, do Reino Unido e de toda a Europa fez entrar em ebulição a já latente condenação pública das mídias sociais, em razão de sua influência negativa sobre os adolescentes (em especial as garotas).

Muito embora a pesquisa interna do Facebook tenha ficado longe de oferecer uma evidência conclusiva,[7] o grande número de pesquisas externas corrobora as alegações de Haugen. As descobertas dos pesquisadores têm mostrado que os adolescentes que se comparam com as imagens – especialmente imagens idealizadas – que veem em seus *feeds* das mídias sociais têm maior probabilidade de se sentir descontentes em relação a seu corpo, além de relatarem sério comprometimento da autoestima e sintomas depressivos.[8] Esses padrões são identificáveis em adolescentes de ambos os sexos,[9] mas as meninas são particularmente mais suscetíveis aos efeitos negativos.[10]

Mais uma vez, a interação entre o desenvolvimento dos adolescentes e o projeto da tecnologia pode criar uma combinação explosiva. No Capítulo 6, vimos que os pares assumem importância cada vez maior na fase de transição para a adolescência. Na condição de centro do mundo social dos adolescentes, os colegas têm papel determinante no desenvolvimento do senso de identidade uns dos outros.[11] Em parte, os jovens entendem quem são, comparando-se com seus amigos e esperando receber desses amigos um *feedback* positivo. Eles usam o que observam em seus colegas para definir como veem a si próprios.

As plataformas de mídia social prosperam por meio do estímulo às comparações e à busca de *feedback*. O Instagram, em particular, tem sido caracterizado como um "baile de formatura 24/7" (24 horas por dia, 7 dias por semana) e como uma "princesa",[12] comparações que enfatizam o foco da plataforma na aparência e no desempenho.

Na qualidade de plataforma de compartilhamento de fotos baseada em perfil, o Instagram enfatiza a aparência e o desempenho desde sua criação em 2010.[13] Essa ênfase só fez aumentar ao longo dos anos com a incorporação de recursos como um conjunto cada vez maior de filtros (incluindo filtros faciais), *stories* (uma coleção de fotos e vídeos com curadoria do próprio usuário e autoexcluídos) e destaques (uma coleção mais permanente de segmentos temáticos do *story*). Esses recursos, que privilegiam a aparência, são reforçados pelos recursos baseados em métricas, como curtidas, comentários e contadores de visualizações. Os *feeds*, escolhidos por algoritmos (e não com base em sua ordem cronológica) e passíveis de serem rolados indefinidamente, mantêm a atenção dos usuários presa nos *reels* pessoais de outros usuários, cuidadosamente elaborados e colocados em destaque.

À medida que interagem com as ideologias culturais existentes e as predisposições dos adolescentes, essas características dão origem a práticas e normas específicas. Uma adolescente entrevistada pela pesquisadora Beth Bell explicou uma prática comum dos adolescentes, que consiste em tirar diversas *selfies* para produzir no final uma única imagem "instagramável": "você tira 50 fotos, elimina 49 e usa uma". Muitos adolescentes (meninos e meninas) empregam filtros para aprimorar a imagem escolhida, mas há um limite tênue a ser considerado. Se a foto for submetida a muita edição, os colegas podem criticar o adolescente por estar muito diferente de sua aparência *off-line*.[14]

Adolescentes (e também adultos) usam *hashtags* como #thinspo, #thinspiration e #fitspiration para identificar, absorver e divulgar ideais de magreza e esbeltez e de corpos tonificados.[15] Quando o Instagram baniu algumas dessas *hashtags*, os usuários não demoraram para criar alternativas como #thynspiration e #thinspoooo, atitude que demonstra como os participantes das sociedades que surgem em torno dos recursos de uma plataforma encontram maneiras de redirecionar esses recursos para seus propósitos.[16]

O Instagram pode ser a princesa e o baile 24/7, mas não é, de forma alguma, a única plataforma de mídia social cujo foco é a aparência. *Hashtags* relacionadas ao corpo, que promovem a magreza e a boa forma, também podem ser encontradas no TikTok. E a chamada "dismorfia do Snapchat" leva as pessoas a se submeterem a cirurgias plásticas a fim de ficarem mais parecidas com as versões filtradas de si mesmas.[17]

Ao mesmo tempo, nem todas as atividades das mídias sociais se concentram em autorrepresentações idealizadas. Os adolescentes criam uma boa porção de vídeos engraçados no TikTok e aproveitam a efemeridade dos *snaps* e *stories* para compartilhar no Snapchat versões divertidas de si mesmos, versões estas que se contrapõem aos ideais de beleza.[18]

Ainda assim, há muitas imagens idealizadas nas mídias sociais, e as evidências mostram que o ato de visualizá-las pode levar os adolescentes a se compararem com seus pares e fazer muitos deles se sentirem infelizes em relação ao próprio corpo.[19] Em um experimento, a pesquisadora Mariska Kleemans e seus colegas apresentaram a meninas adolescentes fotos de mulheres jovens no Instagram. Essas fotos eram intocadas ou foram manipuladas por meio de efeitos e filtros comuns da plataforma (olheiras, rugas e imperfeições foram eliminadas, pernas e cintura, remodeladas para ficarem mais esbeltas). No final do experimento, as adolescentes que viram as imagens editadas relataram sentir-se mais insatisfeitas com seu corpo, e o efeito foi mais forte naquelas que já tinham tendência a se comparar socialmente com as demais.

Contudo, não é apenas a aparência física que leva os adolescentes a se envolverem em comparações sociais no universo *on-line*. As pesquisadoras Melissa Brough, Iona Literat e Amanda Ikin, por exemplo, descobriram que a natureza ambiciosa de muitas postagens feitas nas mídias sociais provocava em alguns jovens de baixa renda o sentimento de inadequação, levando-os a tentar esconder sua condição financeira nas próprias postagens.[20]

As dimensões culturais das postagens

Filtros e outros efeitos visuais podem estimular os adolescentes a atribuir grande importância à aparência, mas não são eles que criam os ideais de beleza com os quais esses adolescentes costumam se comparar. Esses ideais estão inseridos nos contextos culturais mais amplos da vida dos jovens. De acordo com Chloe, uma adolescente entrevistada pelas pesquisadoras Sarah Metcalfe e Anna Llewellyn: "com as mídias sociais, é mais difícil você expor sua personalidade, então, em vez disso, você usa seu corpo [...] as pessoas são atraídas pelo estereótipo de pessoas atraentes".[21]

O que é considerado estereotipadamente atraente, e quem pensa dessa forma, é um fator que varia de acordo com raça, classe e cultura. Na pesquisa realizada por Metcalfe e Llewellyn no nordeste da Inglaterra, por exemplo, a expressão do atletismo masculino foi o rúgbi para os meninos que frequentavam uma escola particular inglesa de elite, enquanto o futebol (conhecido como *soccer* na América do Norte) apareceu como o esporte preferido entre os garotos que frequentavam escolas públicas. Os *feeds* dos meninos no Instagram refletiam esses dois ideais baseados em classe.

O pesquisador S. Craig Watkins e seus colegas descrevem como os adolescentes latinos e negros que vivem em comunidades marginalizadas de Austin, Texas, usavam as mídias sociais para explorar a cultura *hip-hop* e demonstrar sua identificação com ela. Alguns deles seguiam seus artistas e bandas favoritos no Twitter e postavam as letras de suas músicas preferidas. Outros encontraram inspiração criativa no YouTube e a canalizaram para sua própria produção musical de *hip-hop*.[22]

Muito embora o conteúdo postado pelos adolescentes nas mídias sociais seja em larga medida direcionado a seus pares, e por eles visualizado, alguns desses adolescentes "viralizam" e ganham muitos seguidores em *sites* como TikTok, Instagram e YouTube. Quem será visto e ficará famoso além das fronteiras de seu grupo de colegas é, mais uma vez, fruto do arbítrio das ideologias culturais mais amplas, reforçado pelo algoritmo de uma plataforma.[23] A pesquisadora Melanie Kennedy observou que as garotas mais populares no TikTok são brancas e ricas, enquanto, por sua vez, os vídeos de adolescentes negros recebem menos atenção.[24] Kennedy argumenta que a combinação do algoritmo do TikTok com os ideais sociais de juventude e beleza baseados em raça e classe "confere a algumas meninas uma excessiva visibilidade e mantém outras incógnitas em suas sombras".[25]

Quando garotas negras atraem a atenção no mundo *on-line*, isso nem sempre é bem-vindo. Em sua análise de vídeos do YouTube nos quais adolescentes negras dançam remexendo os quadris, a pesquisadora Kyra Gaunt descreve a complexa relação entre raça e gênero que define como esses vídeos são recebidos dentro do contexto predominantemente patriarcal e branco do

YouTube, uma receptividade que muitas vezes envolve a exposição de sua sexualidade com o propósito de constranger (*slut-shaming*, em inglês), propostas de cunho sexual e insultos raciais deixados nos comentários dos vídeos.[26]

As dimensões culturais do *sexting*

As normas culturais operam nas postagens públicas no Instagram e no domínio mais privado do *sexting*.[27]

Geralmente denominado "*nudes*" pelos adolescentes, o *sexting* refere-se à prática de enviar, receber ou encaminhar no ambiente *on-line* textos ou imagens sexualmente explícitos.[28] Nem todos os adolescentes se envolvem nessa prática – o índice parece estar em torno de 12 a 17%, sendo os jovens mais velhos e sexualmente ativos e aqueles da comunidade LGBTQ+ os mais propensos a se envolver.[29]

O *sexting* entre adolescentes costuma ser mais consensual do que fruto de coação e geralmente ocorre no contexto de relacionamentos românticos, novos ou já existentes, como forma de incrementar a intimidade e estabelecer confiança.[30] Por esse motivo, a prática de *sexting* pode contribuir positivamente para o desenvolvimento sexual e as experiências de intimidade dos adolescentes.

Ao mesmo tempo, a permanência e a reprodutibilidade das imagens digitais introduzem uma camada significativa de complexidade, que pode vir a causar danos se o relacionamento terminar e um dos parceiros (quase sempre o rapaz, no caso de um casal heterossexual) decidir compartilhar as imagens com outras pessoas. Além disso, existem as veementes mensagens que os adolescentes recebem da sociedade em relação ao caráter inaceitável e o perigo associado ao *sexting*, o que pode complicar ainda mais a prática e o papel dela na vida desses jovens.[31]

A exemplo do que acontece no mundo *off-line* e nas redes sociais, as normas culturais que dizem respeito ao comportamento de gênero também definem as práticas de *sexting* dos adolescentes. Os meninos são mais afeitos a pedir às meninas que lhes enviem fotos sexualmente sugestivas.[32] Quando um relacionamento termina, quase sempre é o garoto que decide compartilhar imagens de sua ex com outras pessoas.[33] Os meninos também são os mais inclinados a "colecionar" fotos sexuais de diferentes meninas e exibi-las a seus amigos como demonstração de uma conquista masculina.[34] Todas essas são maneiras pelas quais os rapazes exercitam sua capacidade de dominação e exibem sua proeza masculina por meio das práticas de *sexting*.

Em comparação com os garotos, as meninas costumam experimentar um sentimento de pânico moral maior no que diz respeito a seu comportamento de *sexting*,[35] o que é compatível com outros medos de caráter moral em torno da sexualidade e do comportamento sexual das meninas.[36] Essas fobias morais geralmente as fazem correr maior risco de virem a ser vítimas de investidas sexuais e, ao mesmo tempo, serem consideradas culpadas por sua promiscuidade sexual. Desse modo, as meninas estão mais expostas ao risco de sofrer danos à reputação e constrangimento por causa da exposição de sua sexualidade, no caso de as imagens de *sexting* serem distribuídas para uma plateia indesejada.[37] As adolescentes podem reconhecer essas pressões culturais, mas têm dificuldade em discerni-las no contexto de suas experiências pessoais em relação a pedidos indesejados e fotos sexuais não solicitadas.[38]

Remando contra a maré

Muitos adolescentes (assim como adultos) estão encontrando formas de se contrapor aos recursos técnicos e às expectativas culturais que os pressionam a se mostrar, agir e avaliar a si mesmos de acordo com determinados padrões.

O surgimento de *finstagrams*, ou contas falsas do Instagram, é um exemplo. Ao contrário da conta principal de uma pessoa nessa plataforma (ou *rista*, conta real), que é pública e pode ter centenas de seguidores de diversas redes, tanto *on-line* como *off-line*, uma conta *finsta* é normalmente bloqueada, associada a um pseudônimo e limitada a um número muito menor de amigos próximos e confiáveis.[39] Quando apenas seus amigos mais confiáveis podem vê-lo, você tem mais liberdade para agir como um tolo e se mostrar irritado, entediado e desleixado.

A pesquisadora Sijia Xiao e seus colegas empregam o termo "reconfigurações íntimas" para descrever a maneira como os jovens usam essas *finstas* para criar no ambiente de convivência com seus amigos mais próximos novas normas, expectativas e culturas que se opõem às pressões sociais predominantes na plataforma.[40] Desse modo, as contas ironicamente denominadas *finstagrams* podem, na verdade, refletir com mais fidelidade quem os adolescentes pensam que são, ao contrário do que acontece com sua conta "real" do Instagram.

Além das *finstas*, muitos adolescentes estão remando contra a maré e optando por seguir o conteúdo #bopo, conteúdo positivo para o corpo, que desafia os ideais de beleza convencionais, em vez de seguir os conteúdos #fitspo ou #thinspo.[41] Eles estão seguindo a tendência "Instagram × realidade", observada no Instagram, tendência esta cuja característica é a publicação, pelas mulheres, de uma autoimagem idealizada ao lado de um retrato mais natural.[42] E, em 2021, surgiu no TikTok uma onda de meninos que rejeitam a cultura do compartilhamento de fotos de cunho sexual.[43]

Todos esses são exemplos de adolescentes que tentam criar para si mesmos experiências digitais autodirigidas em vez de impostas de fora para dentro.

No tocante ao respaldo da comunidade, alguns governos estão procurando interromper o ciclo das comparações sociais e da insatisfação com o próprio corpo alimentadas pelas mídias sociais. Em 2021, a Noruega aprovou um projeto de lei que obriga influenciadores e anunciantes das mídias sociais a adicionarem uma advertência nas fotos editadas.[44] Outros países, entre eles o Reino Unido, estão avaliando a adoção de legislação semelhante.[45]

Muito embora sejam esforços bem-intencionados, a pesquisa sugere que as legendas com advertências não são eficazes para redução das preocupações com a imagem corporal e podem até intensificar as comparações em termos de aparência física.[46] O que parece mais promissor são as tendências lideradas pela comunidade, como os conteúdos positivos para o corpo e as postagens do tipo "Instagram × realidade".[47]

Procurando entender identidades marginalizadas *on-line*

Até aqui eu me concentrei nos principais *sites* de mídia social e nas principais identidades que eles promovem. Contudo, uma característica pioneira e duradoura (embora complexa) da internet é a disponibilização de espaços nos quais as pessoas podem expressar identidades mais marginalizadas, seja em virtude de raça, classe, gênero, sexualidade, condição migratória ou de interseções dessas identidades.[48]

Por exemplo, jovens que procuram entender a identidade de minorias em termos de sexo e de gênero encontraram subculturas *on-line* que destacam e enaltecem essas identidades, em vez de marginalizá-las e estigmatizá-las, como fazem muitos contextos culturais convencionais (*on-line* e *off-line*). Esses jovens representam um percentual pequeno, mas crescente, da juventude em geral – de acordo com uma pesquisa realizada pelo Gallup em 2021, cerca de 1 em cada 5 integrantes da Geração Z se identifica como LGBT.[49]

É provável que você tenha vínculo com pelo menos um desses jovens. Eu tenho.

Minha irmã, Molly, que foi protagonista em meu primeiro livro, *The app generation*,[50] revelou para mim que, na época em que estava cursando o último ano do ensino médio, ela gostava mais de meninas que de meninos, e me contou, na ocasião em que eu começava a escrever este capítulo, que estava usando o plural para se referir a si mesma, enquanto ainda procurava descobrir a extensão de sua identidade de gênero. Molly concordou em compartilhar comigo suas experiências a respeito do papel que as tecnologias conectadas em rede desempenharam na busca do entendimento de sua sexualidade de adolescente e de seu gênero enquanto adulto em formação.

Muito embora Molly e eu sejamos irmãs, nossa diferença de idade, de dezessete anos, nos coloca em gerações diferentes. Na qualidade de integrante da geração X, eu vim a descobrir a internet no ensino médio, só passei a ter uma conta de *e-mail* quando estava na faculdade e aos 25 anos ainda usava um telefone dobrável. Nascida em 1996, Molly faz parte da geração Z, uma geração muitas vezes definida como a primeira a atingir a maioridade desconhecendo a existência de um mundo sem *smartphones* e mídias sociais.

Quando tinha 9 anos, Molly descobriu o programa de TV *South of Nowhere* – uma série americana na qual personagens adolescentes buscam descobrir sua sexualidade. Nessa ocasião, ela teve a sensação de que era diferente das meninas de sua escola só para meninas, mas não entendia bem qual era essa diferença. *South of Nowhere* deu a ela a estrutura conceitual necessária para começar a entender como estava se sentindo. Molly descia as escadas até a sala de estar, quando seus pais (minha mãe e meu padrasto) pensavam que ela estava dormindo, e gravava os episódios para assistir no dia seguinte depois da escola.

Nos anos seguintes, Molly recorreu à internet para explorar o programa além dos episódios apresentados, e foi assim que veio a descobrir as *fanfictions* (histórias escritas por fãs com base nos programas de TV, filmes e livros que adoravam, entre outras mídias). As *fanfictions* fizeram mais do que apenas ajudar Molly a entender o que estava sentindo – também a ajudaram a legitimar o fato de se sentir assim:

Os programas nos quais as histórias de uma *fanfiction* são baseadas eram a forma de validação que ela tinha, mas a *fanfiction* elevou essa validação a outro nível, motivando o sentimento de que "Oh, tudo o que estou sentindo não está errado". [...] Isso conseguiu me proporcionar algo a perseguir que você não consegue encontrar em um programa de TV porque é muito censurado [...] e feito para um público muito mais amplo.

Muito embora eu não soubesse, antes de conversar com ela, que a *fanfiction* havia desempenhado papel tão importante na luta de Molly para entender sua identidade sexual, a descrição feita por ela soou muito familiar para mim. Minha própria pesquisa sobre *fanfiction* me permitiu compreender o importante papel que as comunidades *on-line* de *fanfiction* podem desempenhar na vida de jovens (e adultos) que estão procurando assimilar identidades sexuais e de gênero não normativas.[51] Por meio das *fanfictions*, os jovens LGBTQ+ conseguem reescrever personagens populares com sua própria imagem, uma imagem que eles não costumam ver exteriorizada nem enaltecida.[52]

Enquanto Molly narrava suas experiências com *fanfiction*, eu me lembrei de Ruby Davis (sem parentesco), uma ex-aluna da Universidade de Washington que contribuiu para *Writers in the secret garden*, o livro sobre escritores jovens de *fanfictions* que escrevi em coautoria com Cecilia Aragon.[53] Assim como Molly, Ruby contou a Cecilia e a mim o quanto sua participação nas comunidades de *fanfiction* foi importante para ela durante a adolescência:

Quando comecei a escrever *fanfiction* em 2010, aos 13 anos, era uma aluna homossexual e autista, que cursava o final do ensino fundamental e que ainda não havia percebido que era essas duas coisas. Eu tinha dificuldade de lidar com muitas das situações sociais que eram enfrentadas naturalmente por outras pessoas da minha idade e acabei me isolando de meus colegas na escola. As comunidades de *fanfiction* foram uma saída vital para mim do ponto de vista social. [...] Hoje eu entendo que *fanfictions* – e *fandom* [reino dos fãs] em geral – são fundamentais para minha cultura, identidade e comunidade. Todos os meus amigos mais próximos, tanto do mundo físico como do virtual, são membros de *fanfictions*, e o *fandom* definiu minha identidade de gênero, minha orientação sexual e minhas ideologias políticas.

Molly não é autista, mas, assim como Ruby, ela também teve dificuldades sociais na escola. As outras garotas caçoavam delas por usarem roupas encontradas na seção masculina da loja Gap, e as chamavam "pano de limpar prato". A exemplo de Ruby e Molly, muitos jovens LGBTQ+ que se sentem isolados em um ou mais de seus contextos *off-line* procuram e encontram pessoas no universo *on-line* que expressam e exploram identidades semelhantes, fazem perguntas semelhantes e oferecem apoio aos outros.[54]

As comunidades de fãs estão entre as inúmeras comunidades *on-line* que proporcionam esse suporte.[55] Outro exemplo são as comunidades homossexuais de leitura que surgiram no TikTok e que concentram um público adolescente.[56] A possibilidade de se conectar com pessoas nesses espaços *on-line* pode ajudar jovens LGBTQ+ a se sentirem seguros, aceitos e integrantes de uma comunidade mais ampla.[57]

Muito embora encontrar aceitação no mundo *on-line* tenha sido vital para o desenvolvimento da identidade de Molly, a aceitação *on-line* não foi a solução para os problemas. Na verdade, a experiência da aceitação e da exaltação *on-line* quase sempre pareceu desagradável em comparação com as experiências *off-line* de Molly:

> Foi difícil porque você podia entrar no ambiente *on-line* e ter uma sensação de confirmação, uma sensação de "Existem pessoas lá fora como eu", mas também ficou mais difícil na vida real porque [...] apenas aprofunda o segredo, eu descobri. Não poder compartilhar isso com ninguém *off-line* era muito solitário. Então, enquanto a internet definitivamente me ajudou a sentir que eu não era o demônio, ela aumentou meu sentimento de "eu não pertenço a este lugar"; então foi uma faca de dois gumes.

Em última análise, o que Molly desejava era a experiência de compatibilização entre suas vidas *on-line* e *off-line* e a liberdade de expressar quem ela sabia que era por dentro. Esse tipo de autointegração é uma parcela importante do desenvolvimento da identidade e um sustentáculo para o bem-estar psicológico.[58]

Durante o curso da adolescência, Molly acabou conseguindo compatibilizar melhor suas vidas *on-line* e *off-line*. Nos primeiros anos das buscas *on-line* pela descoberta da identidade, Molly evitou com frequência postar no Facebook qualquer coisa remotamente relacionada à sua sexualidade. Com o tempo, no entanto, quando se sentiu mais confiante em sua identidade sexual, ela encontrou no Facebook e no Instagram uma forma de testar a reação de amigos e familiares do mundo *off-line*, postando fotos em que aparecia com a namorada. Ela se revelou nessas plataformas, não com uma publicação declarando "sou homossexual", mas postando fotos na companhia da namorada, o que gradativamente ia deixando claro que ali estavam mais do que simples amigas.

A experiência da revelação de Molly faz lembrar outros adolescentes que estão procurando entender identidades marginalizadas no mundo *on-line*. Esses adolescentes usam recursos específicos da plataforma para controlar como, quando e para quem eles se assumem. Por exemplo, os *stories* do Snapchat podem ser compartilhados com um grupo menor, assim como um *story* do Amigos Próximos no Instagram.[59]

Paul/a, um jovem não binário entrevistado pelos pesquisadores Adam Bates, Trish Hobman e Beth Bell, descreveu como eles usavam os controles de privacidade das mídias sociais para se assumir de forma gradativa e sutil perante os familiares.[60] A princípio, Paul/a bloqueou o acesso de seus familiares a todo o conteúdo relativo a gênero e sexualidade. Com o tempo, foi ampliando o acesso da família a esse conteúdo, usando suas postagens no Facebook como uma forma indireta de se assumir perante a família, em vez de ter com eles uma conversa explícita: "se eu não precisar me assumir para eles e eles simplesmente souberem, fica muito mais fácil".

Durante esse processo de revelação gradativa no Facebook, Paul/a postou um vídeo sobre conscientização transexual que eles criaram e permitiu que sua família o acessasse. Eles descreveram como usaram o vídeo para avaliar a reação da família à sua identidade de gênero:

> Também estava implícito em minha legenda que eu não era binário, embora obviamente o vídeo diga isso de maneira explícita, então vou postá-lo e ver se alguém faz um comentário. [...] E eu acho que algumas pessoas como minhas tias ou algo assim gostaram, então eu me sinto assim, legal, então eles sabem [...], mas poxa, meus avós não mencionaram isso, mas [...] eu acho que quero começar [...] a fazer isso mais vezes e sinto que as mídias sociais são [...] úteis para isso, porque sou um pouco tosco para falar sobre coisas sérias cara a cara.

Além de permitir que Paul/a se assumisse perante a família em seus próprios termos, os controles de privacidade também facilitaram o processo de integração de suas identidades *on-line* e *off-line*. A exemplo do que aconteceu com Molly, o esforço no mundo *on-line* para descobrir sua identidade tinha menos a ver com a experimentação de identidades totalmente novas *on-line* e mais com a exploração de várias expressões de identidade compatíveis com quem eles já sabiam que eram.[61]

Projeto e marginalização

Nem todos os jovens cuja identidade é marginalizada experimentam segurança e aceitação no mundo *on-line*.[62] Alguns adolescentes são deixados de fora do grupo pelos demais, mesmo contra a sua vontade, o que traz consequências sociais e psicológicas negativas.[63] Outros adolescentes encontram em comunidades de fãs aceitação de sua identidade homossexual, mas são vítimas de racismo por não pertencerem à raça branca.[64]

A tecnologia não criou a homofobia, o racismo ou outras formas de discriminação. Mas determinados recursos de projeto e as ações que eles possibilitam contribuem de fato para as ameaças que os adolescentes marginalizados vivenciam diariamente.

O pesquisador Alexander Cho descreveu a *publicidade-padrão* dos espaços *on-line* que potencializa esse risco. Publicidade-padrão não diz respeito ao fato de uma postagem ser pública ou privada, mas sim a um viés de projeto que valoriza mais a conexão das identidades *on-line* e *off-line* de uma pessoa.[65] Mark Zuckerberg tornou explícito esse viés de projeto quando declarou, em 2010:

> Os dias em que você tinha uma imagem diferente para seus amigos ou colegas de trabalho e para as outras pessoas que você conhece provavelmente estão chegando ao fim muito depressa. [...] Possuir duas identidades para si mesmo é um exemplo de falta de integridade.[66]

Nós podemos presumir com boa dose de certeza que Mark Zuckerberg se preocupa menos com nosso caráter moral do que com os resultados financeiros de sua empresa. Publicidade-padrão é parte integrante do modelo de negócios de plataformas como Facebook, Instagram e Twitter. Elas ganham mais dinheiro quando dispõem de dados sobre seus usuários, porque isso permite que seus anunciantes atinjam o público-alvo com conteúdo personalizado. As postagens com nomes diferentes, que não correspondem ao nome usado no mundo *off-line* ou nas redes sociais, dificultam mais essa tarefa.

A publicidade-padrão ignora o fato de que, para muitas pessoas, inclusive os jovens homossexuais, a expressão de determinadas identidades pode acarretar riscos reais. Por exemplo, dois jovens homossexuais, não brancos, entrevistados por Cho relataram como eles foram rejeitados por seus familiares depois que alguns deles viram no Facebook conteúdo que os jovens não postaram com o intuito de que fosse visto (apesar do uso cuidadoso de controles de privacidade e de outras soluções alternativas).[67]

Publicidade-padrão não é a norma adotada por todos os *sites* de mídia social. O Tumblr, por exemplo, tornou-se popular na comunidade homossexual – inclusive entre os jovens – em parte porque não era esperado que se usasse o nome oficial, nem que fossem fornecidos dados demográficos reconhecidos pelo censo, tampouco que houvesse mapeamento de conexões na plataforma para pessoas conhecidas *off-line*.[68] Além disso, havia uma probabilidade pequena de que avós, tias e tios conhecessem o Tumblr – muito menos que o usassem –, o que tornava mais fácil para os jovens homossexuais a preservação do anonimato, o que muitas vezes não era possível em outros *sites* de mídia social.[69]

Logo no início, o Tumblr tomou outras decisões de projeto e governança que atraíram a juventude marginalizada.[70] Ele não é baseado em perfis. Ao contrário das células pré-rotuladas que normalmente encontramos nas plataformas de mídia social, os usuários do Tumblr criam *blogs* nos quais podem adicionar livremente qualquer informação que desejarem. Eles têm a possibilidade de criar quantos *blogs* secundários ou laterais quiserem, e esses blogs podem ser privados e protegidos por senha. Mais do que outros *websites* como o Instagram, o Tumblr estimula a publicação de um espectro mais amplo de conteúdo por meio de botões que indicam texto, fotos, citações, *links*, bate-papo e postagens de áudio ou vídeo. A inexistência de imposição de direitos autorais, de publicidade direcionada (até 2015) e de censura a conteúdo sexualmente explícito (até 2018) favoreceu ainda mais a sensação de liberdade para expressão de um vasto grupo de identidades.

Pelo fato de tantas pessoas homossexuais terem sido atraídas pelos recursos do Tumblr, surgiu um conjunto de valores positivos em torno da expressão e da discussão da identidade homossexual na plataforma.[71] Molly, que se dedicava à leitura de *fanfiction* principalmente no Tumblr, observou: "É um ótimo *website* para pessoas que se sentem sem espaço na mídia [convencional]". Esse éthos se estendeu às pessoas homossexuais não brancas, que encontraram no Tumblr um refúgio seguro, onde podiam discutir questões relacionadas às interseções de raça, gênero e sexualidade.[72]

Os recursos do Tumblr mostram um contraste marcante em relação a outras plataformas de mídia social como Facebook e Instagram. É importante lembrarmos que o Facebook já existia havia mais de dez anos quando decidiu mudar seu código, substituindo a escolha binária entre gênero masculino ou feminino pela viabilização de maior variedade de expressões de gênero.[73]

Ao contrário da pseudonimização possível no Tumblr, *sites* como Facebook e Instagram são mais voltados à publicidade-padrão.[74] Esse viés de projeto fica evidenciado quando uma plataforma solicita acesso a seus contatos telefônicos e sugere que você se conecte com eles na plataforma.[75] Fica claro também quando você é solicitado a conectar sua conta de usuário a seu número de celular, sua conta de *e-mail* e seu endereço físico, entre outras formas de verificação da identidade. Do mesmo modo, essa parcialidade resta demonstrada pelo nível de aptidão que você precisa desenvolver para ser capaz de descobrir como alterar suas configurações de privacidade, cujo padrão em muitas plataformas de mídia social é o compartilhamento público de conteúdo.

Todas essas decisões de projeto são fundamentais para as experiências distintas que os jovens marginalizados têm no Tumblr em comparação com Facebook e Instagram.

Muito cuidado com o buraco do coelho dos algoritmos

O projeto também desempenha papel importante na definição dos algoritmos, o código que é responsável por induzir a permanência dos usuários nas plataformas de mídia social por um tempo consideravelmente maior do que eles pretendiam ficar. Muitos adolescentes relatam redução da sensação de bem-estar depois de passar uma hora (ou seis) subjugados por esses tais buracos do coelho algorítmicos.[76] Muito embora um adolescente possa ter entrado inicialmente no YouTube ou no TikTok para assistir a um único vídeo, os algoritmos, que parecem conhecê-lo bem demais, o fazem ficar assistindo por muito mais tempo do que ele havia inicialmente previsto.

Considere as experiências de Brandon, um jovem de 18 anos, que acabara de concluir o último ano do ensino médio quando conversei com ele, no verão de 2020. Brandon foi entrevistado por minha equipe de pesquisa no início da pandemia e, desde então, respondeu a uma série de breves levantamentos sobre suas atividades diárias, incluindo como ele estava se sentindo e como estava usando a tecnologia.

A exemplo do que observamos com os outros adolescentes com quem conversamos, a tecnologia foi uma tábua de salvação para Brandon durante a pandemia.[77] Ele conseguiu concluir o último ano do ensino médio via Zoom e até se submeteu a dois testes do programa Advanced Placement (AP) em seu computador, em casa, testes estes nos quais foi aprovado. Como a maioria das temporadas esportivas fora cancelada, ele alimentou seu profundo interesse por esportes profissionais ouvindo *podcasts*, assistindo a programas da ESPN e vídeos do YouTube e navegando pelos *feeds* relacionados a esportes no Instagram e no Twitter.

Livre dos deslocamentos de ida e volta da escola, precisando de menos tempo para as aulas *on-line* e com o cancelamento de compromissos regulares como os jogos de Ultimate Frisbee e as tarefas extracurriculares, Brandon dispunha de muito mais tempo para jogar seus *videogames* favoritos. Ele passava cerca de 2 a 4 horas em qualquer dia praticando jogos como *Fallout 3* e *NBA 2K*. Ele conseguia relaxar e se entreter por meio de músicas e vídeos no Spotify, na Netflix e no YouTube. O incremento no uso de tecnologia por Brandon durante a pandemia reflete tendências mais gerais entre os adolescentes nos Estados Unidos. De 2015 a 2019, o uso médio das mídias pelos adolescentes aumentou apenas 3%; de 2019 a 2021, o aumento foi de 17%.[78]

Brandon manteve contato com seus amigos próximos por meio de bate-papos via SMS, Snapchat e Instagram. O Twitter o manteve atualizado sobre as notícias relacionadas à pandemia e aos protestos do Vidas Negras Importam (*Black Lives Matter* – BLM). Ele também usou o Instagram para se informar sobre os horários e os locais desses protestos em sua região: quando conversei com Brandon, ele havia participado de quatro protestos junto os amigos mais próximos (no Capítulo 8, trataremos do papel das mídias sociais no engajamento cívico dos jovens).

Não é necessário dizer que Brandon se sentiu muito gratificado por ter acesso à tecnologia durante um período altamente incomum que o afastou de muitos temas de sua rotina diária. Mesmo com a tecnologia o mantendo ocupado, entretido e conectado, Brandon se sentia como se estivesse "ocioso" a maior parte do tempo. Ele se descreveu como menos produtivo do que antes da pandemia, porque havia então muito mais demandas em relação a seu tempo. "Tenho mais tempo para fazer coisas, mas é apenas mais tempo para não fazer nada. [...] Não tem alguma coisa que eu esteja querendo ou tenha de fazer."

Brandon reconheceu que seu acesso à tecnologia e o uso dela contribuíram para esse sentimento:

> Com toda a tecnologia a meu dispor, eu passo muito tempo sem fazer nada e fico acordado até as duas da manhã em vez de ir para a cama em um horário razoável; e eu poderia estar dormindo mais. Eu poderia estar correndo ou algo assim em vez de fazer todas essas coisas, ou talvez procurando novos passatempos. Entendo que há, definitivamente, desvantagens na possibilidade de ter todas essas coisas a meu alcance e apenas ficar assistindo a coisas fortuitas o tempo todo.

A tecnologia foi sim uma tábua de salvação, mas também uma forma de preencher o tempo com "coisas fortuitas" (sugeridas a ele pelos algoritmos das mídias sociais), que faziam Brandon se sentir improdutivo e insatisfeito.

Nós ouvimos comentários semelhantes de diversos adolescentes que entrevistamos durante os primeiros meses da pandemia de coronavírus e descobrimos que era maior a probabilidade de esses adolescentes também relatarem níveis mais baixos de bem-estar.[79] Sophie, de 15 anos, contou: "Eu acho que gostaria de não estar usando tanto o celular só para fazer coisas estúpidas. Vou assistir de novo a programas de TV antigos ou brincar com jogos idiotas e realmente não sei o que mais posso fazer". Lily, de 17 anos, ponderou: "Eu acho que gostaria de não estar usando tanto [a tecnologia], mas também não há muito mais o que fazer".

Não existe nada particularmente alarmante nessas descrições do uso da tecnologia, e eu imagino que muitos de nós podemos nos identificar com esse sentimento de estar empregando a tecnologia para preencher o tempo, e depois sentir como se esse tempo tivesse sido desperdiçado. Meus colegas e eu demos a essa experiência o nome de "fator repugnância de trinta minutos",[80] quando as pessoas tiram os olhos de seus dispositivos, em geral depois de cerca de trinta minutos, e se perguntam para onde foi o tempo e o que elas têm para mostrar.

Ao mesmo tempo, é muito importante a ausência de intencionalidade que essas citações revelam, porque sugere uma postura em relação à tecnologia que é caracterizada pela falta de autodireção. Em outras palavras, parece que esses adolescentes não estão no comando de muitas de suas experiências tecnológicas e têm pouco respaldo da comunidade para ajudá-los a retomar o controle. Em vez disso, os algoritmos das mídias sociais estão dando as cartas.

Será que as crianças estão bem?

Eu já mencionei o crescimento observado nos últimos anos das taxas de depressão, ansiedade, automutilação e suicídio entre os adolescentes,[81] bem como as relações entre as comparações sociais *on-line* e os efeitos negativos sobre a saúde mental.[82] O quanto devemos nos preocupar no que diz respeito ao bem-estar dos adolescentes e às mídias sociais, e com quem, exatamente, devemos estar preocupados?

Do mesmo modo que nos debates sobre crianças assistindo à televisão (Capítulo 2) e jogando *videogames* (Capítulo 4), não é difícil encontrarmos evidências de efeitos positivos, negativos e neutros das mídias sociais para o bem-estar dos adolescentes.[83] Em termos gerais, e considerando dados em nível populacional, os efeitos da tecnologia sobre a saúde mental e o bem-estar dos adolescentes — sejam esses efeitos positivos ou negativos — parecem ter pouca significância.[84]

Mas lembre-se de que na introdução eu observei que esse tipo de dado, embora útil para identificar tendências gerais, não é conveniente como fonte de informações sobre as experiências dos jovens individualmente. Quando se trata de adolescentes e bem-estar, podemos considerar os pequenos efeitos identificados em estudos de larga escala e concluir que a tecnologia não está tendo um impacto tão grande — bom ou ruim — sobre o bem-estar desses jovens. E, muito embora isso possa ser verdade em nível global, é possível que estejam sendo negligenciadas importantes dinâmicas e variações individuais.

Quando os pesquisadores analisam mais detalhadamente os dados de nível global, como as diferenças entre as idades, eles começam a perceber alguns padrões interessantes. A pesquisadora Amy Orben e seus colegas identificaram dois períodos no decorrer da adolescência nos quais o uso de mídias sociais pelos adolescentes corresponde a um menor nível de bem-estar — o primeiro período por volta da puberdade (de 11 a 13 anos para meninas e de 14 a 15 para meninos) e o segundo, em torno dos 19 anos.[85] A maior especificidade fornecida por estudos como esse é proveitosa. Por exemplo, eles sugerem períodos em que o adiamento do uso das mídias sociais pode ser benéfico para os adolescentes (pré-adolescência) e fases nas quais os adolescentes podem precisar de algum respaldo adicional da comunidade (adolescência tardia). Ainda assim, esses estudos em nível populacional não nos dizem muito sobre as experiências que os jovens estão tendo individualmente com as mídias sociais.

Por sorte, há um reconhecimento crescente entre os pesquisadores da importância de levarmos em consideração as dinâmicas específicas de cada pessoa, bem como o nível global, no que diz respeito a adolescentes, tecnologia e bem-estar.[86] Um método ao qual os pesquisadores estão recorrendo cada vez mais é denominado amostragem de experiências. Ele envolve a coleta de dados em tempo real de adolescentes tomados individualmente – na forma de levantamentos rápidos enviados diretamente para seus telefones ou de coleta passiva de dados (por exemplo, frequência cardíaca, passos dados) fornecidos por dispositivos vestíveis – à medida que eles realizam suas atividades diárias. Um dos benefícios da amostragem de experiências é sua capacidade para gerar muitos dados relativos a uma única pessoa ao longo do tempo, permitindo que os pesquisadores consigam fazer uma análise específica para os adolescentes individualmente sobre a forma como o uso da tecnologia e o bem-estar mudam e se relacionam no decorrer do tempo.

Por exemplo, em um estudo por amostragem de experiências, as pesquisadoras Ine Beyens, Patti Valkenburg e seus colegas do Projeto AWeSome (sigla em inglês para adolescentes, bem-estar e mídias sociais) observaram um grupo de adolescentes seis vezes por dia durante uma semana com o propósito de analisar a relação entre a forma como cada adolescente usava as mídias sociais e seu bem-estar subjetivo. Considerando 42 levantamentos, com cada um deles se ocupando de 63 adolescentes, menos algumas coletas perdidas, o resultado indica 2.155 avaliações individuais – o que representa um volume bem grande de dados para um grupo relativamente pequeno de adolescentes!

Os pesquisadores descobriram que a relação entre o uso das mídias sociais e o bem-estar variava de um adolescente para outro.[87] Para quase metade dos pesquisados (cerca de 44%), não foi observada qualquer relação ou houve apenas uma relação muito pequena entre o uso passivo das mídias sociais e o bem-

-estar;[88] para quase 10% dos adolescentes, observou-se um relacionamento negativo fraco ou moderado; e para o restante (cerca de 46%) foram constatados diversos níveis de relação positiva entre o uso das mídias sociais e o bem-estar, com variação de fraco a forte.

Se os pesquisadores tivessem analisado seus dados apenas no nível do grupo, e se não tivessem feito distinção na forma como os adolescentes estavam usando as mídias sociais (uso ativo *versus* passivo), eles teriam negligenciado uma variação importante entre os jovens pesquisados tomados individualmente.[89]

De modo geral, então, a maioria dos adolescentes parece estar indo bem, mas existem alguns para os quais o uso das mídias sociais está gerando efeitos negativos em termos de saúde mental. Com base nas discussões que apresentamos neste capítulo e no Capítulo 6, os adolescentes que se sentem pressionados pelo estresse digital, que sofrem *cyberbullying*, que se envolvem em comparações de caráter social e sofrem repercussões negativas ao expressar identidades marginalizadas são aqueles com os quais devemos nos preocupar mais. Isso é especialmente verdadeiro quando eles já são portadores de problemas de saúde mental antes de começarem a se envolver nas atividades *on-line* ou se carecem do respaldo da comunidade em que vivem, ou as duas coisas.

Fazendo uma pausa para rever os três Ds

O que está acontecendo no tocante ao *desenvolvimento*: a adolescência é um período de maior vulnerabilidade decorrente das enormes mudanças neurobiológicas que aumentam a reatividade emocional dos adolescentes diante dos desafios da vida, tanto os grandes como os pequenos.[90] Embora a maioria deles desenvolva resiliência em resposta aos desafios que vivenciam, os índices de depressão, ansiedade, automutilação e suicídio têm aumentado em um ritmo alarmante nos últimos anos, especialmente entre adolescentes do sexo feminino e adolescentes da comunidade LGBTQ+.[91]

Muito embora não tenhamos condições de estabelecer conexão direta entre mídias sociais e taxas crescentes de distúrbios de saúde mental em adolescentes, existe ampla evidência – incluindo a própria pesquisa interna do Facebook – sugerindo que as mídias sociais, no mínimo, contribuem para esse problema. Resultados de pesquisas mostram que a exposição a imagens idealizadas nas mídias sociais – mesmo por um curto período – pode desencadear comparações sociais e levar muitos adolescentes a sentirem que não correspondem aos padrões idealizados.[92]

Em uma época na qual os adolescentes estão descobrindo quem são em relação a seus amigos e à sociedade mais amplamente, lembretes constantes de que não estão à altura dos ideais da sociedade podem custar caro demais em termos psicológicos. Aqueles adolescentes cuja identidade é marginalizada enfrentam um desafio adicional pelo fato de que os algoritmos que controlam plataformas como TikTok e Instagram enaltecem e amplificam os ideais predominantes de beleza e popularidade.[93]

Analisando em *profundidade* (*deeper*): ao analisar dados globais, os pesquisadores identificaram relações pouco significativas entre o uso da tecnologia pelos adolescentes e seu bem-estar mental.[94] Algumas vezes essas relações são positivas, e outras – que parecem mais frequentes – são negativas.[95] No entanto, quando analisamos em mais profundidade os adolescentes tomados individualmente – como acontece com métodos de coleta de dados *in situ*, como as amostragens de experiências –, observamos grande variação em termos de valência (positiva ou negativa) e intensidade dessa relação.[96]

Entre os adolescentes com maior risco de sofrerem efeitos negativos estão aqueles que se sentem pressionados pelo estresse digital, que são vítimas de *cyberbullying*, que se envolvem em comparações sociais e sofrem repercussões negativas pelo fato de expressarem identidades marginalizadas. Também a experiência de se sentirem sugados para o buraco do coelho algorítmico tem implicações sobre a redução do nível de bem-estar dos adolescentes, o que pode levá-los a sentir que desperdiçaram seu tempo e deixaram de lado outras atividades mais significativas.[97] Todas essas vivências são marcadas pela carência de autodireção, um componente fundamental das experiências digitais que contribuem para o desenvolvimento.

Também nos aprofundamos, neste capítulo, na análise de adolescentes que expressam e buscam encontrar no ambiente *on-line* identidades marginalizadas. As experiências vividas por minha irmã, Molly, ilustraram como esses adolescentes conseguem encontrar espírito comunitário e confirmação em comunidades *on-line* das quais participam outras pessoas com identidades semelhantes, e seus aliados. Essa condição pode ser uma dádiva para a percepção do valor próprio e o processo de desenvolvimento da identidade desses adolescentes, mas não é isenta de complicações. Por exemplo, antes de Molly se assumir perante sua ampla rede de amigos e familiares, ela às vezes achava desagradável e até mesmo solitário manter sua identidade de gênero fechada em comunidades pseudônimas *on-line* como o Tumblr. Outros adolescentes podem encontrar aceitação para um aspecto de sua identidade, como se identificar como LGBTQ+, e, no entanto, ser vítima de discriminação em decorrência de outro aspecto dessa identidade, como sua raça.[98] Esses são exemplos nos quais há carência do respaldo da comunidade para as experiências digitais dos adolescentes.

Considerações de *projeto* (*design*): projeto e cultura se inter-relacionam de maneiras complexas quando se trata das experiências dos adolescentes com as mídias sociais. As empresas de tecnologia não criaram os ideais de beleza predominantes dos dias de hoje, assim como não criaram o racismo, a misoginia, a homofobia ou a transfobia. No entanto, seus algoritmos – programados para prender a atenção do maior número de pessoas – amplificam todos esses comportamentos discriminatórios. A combinação desses algoritmos com recursos voltados para imagens, como perfis, filtros e efeitos, e recursos baseados em métricas, como curtidas, comentários e republicações, guarda um enorme potencial para causar danos reais à saúde mental dos adolescentes.

Outra fonte de dano potencial é a publicidade-padrão de *sites* convencionais como Instagram, Twitter e Facebook, que estimulam os usuários a vincular seus perfis *on-line* à sua identidade *off-line* e suas redes sociais.[99] Esse viés de projeto pode ser ameaçador para adolescentes cuja identidade é marginalizada, e eles podem vir a enfrentar repercussões negativas se seus universos *on-line* e *off-line* vierem a se encontrar, mesmo que de maneira involuntária.[100]

Muitos adolescentes encontraram formas de resistência a esses recursos de projeto e às pressões que enfrentam no ambiente *on-line*. Eles estão procurando conteúdo como #bopo em vez de #thinspo, seguindo postagens do tipo Instagram *versus* realidade e contornando a publicidade-padrão dos *sites* de mídia social por meio de *finstas* – contas bloqueadas, pseudônimas e restritas do Instagram –, que lhes proporcionam maior liberdade para revelar as dimensões menos condicionadas e refinadas de sua identidade.

Muito embora seja encorajador ver os adolescentes assumirem o controle de suas experiências tecnológicas dessa maneira, o ônus não deve recair apenas sobre eles. Nós sabemos por meio de exemplos como o Tumblr (pelo menos em sua instância anterior a 2018)[101] que as empresas de mídia social podem levar em consideração mais que simplesmente o tamanho de sua receita de publicidade ao tomar decisões sobre o projeto de suas plataformas. A publicidade-padrão não deveria definir o projeto-padrão.

Por exemplo, em vez de ter a atenção como objetivo máximo, as empresas de tecnologia poderiam mudar seu foco visando incorporar maior ênfase no bem-estar dos adolescentes. Essa guinada exigiria que recursos como os sistemas de recomendação, os filtros e as métricas, inclusive curtidas e comentários, fossem reformulados.[102] Também exigiria a incorporação da dimensão de desenvolvimento dos adolescentes no processo de elaboração do projeto, incluindo a importância para eles do desenvolvimento de sua identidade e da aceitação pelos colegas, bem como sua vulnerabilidade cada vez maior à comparação social, às preocupações com o corpo e aos distúrbios de saúde mental.

Quando as plataformas falham em apoiar o bem-estar dos adolescentes, a resistência da comunidade se mostrou eficaz. Os usuários do Tumblr fizeram isso após a proibição de conteúdo adulto em 2018, usando táticas de movimentos sociais como petições e boicotes.[103] Quando os usuários do TikTok descobriram que o algoritmo da página For You deixava visíveis certas identidades LGBTQ+ (por exemplo, pessoas LGBTQ+ brancas) enquanto ocultava outras (por exemplo, pessoas LGBTQ+ não brancas), eles iniciaram um protesto por meio da republicação ou da recriação do conteúdo que havia sido retirado, bem como pelo engajamento com *hashtags* específicas da comunidade LGBTQ+ e pelo uso extensivo do recurso "curtir", a fim de promover conteúdo oculto.[104] No Capítulo 8, examinaremos mais de perto a grande diversidade de maneiras pelas quais os jovens estão usando tecnologias de rede com o propósito de organizar e reforçar suas vozes de atores cívicos.

8

O ativismo *on-line* dos adultos emergentes

O desenvolvimento da identidade não termina com a adolescência. À medida que os jovens fazem a transição para a maturidade emergente (aproximadamente entre 19 a 25 anos), sua percepção da própria identidade geralmente se expande para entrar em sintonia com um interesse crescente nas questões culturais, sociais e políticas. Para muitos, os temas a que foram apresentados e com os quais se envolveram durante a adolescência assumem importância cada vez mais central em sua vida durante esse período do desenvolvimento.

No final da adolescência e início dos 20 anos, muitos jovens são movidos por um desejo crescente de conectar seu senso de identidade a questões e preocupações que ultrapassam as fronteiras do próprio ser. Era assim antes de as tecnologias em rede se tornarem essenciais como são atualmente para a estruturação dessas conexões. Os adultos em formação nos dias de hoje são apresentados a inigualáveis oportunidades *on-line* para expressar suas vozes publicamente e conectá-las a debates sociais em andamento.

Este capítulo examina as maneiras pelas quais os jovens usam as tecnologias conectadas em rede para se engajarem nos temas que interessam a eles. Nós vamos analisar como as formas *on-line* de ativismo podem ser fortalecedoras ou psicologicamente estressantes para adultos em formação, dependendo de suas experiências digitais serem ou não autodirigidas e respaldadas pela comunidade.

Um crescente sentimento de propósito

O cérebro humano continua a se desenvolver por vias importantes até a terceira década de vida.[1] As áreas mais impactadas pelas mudanças – como o córtex pré-frontal – sustentam a capacidade de conexão de valores, desejos e crenças pessoais com pessoas e interesses que ultrapassam as fronteiras do próprio eu.[2]

O desenvolvimento de um sentimento de propósito que transcende o eu é um aspecto importante da evolução pessoal saudável na maturidade emergente.[3] Por meio do engajamento em questões como mudança climática e desigualdade de renda, aqueles que estão entrando na idade madura abraçam um sentido de propósito que ajuda a dar direção e significado para sua vida.

Por exemplo, o engajamento cívico pode promover resiliência e bem-estar entre jovens negros e indocumentados (embora, como veremos mais adiante, esse engajamento também possa envolver custos emocionais, como estresse e tensões nas relações interpessoais).[4] No período da pandemia, que provocou graves efeitos negativos na situação financeira e na saúde mental daqueles que estavam entrando na vida adulta, os jovens norte-americanos que se envolveram em ações de promoção da justiça racial – independentemente de sua própria raça – relataram níveis mais elevados de bem-estar.[5]

Os adultos emergentes dos dias de hoje pertencem a uma das gerações mais motivadas que o mundo já conheceu a lutar por um ideal.[6] Ao entrarem para o mercado de trabalho, são imensos os problemas com os quais esses jovens são obrigados a lidar e, em alguns casos, problemas existenciais: disparidades no acesso a assistência médica e educação de qualidade, bem como ao direito de voto e a bairros seguros; leis que impedem jovens imigrantes indocumentados de buscar educação superior; aumento das desigualdades de renda e bens; mudanças climáticas e seus impactos desiguais em todo o mundo; discriminação permanente em função de gênero, sexualidade, raça e religião; racismo sistêmico que reproduz e reforça o tratamento desigual recebido por pessoas racialmente marginalizadas dentro das instituições da sociedade; e a proliferação de desinformação e informações falsas, problema que impede o tipo de discussão fundamentada necessária para o enfrentamento dessas questões de primordial importância.

As tecnologias conectadas em rede são a estrutura que serve de sustentáculo para a conscientização dos jovens sobre essas questões prementes e seu envolvimento com elas.[7] Essas tecnologias redefiniram o que significa estar engajado

O ativismo *on-line* dos adultos emergentes

em nosso mundo, proporcionando novas oportunidades, bem como desafios consideráveis para aqueles que estão entrando na vida adulta nos dias de hoje.

Instrumentos mais inteligentes, engajamento mais amplo

Há cerca de quinze anos, pesquisadores (e muitos cidadãos da sociedade em geral) lamentavam a falta de engajamento cívico dos jovens, destacando a redução crescente dos indicadores tradicionais de participação cívica, como a afiliação a um sindicato, o comparecimento frequente a serviços religiosos, a leitura de jornais e o ato de votar.[8]

Outros pesquisadores prontamente contestaram essa narrativa, chamando a atenção para os muitos jovens que estavam se organizando no universo *on-line* e atuando fora das instituições tradicionais.[9]

Um exemplo pioneiro foi um protesto estudantil em 2006 que envolveu quase 40 mil estudantes do sul da Califórnia, um protesto contra uma proposta de legislação para controle da imigração, dispositivo que afetaria os imigrantes não portadores de documentos de identificação oficiais.[10] Os estudantes usaram as ferramentas conectadas em rede disponíveis na época, incluindo mensagens instantâneas, chamadas via celular e a rede social MySpace, para divulgar e organizar a manifestação. Outras manifestações lideradas por estudantes se seguiram em cidades de todo o país.[11]

Esses protestos se transformaram no movimento liderado por jovens denominado DREAM, nome inspirado na Lei de Desenvolvimento, Assistência e Educação para Menores Estrangeiros (*DREAM Act*, em inglês), que, se aprovada pelo Congresso dos EUA, abriria caminho para a obtenção da cidadania por estudantes indocumentados.

Assim como as ferramentas conectadas em rede evoluíram, também evoluíram as práticas dos "Dreamers". As pesquisadoras Liana Gamber- -Thompson e Arely Zimmerman descrevem os milhares de depoimentos em vídeo que esses jovens enviaram para *sites* como o YouTube e o Vimeo, compartilhando histórias pessoais relacionadas à sua condição de imigrante sem documentos de identidade oficiais. Outras ações incluem o compartilhamento com os pares, por meio das mídias sociais, de notícias e opiniões sobre política e a publicação de *podcasts* e *blogs* acerca de suas experiências na condição de jovens indocumentados.

Atos como esses, por meio das mídias digitais, permitiram que os Dreamers promovessem um movimento nacional pelos direitos dos imigrantes.[12] Gamber-Thompson e Zimmerman observam que a capacidade de utilização das mídias digitais para fins cívicos tem um significado particular no caso dos Dreamers, pois a eles é negado o acesso a muitas formas tradicionais de participação cívica, como votar ou concorrer a um cargo eletivo.

As ferramentas digitais permitem que jovens indocumentados tenham suas vozes ouvidas e se conectem com outras pessoas que compartilham de experiências semelhantes. Por meio de práticas como postar vídeos *on-line* sobre assumir abertamente sua condição de imigrante sem documentos oficiais, os Dreamers estão afirmando sua identidade publicamente e nos próprios termos e, em contrapartida, estão recebendo a confirmação por parte de outras pessoas.[13] Dessa forma, suas experiências digitais são autodirigidas e respaldadas pela comunidade.

Portas de entrada culturais para o engajamento cívico

No decorrer de sua pesquisa, Arely Zimmerman observou que, ao descrever seu ativismo, muitos dos jovens indocumentados com quem conversou tinham como modelo a figura de super-heróis – de X-Men e Liga da Justiça ao Homem-Aranha e o Super-Homem.[14] Em seu *blog*, o ativista dos direitos dos imigrantes Erick Huerta usou os quadrinhos do Super-Homem para exemplificar suas experiências enquanto jovem sem documentos oficiais nos Estados Unidos. Conforme Huerta explicou, o Super-Homem veio "de outro planeta [...] e cresceu nos Estados Unidos, assim como eu".[15]

Jovens ativistas como Huerta utilizam esse tipo de imagística cultural para estimular a "criatividade cívica" de outros jovens. Ao conectar mundos fictícios como o do Super-Homem a questões do mundo real, como o direito de imigração,[16] os jovens conseguem "visualizar alternativas para instituições ou problemas de cunho social, político ou econômico da atualidade".[17]

Henry Jenkins, o acadêmico que se dedica ao estudo das mídias, escreveu bastante sobre o potencial cívico da participação cultural dos jovens e o papel fundamental das mídias digitais para a realização desse potencial.[18] De acordo com Jenkins e outros pesquisadores depois dele,[19] as mídias digitais deram origem a uma *cultura de participação* cuja característica são os baixos custos de transação que possibilitam aos jovens a criação e a distribuição de seu próprio conteúdo para um público muito amplo, sem a necessidade de enfrentar as barreiras de comunicação tradicionais, como localização geográfica, tempo e filtros institucionais. Com frequência, esse conteúdo envolve a recombinação de símbolos e produtos culturais existentes, uma prática comum nas *fanfictions* e *fanarts*.

Não é por acaso que o Tumblr atrai não apenas adeptos como também ativistas que lutam pela justiça social. Conforme discutido no Capítulo 7, muitos jovens lançam mão de *fanfictions* no Tumblr como mecanismo de exposição de suas identidades marginalizadas.[20] Por meio da escrita e disseminação de *fanfictions*, que reinventam personagens com o objetivo de se parecerem mais com eles, autores e leitores de *fanfiction* criticam sua marginalização dentro da cultura dominante e apresentam uma possibilidade diferente. Isso é uma forma de ativismo.

As pesquisadoras Katrin Tiidenberg, Natalie Ann Hendry e Crystal Abidin descrevem como os recursos e as propriedades do Tumblr ajudaram a despertar a receptividade do *site* à justiça social. Por exemplo, o recurso de *reblog* facilita a recombinação de conteúdo, permitindo que os usuários republiquem a postagem de outra pessoa em seu próprio *blog* e alterem-na durante esse processo (por exemplo, encurtando a postagem ou fazendo adições a ela). Os *memes* são particularmente propícios para esse tipo de disseminação e recombinação e são usados com bastante frequência pelos jovens para se expressar de forma socialmente consciente e mostrar discordância política dentro das plataformas de mídia social, não apenas no Tumblr.[21]

O recurso de *reblog* no Tumblr – que oferece às pessoas condições de se juntarem a uma conversa em andamento, de manifestarem sua identificação com as ideias que estão sendo compartilhadas e de introduzirem sua própria perspectiva – provou ser uma maneira eficaz para a criação de um vocabulário compartilhado e de uma identidade coletiva em torno de temas relativos à justiça social, como racismo, sexismo e transfobia.[22] E as práticas de disseminação (como *links* de compartilhamento/republicação, *memes* e vídeos) encontradas em outras plataformas de mídia social como TikTok e Twitter também contribuem para a formação da identidade coletiva dos jovens em torno de questões de caráter social.[23]

No Tumblr, os jovens encontraram o respaldo da comunidade de outros usuários, mas também do compromisso corporativo da Tumblr Inc. com problemas de justiça social.[24] A Tumblr Inc. liderou campanhas em toda a plataforma e colaborou com organizações ativistas e sem fins lucrativos, como a Planned Parenthood. Em 2020, lançou a campanha #Issues2020 destinada a engajar os usuários nas eleições que ocorriam em todo o mundo.

A conexão entre a participação cultural e política observada no Tumblr e outras plataformas de mídia social é particularmente significativa quando analisada no contexto do desenvolvimento dos jovens. Nos Capítulos 6 e 7, nós abordamos a questão de como os adolescentes examinam seus pares e o grupo social em que eles estão inseridos, enquanto buscam descobrir sua identidade e seu lugar na sociedade. Quando os jovens usam as hashtags #OwnVoices e #DisruptTexts para disseminar e enaltecer no TikTok a literatura homossexual para jovens adultos (*young adult*, YA),[25] nós os vemos conectando com preocupações sociais mais amplas seu esforço para entender a própria identidade e os grupos sociais de que seus pares são integrantes.

Essas "conexões importantes" são benéficas tanto para o desenvolvimento individual como para a integridade e o bem-estar de nossas comunidades.[26] Gamber-Thompson e Zimmerman, por exemplo, observam que

> o processo de se assumir como "*UndocuQueer*" (indocumentado e homossexual) diz respeito, simultaneamente, à forma de melhorar o bem-estar emocional dos participantes (um "meio de sobrevivência") como de proporcionar maior visibilidade à experiência se ser indocumentado (tanto dentro como fora das comunidades de imigrantes).[27]

A conexão com outros jovens engajados, a utilização das aptidões digitais para atingir um objetivo cívico e a observação dos efeitos no mundo real decorrentes da expressão da própria voz e da participação em ações coletivas são oportunidades valiosas para os jovens vivenciarem a autodireção e o respaldo da comunidade em suas atividades *on-line*.

Quão eficaz é o ativismo por meio de *hashtags*?

É possível que o compartilhamento de *memes* de gatos protestando contra o Brexit ou a censura chinesa na internet proporcione certa satisfação,[28] mas será que *produz* algum efeito? Ethan Zuckerman, um estudioso da mídia cívica, observa que o engajamento com temas pelos quais você é pessoalmente apaixonado pode ser fonte de inspiração para o envolvimento *on-line*, mas é possível que sua eficácia seja menor quando se trata de uma ação coletiva sustentada.[29]

Zuckerman explica que a atitude de se identificar pessoalmente com uma questão de importância social, como a reforma da imigração, o racismo sistêmico ou a desigualdade econômica, e elevar a própria voz em apoio a ela, pode ser uma maneira extraordinariamente eficaz de promover a reunião das pessoas e ajudá-las a definir uma agenda compartilhada. Ele ressalta, no entanto, que essa capacidade de aproximar as pessoas com tanta facilidade também é um dos pontos fracos da mídia participativa. Pode ser difícil *manter* as pessoas unidas, agindo da maneira sustentada e coordenada que é necessária para a consecução de uma mudança institucional.

Zuckerman se refere a uma "esfera pública pontilhista"[30] que surgiu no universo *on-line*: é fácil encontrar uma série de questões e delas participar, mas essa diversidade pode gerar um problema de atenção à medida que os usuários *on-line* passam para o próximo tema que os agrada, deixando questões anteriores não atendidas e não resolvidas. Isso não é conveniente para a vida cívica, cuja integridade depende da capacidade e da disposição das pessoas para se engajarem na discussão pública sobre problemas sociais importantes, incluindo aqueles que não despertam necessariamente o interesse pessoal.

Em resumo, as ferramentas digitais e as tecnologias em rede têm grande potencial para subsidiar o desenvolvimento de adultos em formação no que diz respeito ao enfrentamento de problemas, tornando relativamente fácil para eles a conexão de seus interesses e sua identidade pessoal com questões sociais mais abrangentes. No entanto, até este momento, a experiência indica que não existe garantia de que esse potencial será realizado.

Da oportunidade ao impacto

Apesar dos desafios decorrentes da esfera pública pontilhista, o engajamento *on-line* pode produzir mudanças reais, e muitas dessas mudanças estão sendo alavancadas por grupos historicamente marginalizados e pelos jovens que os integram.[31] Na verdade, os jovens negros e latinos são mais afeitos que seus contrapartes brancos a usar as mídias sociais para expressão e participação cívica.[32]

Com certeza, o potencial cívico das plataformas *on-line* não se restringe aos jovens negros e latinos. Basta lembrarmos dos alunos da Marjory Stoneham Douglas High School em Parkland, Flórida, que usaram habilmente o Twitter e a *hashtag* #NeverAgain para amplificar a conscientização sobre violência armada e ajudar a organizar, em 2018, a manifestação March for Our Lives, cujo objetivo foi pressionar o Congresso a mudar a legislação de armas dos EUA.[33] Outro exemplo são as mobilizações escolares do Fridays for Future iniciadas em 2018 pela jovem ativista do clima Greta Thunberg, um movimento que envolve jovens de grande diversidade de origens culturais e raciais em todo o mundo.

Mas, indiscutivelmente, o ativismo *on-line* da juventude negra e latina guarda significado maior, dado que as plataformas de mídia social ajudaram a transportar suas vozes das margens para o centro das discussões sociais e políticas da atualidade.

O pesquisador Deen Freelon e seus colegas constataram que as discussões no Twitter em torno do movimento BLM ajudaram a definir os contornos da cobertura da mídia tradicional sobre a brutalidade policial, o que, por sua vez, provocou respostas públicas por parte de autoridades do governo – eleitas e nomeadas.[34] Observe-se que eles identificaram que o *comprometimento* dos ativistas do BLM foi fundamental para a efetividade do movimento – mais ainda do que o número de pessoas que participaram em determinado dia.

O uso de *hashtags* pelos ativistas do BLM se mostrou fundamental para a retenção da atenção no ambiente *on-line*. *Hashtags* como #EricGarner, #MichaelBrown, #TrayvonMartin, #PhilandoCastile, #BlackLivesMatter e #ICantBreathe foram usadas para interligar os casos de pessoas negras assassinadas pela polícia, ajudando a criar uma narrativa abrangente, duradoura e de longo alcance sobre a violência contra os negros.[35]

Desde o início, a juventude tem sido fundamental para o movimento BLM. Muitos leitores provavelmente já estão familiarizados com o nome "Black Twitter" – comunidade de usuários negros do Twitter cujo foco são as questões culturais, sociais e políticas relevantes para os negros.[36] Freelon e seus colegas propõem uma segmentação adicional, o *Young* Black Twitter, definido por eles como comunidades do Twitter que "lidam com temas e estilos de comunicação atraentes para a juventude negra: música *hip-hop*, piadas culturalmente relevantes, orientações sobre moda, sexo e relacionamento e celebridades negras".[37]

O Young Black Twitter é fundamentado na cultura da juventude negra. A cultura – e não a política – da juventude negra é seu foco dominante, o fator que mantém os jovens engajados no decorrer do tempo. Simultaneamente, a discussão política costuma encontrar seu caminho na direção do engajamento cultural dos jovens no Twitter e outras plataformas de mídia social.

Por exemplo, é comum o envolvimento de jovens negros com relatos de artistas de *hip-hop*, muitos dos quais usam as mídias sociais para discutir questões de justiça social.[38] Em um estudo sobre jovens negros (de 13 a 17 anos) nos Estados Unidos, a pesquisadora Nkemka Anyiwo e seus colegas constataram que jovens negros e latinos que se envolviam com artistas de *hip-hop* por meio das mídias sociais relataram níveis mais altos de influência crítica (a crença na própria capacidade para promover mudanças) e ativismo (comportamentos destinados à promoção da justiça).[39]

Quando surge um problema político que afeta diretamente os jovens usuários do Black Twitter, como o assassinato de jovens negros desarmados, eles denunciam ativa e apaixonadamente no Twitter.[40] Os jovens mais ativos no Young Black Twitter contam com dezenas de milhares de seguidores e, portanto, suas vozes são ouvidas por muitas pessoas.

Boa parte da expressão cívica no Young Black Twitter vem de garotas negras. A pesquisadora Tiera Tanksley observa que as jovens negras têm desempenhado papel primordial no movimento BLM desde seu início, principalmente por meio de sua presença nas mídias sociais, que elas usam para ampliar a conscientização e mobilizar as pessoas para a ação.[41]

Na pesquisa para sua dissertação, Tanksley realizou uma conversa detalhada com dezessete meninas negras, com idades entre 18 e 24 anos (exatamente no período da maturidade emergente), nos Estados Unidos e no Canadá, e registrou o modo como elas usaram as mídias sociais (incluindo o Twitter, mas também outras plataformas) para se engajar em movimentos de resistência e participação cívica na época da faculdade.

O ativismo por meio de *hashtags*[42] constitui um aspecto central do trabalho de conscientização e mobilização das meninas ativistas negras. O ativismo por meio de *hashtags* aproveita o sistema de indexação criado inicialmente no Twitter, sistema esse que usa *hashtags* para conectar expressões e conversas individuais e uni-las em torno de uma discussão social mais ampla e mais visível, que ocorre além das fronteiras temporais e geográficas.[43]

Por meio da disseminação de *hashtags* como #FastTailedGirls, #BringBackOurGirls, #BlackGirlMagic e #YouOKSis, as meninas negras estão atraindo a atenção global para questões que ainda não despertaram o interesse da grande mídia. Elas também estão dando destaque para os desafios decorrentes da necessidade de lidar com a interseção de raça e gênero na esfera política.[44]

As *hashtags* criadas e disseminadas pelo Black Twitter ocupam regularmente o topo dos *trending topics* (temas mais populares) do Twitter, uma boa indicação de que estão sendo vistas por muitas pessoas.[45] Tanksley observa que as meninas negras costumam estar no centro da curadoria e da disseminação dessas *hashtags* e aproveitam a atenção daí resultante para tentar mudar as narrativas dominantes sobre pessoas marginalizadas e promover mudanças reais.[46]

Por exemplo, as jovens negras estão entre os participantes mais ativos nas discussões no Twitter envolvendo a *hashtag* #BlackLivesMatter. A ampla atenção que o movimento BLM tem recebido, em grande parte graças a essas discussões ativas e sustentadas no Twitter,[47] sem dúvida alguma contribuiu para o sucesso do movimento na defesa da apresentação de uma legislação em nível federal, estadual e local para reforma da polícia.[48]

O valor pessoal do ativismo *on-line*

Na opinião das meninas negras da pesquisa de Tanksley, era empoderador poder juntar suas vozes a uma discussão pública e ativa sobre questões de extrema importância para elas. O fato de a discussão ser conduzida por mulheres negras contribuía para esse sentimento de empoderamento e marcava acentuado contraste com a divulgação unidirecional de informações por meios de comunicação como os jornais e a televisão, meios esses que historicamente colocavam em primeiro plano as vozes de homens brancos.[49]

Um dos principais benefícios que as meninas identificaram em relação a seu ativismo nas mídias sociais foi a visibilidade oferecida pelas plataformas. Essa marcante visibilidade permitia que elas definissem as próprias contranarrativas aos discursos dominantes sobre raça e gênero. Era particularmente bem-vindo esse distanciamento da invisibilidade que muitas das meninas experimentavam no ambiente *off-line* dos *campi* universitários predominantemente brancos que elas frequentavam. Outro contraste bastante favorável em comparação com suas experiências universitárias era o senso de comunidade vivenciado por elas no Black Twitter.

Menos conhecido que o Black Twitter é o Black Tumblr. Aqui, também, muitos jovens negros percebem um senso de empoderamento e comunidade ao compartilharem seus pontos de vista e se mobilizarem na luta pela justiça racial.[50]

A pesquisadora Megan Brown conheceu em profundidade a história pessoal de um desses jovens.[51] Brown descreveu a maneira como Hanna, de 19 anos – conhecida como Belle no Tumblr –, ganhou o *status* de microcelebridade depois de postar uma crítica social ao desempenho de Miley Cyrus no *Video Music Awards* (VMAs) de 2013.

A frustração de Hanna com a maneira como Cyrus, uma estrela pop branca, apropriou-se do tipo de dança associado à cultura negra, caracterizado pela movimentação sensual dos quadris, teve uma repercussão tão grande entre muitos jovens negros no Tumblr[52] que o número de seguidores de Hanna aumentou em mais de sete mil no período de apenas um ano.

Ela aproveitou sua recém-descoberta visibilidade no Tumblr para chamar a atenção para a interseção entre sexismo e racismo e reivindicar mudanças institucionais. Brown destaca a habilidade de Hanna no uso dos recursos e das convenções do Tumblr para se engajar nesse trabalho cívico. Por exemplo, com o propósito de ajudar as meninas negras a ganhar visibilidade e se sentirem apoiadas em uma sociedade que privilegia a branquitude, ela lançou e publicou durante um ano a *hashtag* #MelaninMonday, que promovia as *selfies* de pessoas negras e latinas.

Em outro exemplo, Hanna usou o agora extinto serviço de rede social Storify para reunir e organizar uma conversa que tivera no Twitter com um cantor bastante conhecido sobre Bill Cosby e sobre as acusações de assédio sexual que pesavam contra ele. Hanna postou esse diálogo no Tumblr (graças à possibilidade de postagens multimodais oferecida pelo *site*) para que seus seguidores pudessem acompanhar a conversa e interagir.

No Tumblr, Hanna encontrou a comunidade que não conseguira encontrar no Facebook, mídia social que a deixou estarrecida com os comentários racistas de seus amigos brancos do ensino médio após a absolvição de George Zimmerman, o homem da Flórida que matou a tiros o adolescente desarmado Trayvon Martin em 2012. Hanna e seus seguidores do Tumblr apoiavam emocionalmente uns aos outros por meio de uma manifestação frontal contra o racismo que vivenciavam todos os dias e viam no noticiário. Dessa forma, eles nutriam mutuamente o desenvolvimento pessoal e a autoconfiança tanto quanto sua identidade cívica em formação.

O estresse do ativismo *on-line*

Apesar de todos os benefícios proporcionados pela participação de Hanna no Tumblr, também havia desafios. À medida que sua *hashtag* #MelaninMondays ganhava popularidade, ela descobriu que outro usuário começara a vender mercadorias de marca em associação com a *hashtag*. Ela nunca viu um centavo sequer dos lucros, mesmo depois de confrontar o usuário diretamente.[53]

Em outro caso, Hanna descobriu que o Buzzfeed havia usado uma de suas postagens em um artigo, sem crédito nem consentimento. Foram seus seguidores que vincularam o artigo à sua postagem original para que ela recebesse o devido crédito. Lamentavelmente, essa é uma tendência bastante conhecida: os usuários criam conteúdo pelo qual não são remunerados, e as plataformas que hospedam ou usam o conteúdo obtêm lucros polpudos. A dinâmica guarda semelhanças com sistemas de trabalho que exploram o trabalho não remunerado de mulheres e pessoas negras e latinas.[54]

A pesquisa de Tanksley também revelou problemas associados ao ativismo das meninas negras nas mídias sociais. Elas descreveram a tensão emocional decorrente da exposição regular a imagens no ambiente *on-line*, particularmente os vídeos que exibem negros sendo mortos pela polícia, bem como a retórica contra os negros que normalmente se manifesta na esteira desses vídeos.

As meninas também falaram sobre suas experiências com assédio pessoal direto no mundo *on-line*, o que acontecia com mais frequência quando elas postavam alguma coisa que alcançava ampla circulação. Para essas meninas, a visibilidade *on-line*, embora empoderadora, muitas vezes tinha um custo emocional.[55]

Da mesma forma, outros pesquisadores documentaram a tensão emocional provocada pelo contato *on-line* com racismo, estereótipos negativos e outros conteúdos danosos, o que, lamentavelmente, é uma experiência muito comum na vida da juventude marginalizada.[56]

Uma estratégia que os participantes da pesquisa de Tanksley usavam para lidar com as imagens de morte e a retórica antinegros que vivenciavam no ambiente *on-line* era simplesmente se desconectar e ignorar. É compreensível essa resposta ao esgotamento emocional de ser diariamente obrigado a testemunhar a morte e se defender contra o discurso de ódio.

No entanto, apenas alguns anos após a pesquisa de Tanksley, desconectar-se não parece ser uma opção para muitos jovens.

Em meio a uma pandemia global, uma eleição controvertida nos Estados Unidos e protestos em massa após os assassinatos de George Floyd, Breonna Taylor e Ahmaud Arbery, o engajamento cultural, social e político dos jovens aumentou, tanto no ambiente *on-line* como no *off-line* em 2020.[57] Para muitos, assumir uma posição a respeito desses problemas sociais deixou de ser apenas uma questão de preferência pessoal para ser um imperativo estimulado pela comunidade.

Os jovens com quem as pesquisadoras Emily Weinstein e Carrie James conversaram durante 2020 e 2021 descreveram a pressão exercida por seu grupo de pares para que eles se manifestassem abertamente no universo *on-line* sobre os problemas que os cercavam, em especial no que diz respeito ao movimento BLM. Tanto os jovens brancos quanto os não brancos se sentiam pressionados a se posicionar porque seus colegas monitoravam quem estava postando ou não. No caso dos jovens negros e latinos, a ausência de postagens era vista por alguns de seus pares como falta de interesse pelas questões de sua raça, ou até mesmo como uma traição, independentemente de eles estarem engajados na luta por justiça racial no universo *off-line*. Já os jovens brancos temiam que o fato de não postarem fosse considerado um endosso implícito à brutalidade policial e ao racismo sistêmico.[58]

Quando faziam publicações, os jovens se sentiam pressionados a fazê-las da forma considerada acertada.[59] Uma postagem interpretada como muito egocêntrica ou superficial poderia conduzir a acusações de *ativismo performativo* – uma atuação com objetivo de autopromoção pública em vez do engajamento autêntico com questões sociais e políticas. As pressões em relação às postagens eram especialmente complicadas para os jovens que viviam em comunidades ideologicamente diversas, nas quais uma publicação feita em solidariedade ao movimento BLM poderia ter uma ressonância positiva em alguns seguidores e, ao mesmo tempo, ofender outros.[60] Essa preocupação em agir corretamente, que também é sentida por muitos adultos mais velhos que querem dizer e fazer a coisa certa, tem a consequência não intencional de solapar o necessário objetivo de promoção de uma mudança social sustentada.

Weinstein e James observam que os riscos são altos para os jovens quando se trata de sua expressão cívica no ambiente *on-line*. Amizades podem ser rompidas, ao mesmo tempo que alguns jovens sofrem *bullying on-line* e até mesmo violência física *off-line*. Para os jovens negros e latinos existem ainda riscos adicionais, como ter suas atividades *on-line* vigiadas por força da lei.[61]

A aguilhoada desenvolvimental do conflito *on-line*

Que tipo de impacto as pressões e os desafios relacionados à expressão cívica no mundo *on-line* têm sobre a atitude dos adultos emergentes em relação à participação cívica de forma mais ampla? A pesquisadora Ellen Middaugh analisou a natureza do discurso político *on-line* como contexto para o desenvolvimento cívico dos jovens. Sua pesquisa aborda de frente uma tensão associada à mídia participativa.

Por um lado, conforme expusemos, as ferramentas digitais e as tecnologias em rede da atualidade contribuíram muito para a democratização do acesso às discussões políticas e do envolvimento com elas, inclusive para aqueles jovens que muitas vezes são excluídos das formas institucionalizadas de engajamento cívico e político. Por outro, esse maior nível de acesso também se traduziu em mais exposição a discussões conflituosas e baseadas em desinformação e que pouco se assemelham aos processos deliberativos que são a marca registrada de democracias saudáveis. Há também o perigo do aprisionamento em bolhas de filtro controladas por algoritmos que reforçam as crenças existentes e alimentam a polarização ideológica.[62]

Todos aqueles que já se conectaram ao Twitter e percorreram os tópicos de maior destaque no momento, não se surpreenderão com a descoberta feita por Middaugh e seus colegas de que os jovens mais ativos nas discussões políticas *on-line* – como as meninas negras no estudo de Tanksley – são também os que vivenciam mais conflito no ambiente *on-line*.[63] Além disso, quanto mais participativa é a mídia (ou seja, permite comentar, compartilhar e "curtir" o conteúdo), mais confrontações esses jovens vivenciam. Novamente, isso não é surpreendente, mas sugere que os jovens de hoje estão expostos a mais conflitos políticos que os das gerações anteriores, quando as informações políticas eram acessadas principalmente por meio da mídia de radiodifusão.

Middaugh e seus colegas aventam a preocupação de que a participação nos discursos políticos *on-line* altamente emocionais e conflituosos seja capaz de solapar os benefícios pessoais e sociais associados à mídia participativa que foram discutidos anteriormente neste capítulo.

Os pesquisadores mostraram como a exposição *on-line* a conflitos e incivilidade (como insultos, zombarias e xingamentos)[64] pode fazer algumas pessoas, inclusive os jovens,[65] se entrincheirarem em seus valores e suas crenças e adotarem comportamentos carentes de civilidade.[66] Essa dinâmica prejudica a discussão pública e contribui para a polarização ideológica.[67]

Impacto presente e potencial do projeto

A tecnologia não é neutra nas discussões sobre o engajamento cívico *on-line* dos jovens. A incivilidade pode ser desagradável para algumas pessoas, mas é altamente envolvente para muitas.[68] Consequentemente, as empresas de mídia social têm interesse financeiro no emprego de algoritmos que promovem o discurso descortês (mas talvez não extremista) no ambiente *on-line*.[69]

Além disso, as plataformas que privilegiam o texto (Twitter, Reddit) em vez de imagens e vídeos (Instagram, TikTok, YouTube) podem produzir mais discussões em razão da maior visibilidade dos comentários, bem como à falta de indicativos sociais (como as expressões faciais) e à carência de espaço para explicação das nuances de seu ponto de vista.[70] O fato de se encontrar um *tweet* com carga política durante a navegação por meio de um *feed* do Twitter pode dificultar a compreensão do contexto mais amplo dessa postagem.[71]

A censura e a moderação coercitiva, como desativar comentários feitos em vídeos controversos do YouTube ou simplesmente remover vídeos, também podem introduzir barreiras a uma discussão *on-line* produtiva, em especial quando a motivação por trás dessas decisões não é clara ou parece calar as vozes de pessoas já marginalizadas.[72] Mesmo sem censura ou moderação intencional, os algoritmos podem replicar vieses culturais amplificando as vozes dominantes e suprimindo aquelas que são marginalizadas.[73]

Como poderiam as plataformas ser projetadas de modo a dar suporte para discussões *on-line* bem-intencionadas que empoderam em vez de arruinar as pessoas? Uma equipe de pesquisadores da Universidade de Washington identificou diversas possibilidades promissoras de projeto. Eles propuseram, por exemplo, um recurso que facilita a transferência de uma discussão contenciosa de um espaço público para um privado, da mesma forma que as pessoas fazem quando as conversas *off-line* se tornam exaltadas.[74] Outra pesquisa, que demonstra a relativa civilidade de discussões políticas em grupos privados do WhatsApp em comparação com a falta dela observada no Twitter, sugere que essa abordagem é promissora.[75]

Os pesquisadores da Universidade de Washington também recomendam que os usuários sejam diretamente envolvidos na pesquisa e no projeto para desenvolvimento da plataforma, por exemplo, conferindo a eles a possibilidade de opinar sobre o projeto algorítmico e as decisões de moderação. Eles também sugerem que os projetistas ampliem seu foco de modo a incluir não apenas usuários específicos, mas também aqueles engajados em interações interpessoais – uma abordagem a que denominam *projeto interpessoal*.

Pesquisadores da Georgia Tech também estão buscando metodologias baseadas em projeto para apoiar o engajamento cívico *on-line*. A pesquisadora Andrea Parker e seus colegas observaram que as plataformas de mídia social são atualmente projetadas de forma a dificultar a visualização imediata dos recursos de rede que uma pessoa tem. (Você consegue nomear todas as pessoas que você segue e que seguem você em qualquer plataforma? E saber quem *seus seguidores* seguem? Você tem uma boa noção sobre os padrões de postagem de todos os seus seguidores – o que eles postam e com que frequência?) Essa opacidade transforma em desafio para os jovens ativistas a condição de entender o capital social de suas redes sociais *on-line* e usá-lo estrategicamente.

Esse desafio levou os pesquisadores a analisar soluções de projeto capazes de ajudar os jovens a se conectarem com suas redes sociais *on-line* de maneira mais eficaz, a fim de conseguirem se engajar em ações coletivas estratégicas. Em um estudo exploratório inicial, Parker e seus colegas desenvolveram ferramentas de visualização de protótipos de baixa fidelidade que exibem informações e características de seguidores (hipotéticos) de um usuário no Twitter.[76] Por exemplo, uma das ferramentas relaciona os seguidores de um usuário com as características de cada seguidor, como idade, nível de atividade nas mídias sociais, número de seguidores e as *hashtags* mais usadas por ele.

Quando os pesquisadores apresentaram as ferramentas para um grupo de jovens ativistas, eles identificaram incontestavelmente o recurso de *hashtag* como sendo o mais útil. Os participantes consideraram que a visualização das *hashtags* comumente usadas os ajudaria a entender os interesses e as opiniões de seus seguidores e, com base nessas informações, poderiam conceber formas de mobilizá-los.[77] Embora seja um trabalho de caráter exploratório, ele ilustra como as plataformas de mídia social e outras tecnologias de rede podem ser projetadas com o objetivo determinado de contribuir para o engajamento cívico dos jovens.

Fazendo uma pausa para rever os três Ds

O que está acontecendo no tocante ao *desenvolvimento*: durante a fase da maturidade emergente, muitos jovens se engajam em questões sociais e políticas, fazendo delas um meio capaz de levar ao entendimento de seu propósito na vida. As tecnologias em rede se tornaram parte integrante desse engajamento, proporcionando oportunidades sem precedentes para os adultos em formação expressarem suas vozes publicamente e conectá-las a discussões sociais em andamento.[78]

Nós vimos que adultos emergentes continuam a usar os recursos e as propriedades das mídias sociais para fazer circular símbolos culturais como *memes* e representações imagéticas daqueles de quem são adeptos. Essas práticas ajudam os jovens a mobilizar sua "criatividade cívica"[79] à medida que constroem um vocabulário comum e uma identidade coletiva em torno das questões sociais com as quais se preocupam.[80] No que tem de melhor, a expressão cívica *on-line* é autodirigida e respaldada pela comunidade, bem como marcada pelo sentimento de empoderamento pessoal e reconhecimento e confirmação da comunidade.

Entretanto, a expressão *on-line* dos adultos em formação guarda desafios reais, especialmente no caso de jovens negros e latinos e jovens marginalizados, que podem se sentir menos empoderados e mais pressionados que apoiados por aqueles a seu redor.[81] O sentimento de ser compelido a falar sobre determinadas questões sociais ou a preocupação com a possibilidade de seus amigos estarem policiando suas postagens em busca de conteúdo e autenticidade prejudica a potencialidade da expressão *on-line*.

Analisando em *profundidade* (*deeper*): nós examinamos como a juventude negra, particularmente as meninas, está usando plataformas como o Twitter e o Tumblr para se manifestar contra o racismo sistêmico, a brutalidade policial e outras questões que têm impacto sobre eles e suas comunidades.[82] A estratégia de uso do Twitter pelas jovens negras foi fundamental para aumentar a visibilidade do movimento BLM. Elas empregaram habilmente *hashtags* com o propósito de interligar pessoas, eventos e casos de violência contra os negros e produzir um movimento duradouro com influência política real.[83]

A participação *on-line* das meninas negras contribui para seu desenvolvimento cívico, nutrindo um sentimento de empoderamento e o senso de comunidade, mas também pode ser acompanhada de desafios.[84] A exemplo de outros jovens, as meninas negras sofrem pressão para que demonstrem no mundo *on-line* seu compromisso com a justiça social e o façam de forma que reverbere em seus seguidores o que pode ser particularmente problemático se esses seguidores representarem pontos de vista diversos.[85] Também há custos emocionais adicionais decorrentes da exposição a conteúdo violento e racista e até mesmo do assédio pessoal direto.[86]

Considerações de *projeto* (*design*): há muitos motivos para sermos otimistas no que diz respeito ao papel da tecnologia como alicerce do engajamento cívico de adultos em formação. O fato de qualquer pessoa com um dispositivo habilitado para a internet poder expressar seu ponto de vista é responsável por significativa redução da barreira de acesso à expressão cívica. Os jovens têm condições de escapar do controle dos guardiões tradicionais, como a mídia de radiodifusão, o que é particularmente significativo para os jovens marginalizados cujas vozes têm sido historicamente sub-representadas por esses guardiões.

Os recursos criados pelas plataformas – como *reblog* e republicação – e aqueles criados pelos usuários – como as *hashtags* – facilitam a identidade, a discussão e a organização no âmbito coletivo. O Tumblr é um exemplo de como os recursos e as propriedades de uma plataforma, bem como as culturas que se formam dentro delas, podem promover a valorização da justiça social, o que tem uma expressiva influência sobre o desenvolvimento cívico dos jovens.[87]

A tecnologia também apresenta obstáculos ao engajamento cívico dos adultos emergentes. Um significativo desafio é o uso de algoritmos que amplificam o conteúdo sensacionalista – e carente de civilidade –, condição com potencial para alimentar a polarização e desvitalizar as discussões públicas.[88] Lamentavelmente, esse tipo de conteúdo chama muito mais a atenção do que as discussões cívicas, o que significa que as empresas de mídia social têm pouco incentivo financeiro para alterar seus algoritmos. Eles também podem destacar determinadas vozes em detrimento de outras, com a consequente marginalização ainda maior de pessoas e grupos já excluídos da cultura dominante.[89]

O projeto pode ajudar a enfrentar esses desafios para a promoção de uma discussão *on-line* generativa, por exemplo, envolvendo os usuários no projeto algorítmico, com foco nos relacionamentos no processo de elaboração do projeto, e introduzindo recursos que ajudem a difundir, em vez de inflamar discussões com elevado potencial de conflito e comportamentos de trolagem (insultos, perseguição e humilhação) – a decisão tomada pelo YouTube em 2021 no sentido de remover o botão *"dislike"* é um exemplo desse tipo de esforço.[90]

O ativismo *on-line* dos adultos emergentes

Infelizmente, o projeto não consegue modificar a motivação financeira das empresas de mídia social. Conforme abordaremos no capítulo final, há necessidade de regulamentação governamental que ajude a contornar esses problemas.

Outro desafio colocado pela esfera pública pontilhista do engajamento *on-line* é a manutenção da atenção dos jovens durante um tempo e com uma profundidade suficientes para que as mudanças desejadas sejam alcançadas.[91] É muito fácil fazer postagens em solidariedade ao movimento BLM, especialmente quando todo mundo está fazendo isso, mas qual será sua atitude quando seus amigos deixarem de esperar isso de você?

Essa manutenção da atenção está associada ao desafio de empregar o potencial das redes sociais *on-line* dos jovens com o propósito de promover a mobilização pelas mudanças no mundo real. As visualizações de redes sociais criadas por Andrea Parker e a equipe de seu laboratório na Georgia Tech são um exemplo do uso do projeto como fonte de suporte *in situ*, em tempo real, para reconhecimento e aproveitamento das muitas oportunidades de ação cívica que as tecnologias de rede oferecem.[92]

Muito embora o processo do desenvolvimento seja uma preocupação para todo o sempre – e a tecnologia certamente continua a desempenhar papel importante na vida dos adultos –, a maturidade emergente é a fase na qual a investigação deste livro termina. No capítulo final, agruparei os temas examinados nestas páginas e oferecerei um caminho a seguir para a promoção de experiências digitais para os jovens, que sejam autodirigidas e respaldadas pela comunidade em todos os estágios do desenvolvimento das crianças. O projeto da tecnologia responde por uma parcela importante, mas há outros atores que também devem assumir suas responsabilidades.

9

Conclusão

Contexto, projeto de tecnologia e crianças tomadas em sua individualidade. Esses são os três temas que apresentei no início do livro, e são eles que determinam se as experiências digitais são autodirigidas e respaldadas pela comunidade.

A Figura 9.1 reúne esses componentes em um modelo de experiências digitais de suporte ao desenvolvimento. À esquerda são mostrados os três temas. Em seu melhor cenário, eles dão origem a experiências digitais autodirigidas e respaldadas pela comunidade, experiências essas que estão exibidas no centro.

À direita aparecem as três dimensões do desenvolvimento saudável – um senso de propriedade e iniciativa, sentimentos de competência e destreza e um sentido de pertencimento e conexão[1] – possíveis quando as experiências tecnológicas são autodirigidas e respaldadas pela comunidade.

Agora que sabemos como são as experiências digitais que contribuem para o desenvolvimento, vamos examinar como aquelas pessoas que têm impacto no amadurecimento de uma criança podem contribuir para que essas experiências positivas para os filhos da tecnologia se transformem em regra, e não exceção.

Conclusão

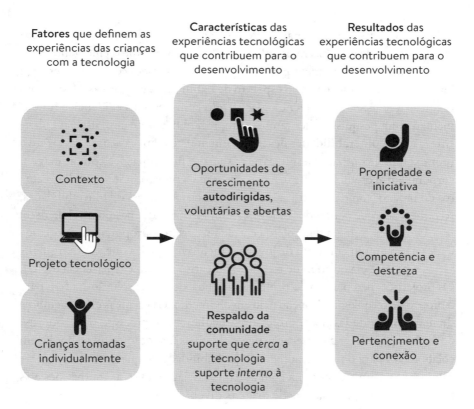

FIGURA 9.1 Um modelo de experiências digitais que contribuem para o desenvolvimento.

Projetistas de tecnologia

Os projetistas de tecnologia e as equipes de produtos deveriam adotar para o projeto tecnológico uma metodologia centrada na criança que priorize experiências digitais autodirigidas e respaldadas pela comunidade. Essa metodologia de projeto coloca as crianças no comando de suas ações e estimula as interações com pessoas relevantes na vida de cada uma delas.[2]

Mais especificamente, uma metodologia de projeto centrada na criança **prioriza interações flexíveis** cujo ritmo é definido pela própria criança, em vez de interações fechadas com ritmo determinado pelo sistema. Esse tipo de projeto **viabiliza as experiências compartilhadas** com pessoas relevantes na vida das crianças, sejam os pais (no caso de crianças mais novas) sejam os colegas (no caso de crianças mais velhas, adolescentes e adultos emergentes).

Os projetistas que adotam uma abordagem de projeto centrada na criança **levam em consideração todo o espectro de habilidades cognitivas e físicas** das crianças que usarão suas tecnologias, tendo como base as evidências fundamentadas em pesquisas. Eles também empregam dados de pesquisa para **identificação de vulnerabilidades desenvolvimentais** comuns a seus usuários-alvo (por exemplo, comparações de caráter social e preocupações com a imagem corporal entre os adolescentes), e têm em conta a provável interação dos recursos do projeto (como as métricas das mídias sociais) com essas vulnerabilidades, reconhecendo que nem todos os jovens compartilham do mesmo nível de risco.

Uma metodologia de projeto centrada na criança **proporciona oportunidades a um amplo conjunto de jovens** – inclusive aqueles que são marginalizados – para se envolverem de forma significativa em uma experiência digital. Os projetistas não partem do princípio de que existe uma solução-padrão para o projeto de tecnologia. **A opção pelo envolvimento das crianças e dos membros de suas comunidades** (pais, professores, pediatras) no processo de elaboração do projeto pode levar à consecução desse objetivo. A adoção de uma abordagem colaborativa para o projeto aumenta a probabilidade de que as tecnologias resultantes estejam em sintonia com as experiências vividas, as motivações e as fontes de apoio que crianças de origens diversas carregam consigo em suas experiências digitais. Também ajuda a evitar a situação – muito comum nos dias de hoje – na qual as tecnologias atendem àqueles jovens cujas origens cultural, social, política e econômica estão em conformidade com a dos desenvolvedores que as criaram.

Uma abordagem de projeto centrada na criança **evita os padrões obscuros e os recursos abusivos de projeto**, como reprodução automática, relacionamentos parassociais e métricas de mídias sociais. Quando esses recursos estão presentes, é fácil desativá-los. Outros elementos de desvio da atenção, que operam como acessórios supérfluos, também são evitados. Em vez disso, os recursos abusivos e os elementos de desvio da atenção são substituídos por estímulos à autorreflexão e à sintonia com as sugestões internas e o processo decisório.[3]

No caso das empresas de tecnologia cujas plataformas controlam o acesso das crianças a uma ampla variedade de conteúdo digital (como mercados de aplicativos e serviços de vídeo sob demanda), uma abordagem de projeto centrada na criança **apresentaria um conteúdo digital de alta qualidade** em vez de deixar para os usuários (principalmente os pais) o ônus de procurar e identificar por conta própria esse conteúdo.[4]

Algumas dessas estratégias serão mais fáceis de serem implementadas que outras. Por exemplo, um projeto destinado a contemplar as habilidades cognitivas e físicas das crianças pode exigir esforço, mas, provavelmente, um esforço no qual as empresas estão dispostas a investir, porque, quando um número maior de crianças tem condições de usar uma tecnologia, é possível que essa tecnologia alcance um volume maior de vendas. Outras estratégias, como evitar os recursos abusivos de projeto, não estão tão bem sintonizadas com a demanda por lucros. Essa realidade dificulta – se não impossibilita totalmente – a adoção pelos projetistas de uma metodologia de projeto centrada na criança.

As empresas de tecnologia

Para que uma metodologia de projeto centrada na criança se torne uma prática-padrão no projeto de tecnologia, as estruturas corporativas e os incentivos que priorizam o engajamento e a atenção em detrimento da autodireção e do respaldo da comunidade precisam mudar.

Em seu livro de 2021 *System error: where big tech went wrong and how we can reboot* (em tradução livre, Erro de sistema: como reiniciar nossas vidas quando as redes sociais e a dependência digital se tornam o inimigo), Rob Reich, Mehran Sahami e Jeremy M. Weinstein observam que a maioria das empresas de tecnologia adota um modelo de negócios que reflete a forma de pensamento da engenharia, enfatizando a mensuração e a otimização. Fatores que podem ser medidos com facilidade, como o número de cliques e o tempo de permanência na plataforma, são priorizados, enquanto valores como a prosperidade humana e o bem-estar, cujas mensuração e otimização é muito mais difícil, são deixados de lado.[5]

Mas, não precisa ser assim. Conforme Justin Rosenstein, ex-engenheiro do Facebook e do Google, relatou no documentário de 2020 *O dilema das redes*: "A maneira como a tecnologia funciona não é uma lei da física. Ela não está entalhada em pedra. São escolhas que seres humanos, como eu, vêm fazendo. E os seres humanos podem mudar essas tecnologias".[6]

É possível que seja necessária a adoção de uma substancial regulamentação governamental (discussão a seguir), mas as empresas de tecnologia podem mudar a maneira como operam atualmente. No entanto, a liderança dentro dessas companhias é um fator primordial. Como destacam as pesquisadoras Amanda Lenhart e Kellie Owens: "A liderança define o tom da cultura, dos valores e das decisões de uma organização".[7] Em suas entrevistas com membros do setor de tecnologia, Lenhart e Owens identificaram que os adolescentes são tipicamente um elemento secundário no processo de elaboração do projeto, e as preocupações com o bem-estar dos usuários estão, em geral, concentradas em equipes periféricas ou distribuídas em equipes que não têm poder real para promover mudanças. Essas são decisões organizacionais que podem e devem ser modificadas.

Lenhart e Owens recomendam que as empresas de tecnologia incorporem conhecimentos sobre bem-estar em todas as equipes de produtos e em todos os aspectos do processo de elaboração do projeto – inclusive após o lançamento do produto – a fim de ajudar a cultivar uma cultura positiva em torno de seu uso. Eu sugiro a ampliação dessa recomendação para incluir conhecimentos sobre o desenvolvimento infantil, de modo que as equipes de produto tenham em mente a diversidade de habilidades, pontos fortes e vulnerabilidades associados aos diferentes estágios do desenvolvimento das crianças. A consulta regular a especialistas externos, incluindo pesquisadores e subgrupos de usuários, é um recurso que pode ser adotado com o intuito de complementar a qualificação incorporada às equipes.[8]

Lenhart e Owens também recomendam que as empresas de tecnologia contratem, fidelizem e capacitem uma força de trabalho diversificada, capaz de dar sustentação aos esforços de projeto voltados para uma vasta gama de experiências dos jovens. Todos os funcionários, independentemente de sua formação, devem receber treinamento em ética e humanidades a fim de desenvolver sua capacidade de avaliar uma multiplicidade de perspectivas e problemas.[9]

Formuladores de políticas

Nos Estados Unidos, a ausência de uma legislação que regule as empresas de tecnologia teve como consequência a existência de poucas forças compensatórias – pelo menos naquele país – que coloquem em xeque a opção dessas empresas pela maximização do lucro dos acionistas. Em 2021, o Congresso norte-americano adotou medidas no sentido de mudar essa realidade. A série de audiências "Protecting Kids Online" (protegendo seus filhos no mundo *on-line*) incluiu depoimentos da denunciante do Facebook, Frances Haugen, e de líderes de empresas como YouTube, Instagram, Snap e TikTok, que responderam a perguntas peremptórias sobre os impactos negativos de suas plataformas sobre crianças e adolescentes.

Com alguma dose de sorte, uma legislação significativa estará aprovada nos Estados Unidos quando este livro for publicado. Eu espero que essa legislação leve as empresas de tecnologia a adotar uma metodologia de projeto centrada na criança, que tenha o bem-estar das crianças como objetivo prioritário, reduzindo a carga que recai sobre os usuários de procurar e selecionar por conta própria experiências digitais de alta qualidade.[10] A regulamentação governamental também deveria exigir que as empresas de tecnologia sejam mais transparentes em relação à sua forma de operar para que nós não tenhamos de depender de denunciantes ocasionais, como Haugen, para sermos contemplados com vislumbres (incompletos) sobre o funcionamento interno dessas organizações.[11]

Nesse ínterim, as empresas de tecnologia já começaram a introduzir mudanças em resposta à legislação aprovada nos últimos anos pelos governos da União Europeia (UE) e do Reino Unido.[12] Por exemplo, a diretriz *Age-Appropriate Design Code* (Código de projeto adequado à idade), que se tornou lei em 2020 no Reino Unido, tem como objetivo a priorização do bem-estar das crianças nas plataformas digitais, exigindo que as empresas ofereçam a elas um alto nível de privacidade-padrão e limitem a quantidade de dados pessoais que podem coletar de seus usuários jovens.[13]

Em 2021, o ano em que a lei entrou em vigor, o YouTube desativou os recursos-padrão de reprodução automática para crianças menores de 18 anos e criou o lembrete "faça uma pausa", exibido quando as crianças estão com o YouTube aberto por várias horas.[14] O Facebook e o TikTok tornaram privadas por padrão todas as novas contas criadas por adolescentes. O TikTok relatou que ajustaria seu algoritmo para que os usuários não encontrassem material relativo a um mesmo conteúdo – como dietas extremas, drogas e separações – um número demasiado de vezes.[15] O Google passou a permitir que usuários com menos de 18 anos solicitassem que suas imagens fossem removidas dos resultados de busca.

Muito embora tenha sido criticada por ser considerada insuficiente em algumas áreas e exagerada em outras,[16] a lei do Reino Unido – e a rápida reação das empresas de tecnologia a ela – demonstra a capacidade da regulamentação governamental para influenciar a maneira como as tecnologias são projetadas e apresentadas às crianças.

Em outro exemplo, o projeto universal para aprendizagem foi definido na lei federal dos EUA em 2008 e incluído em seu National Education Technology Plan (Planejamento nacional para tecnologia educacional) apresentado ao Congresso em 2010.[17] Foram disponibilizados subsídios federais destinados a ajudar os sistemas escolares a incorporar o projeto universal em seus currículos, ação que ilustra como o governo tem condições de incentivar inovações de apoio à aprendizagem e ao desenvolvimento das crianças.

Visto que a regulamentação governamental tem poder para influenciar as experiências digitais dos jovens, é essencial que as leis propostas sejam cuidadosamente esmiuçadas em busca de possíveis consequências não intencionais.[18]

Pais/cuidadores

Nos primeiros anos, quando ainda têm controle sobre as experiências digitais de seus filhos, os pais podem procurar conteúdos digitais que permitam controle individualizado e ofereçam oportunidades para que eles se envolvam na experiência com os filhos. Quando se trata de uma experiência não interativa, como assistir à TV, os pais e os cuidadores devem buscar conteúdo educacional e não violento. Sempre que possível, os pais devem assistir à televisão com os filhos e conversar com eles sobre o que está acontecendo no programa. Quer a experiência digital seja interativa ou não, os pais devem priorizar as atividades compatíveis com os interesses e as habilidades específicos das crianças.

Os pais devem tentar evitar os recursos abusivos de projeto (como relacionamentos parassociais e reprodução automática), pois cativam a atenção das crianças, bem como os artifícios supérfluos, que desviam a atenção da tarefa principal em pauta. Também devem evitar situações em que as experiências digitais dos filhos estejam substituindo outras atividades compensadoras, como competições de lutas, leitura antes de dormir e horas de sono. (Idealmente, esses esforços deveriam ser facilitados pelas mudanças propostas para a regulamentação governamental e o projeto de tecnologia descritos anteriormente.)

À medida que os filhos crescem e os pais passam a ter menos controle sobre suas experiências digitais, eles devem procurar oportunidades que lhes permitam aprender como funcionam as plataformas que as crianças estão usando e como são as experiências delas com essas plataformas. Os pais podem buscar no diálogo com seus filhos a chance de compartilhar de suas vitórias e suas dificuldades e de vivenciar empatia e confirmação como resposta.

Tanto quanto possível, os pais devem resistir à ânsia de fazer julgamentos apressados ou de assumir que a destreza de seus filhos no mundo digital equivale a um conhecimento tecnológico profundo. Eles devem evitar restringir o uso da tecnologia pelos filhos por meio de regras genéricas que não levem em consideração as nuances das experiências digitais diversificadas.

Ao longo do desenvolvimento dos filhos, os pais devem procurar mostrar por meio do exemplo o tipo de relacionamento com a tecnologia que gostariam que eles adotassem. Os pais estão fadados a tropeçar (eu certamente já tropecei!), mas tudo bem. A tecnoferência é real, e ser pais digitais suficientemente bons é... suficientemente bom.

Professores e gestores escolares

Do mesmo modo que os pais, os professores também podem fazer perguntas a seus alunos sobre as experiências deles com as mídias sociais e ouvir com empatia o que têm a dizer. Essa abordagem tem maior probabilidade de funcionar melhor que a simples imposição de um conjunto de normas sobre o que os alunos não devem fazer no ambiente *on-line*.[19] Os professores têm condições de ajudar seus alunos a desenvolver estratégias capazes de mitigar o estresse digital (como aprender a silenciar notificações) e reformular as comparações sociais negativas (essas imagens estão supereditadas!). Eles podem conversar com os alunos sobre os desafios e as oportunidades do engajamento *on-line* com as questões políticas e sociais.[20] Recursos como o currículo de cidadania digital da Common Sense Media podem ajudar os professores a formular e orientar esse tipo de discussão.[21]

No tocante ao ensino do conteúdo de sua disciplina, os professores devem fazer o possível para procurar e incorporar tecnologias educacionais que sejam abertas, capazes de despertar o interesse e que sustentem as diversas formas de aprendizagem dos alunos. Esse objetivo é mais facilmente alcançado quando os professores conhecem um pouco das motivações, das habilidades e dos contextos sociais mais amplos de seus alunos,[22] e quando estão atentos aos pressupostos do projeto universal para a aprendizagem.[23]

Em vez de ter como meta uma transformação radical por meio da tecnologia educacional, os professores devem procurar adotar uma abordagem baseada na *reformulação*, o que lhes permitirá trabalhar dentro das práticas, das estruturas e das restrições vigentes que caracterizam sua escola específica.[24] Sempre que possível, devem usar as novas tecnologias como instrumento para reflexão sobre suas práticas pedagógicas atuais, modificando-as gradativamente conforme as circunstâncias permitirem.

Os administradores escolares e os formuladores de políticas têm papel importante a desempenhar na criação das condições necessárias para viabilização desse trabalho, oferecendo experiências de desenvolvimento profissional, repensando a estrutura e as rotinas do dia escolar e incentivando os professores a compartilhar ideias e colaborar entre si.[25]

Acadêmicos e pesquisadores

Os acadêmicos podem contribuir de duas maneiras principais: por meio do ensino e de suas pesquisas.

No tocante ao ensino, a ciência da computação e outros programas voltados para a tecnologia estão começando a lidar com as dimensões éticas do projeto tecnológico. A Harvard University, por exemplo, introduziu em 2020 o programa Embedded EthiCS, um programa que reúne filósofos e cientistas da computação e tem como objetivo ensinar a próxima geração de líderes a levar em consideração as dimensões éticas de seu trabalho no setor de tecnologia.[26] O programa está servindo de modelo a ser imitado por outras instituições como o MIT e a Stanford University.

O ideal seria que programas como o de Harvard também incorporassem um foco explícito nas dimensões éticas de um projeto de tecnologia voltado especificamente para crianças, estimulando os alunos a priorizar as experiências digitais autodirigidas e respaldadas pela comunidade em detrimento da maximização do envolvimento dos usuários. Esses programas deveriam apresentar aos alunos os principais conceitos do campo do desenvolvimento infantil e incentivá-los a pensar que seus projetos podem, por exemplo, interagir com as

Conclusão

vulnerabilidades desenvolvimentais dos jovens e a buscar formas de envolver os jovens marginalizados de maneira significativa, segura e afirmativa. A metodologia de projeto centrado na criança que eu expus anteriormente neste capítulo pode ser usada para estimular essas reflexões.

Fica evidente com base nas diversas citações apresentadas neste livro que muitos pesquisadores estão se dedicando à tarefa de entender o impacto da tecnologia no desenvolvimento infantil. No caso dos pesquisadores de projeto, eles estão também procurando conceber projetos de tecnologia mais acertados. As descobertas feitas por esses pesquisadores fundamentaram (e continuam a fundamentar) as atividades de equipes de produtos das empresas de tecnologia, de formuladores de políticas em todos os níveis governamentais, de educadores e administradores escolares, pais, mídia e do público em geral.

Grande parte da pesquisa sobre crianças e tecnologia ocorre no contexto acadêmico, mas algumas organizações sem fins lucrativos também estão fazendo um trabalho importante. Organizações de defesa da criança, como Sesame Workshop, Common Sense Media, Fred Rogers Center, Fórum Econômico Mundial, Unicef, as Nações Unidas e a 5Rights Foundation do Reino Unido, estão contribuindo com evidências de pesquisas, bem como fazendo recomendações de projeto e intervindo nas discussões de políticas.[27]

No futuro, uma área que merece atenção especial é a pesquisa que traz à tona indicadores mensuráveis do bem-estar das crianças.[28] Esses indicadores ajudariam a resolver a dificuldade de substituir métricas de fácil mensuração, como número de cliques e tempo de uso da plataforma, por métricas cuja medida é mais complexa, como o bem-estar. Indicadores de bem-estar baseados em dados poderiam então ser incorporados aos algoritmos que impulsionam conteúdo para os usuários. As pesquisadoras Jenny Radesky e Alexis Hiniker sugerem que a condução desse trabalho exige colaborações interdisciplinares, por exemplo, entre pesquisadores de projeto e especialistas em desenvolvimento infantil.[29]

A fim de maximizar o impacto de seu trabalho, os pesquisadores devem fazer o possível no sentido de traduzir suas pesquisas para uma linguagem acessível a uma comunidade de fora da academia e divulgá-las por meio de canais não acadêmicos. Por exemplo, motivada pela lacuna existente entre a prática e a pesquisa em projeto de tecnologia,[30] minha ex-aluna de doutorado, Saba Kawas, projetou para sua tese um conjunto de ferramentas que oferece aos projetistas da indústria de tecnologia e aos profissionais dedicados ao de-

Geração tecnológica

senvolvimento de experiência do usuário (*user experience*, UX) acesso a recomendações de projeto, implementáveis e baseadas em evidências, relevantes para o projeto de tecnologia voltado ao público infantil.[31] Usando o formato de um cartão digital, o conjunto de ferramentas permite que os profissionais do setor façam buscas e naveguem em pesquisas relevantes para seus objetivos de projeto e apresenta o resultado de forma que pode ser prontamente incorporada ao processo de elaboração do projeto.

Quanto a meu próprio trabalho como pesquisadora, continuarei a investigar a interseção entre desenvolvimento infantil e projeto de tecnologia, usando as descobertas para identificar e promover projetos tecnológicos mais propícios para crianças, adolescentes e adultos em formação. O processo de escrita deste livro reforçou para mim a importância da pesquisa como forma de despertar a atenção para as oportunidades e os desafios associados às experiências digitais dos jovens. Também ressaltou a necessidade de mais pesquisas que venham a ajudar os grupos envolvidos a tomar decisões baseadas em evidências quando se trata de crianças e tecnologia.

Notas

Capítulo 1

1. Alison Gopnik, *The gardener and the carpenter: what the new science of child development tells us about the relationship between parents and children* (Nova York: Macmillan, 2016); Jennifer Senior, *All joy and no fun: the paradox of modern parenthood* (Londres: Hachette GB, 2014).
2. Dan Goldhaber, Thomas J. Kane, Andrew McEachin, Emily Morton, Tyler Patterson e Douglas O. Staiger, "The consequences of remote and hybrid instruction during the pandemic", Center for Education Policy Research, Harvard University, 2022, https://cepr.harvard.edu/files/cepr/files/5-4.pdf?m=1651690491.
3. Tarleton Gillespie, "The relevance of algorithms", em *Media technologies: essays on communication, materiality, and society*, ed. Tarleton Gillespie, Pablo J. Boczkowski e Kirsten A. Foot (Cambridge, MA: MIT Press, 2014); Tarleton Gillespie, *Custodians of the Internet* (New Haven, CT: Yale University Press, 2018); Safiya Umoja Noble, *Algorithms of oppression* (Nova York: NYU Press, 2018); Shoshana Zuboff, *The age of surveillance capitalism: the fight for a human future at the new frontier of power* (Londres: Profile Books, 2019).
4. Barbara Rogoff, *The cultural nature of human development* (Oxford: Oxford University Press, 2003).
5. Edward L. Deci e Richard M. Ryan, "The 'what' and 'why' of goal pursuits: human needs and the self-determination of behavior", *Psychological Inquiry* 11, n. 4 (2000): p. 227-268; Richard M. Ryan e Edward L. Deci, "Intrinsic and extrinsic motivation from a self-determination theory perspective: definitions, theory, practices, and future directions", *Contemporary Educational Psychology* 61 (2020): 1-11, https://doi.org/10.1016/j.cedpsych.2020.101860.

Geração tecnológica

6. Em *The app generation*, Howard Gardner e eu nos referimos às experiências tecnológicas autodirigidas como instrumentadoras de aplicativos. Howard Gardner e Katie Davis, *The app generation: how today's youth navigate identity, intimacy, and imagination in a digital world* (New Haven, CT: Yale University Press, 2013).

7. Todd Rose, *The end of average: how to succeed in a world that values sameness* (Londres: Penguin GB, 2016).

8. Kris D. Gutiérrez e Barbara Rogoff, "Cultural ways of learning: individual traits or repertoires of practice", *Educational Researcher* 32, n. 5 (2003): 19-25; Na'ilah Suad Nasir, Carol D. Lee, Roy Pea e Maxine McKinney de Royston, "Rethinking learning: what the interdisciplinary science tells us", *Educational Researcher* 50, n. 8 (2021): p. 557–565; Rogoff, *The cultural nature of human development*.

9. Rogoff, *The cultural nature of human development*, p. 3-4.

10. Nasir et al., "Rethinking learning"; Rogoff, *The cultural nature of human development*.

11. Gillespie, "The relevance of algorithms", 167; Tarleton Gillespie, "Algorithms, clickworkers, and the befuddled fury around Facebook trends", *Culture Digitally*, 18 maio 2016, https://culturedigitally.org/2016/05/facebook-trends/; Gillespie, *Custodians of the Internet*; Tarleton Gillespie e Nick Seaver, "Critical algorithm studies: a reading list", *Social Media Collective*, 2016, https://socialmediacollective.org/reading-lists/critical-algorithm--studies/; Ulrike Klinger e Jakob Svensson, "The end of media logics? On algorithms and agency", *New Media & Society* 20, n. 12 (2018): p. 4653-4670; Ruha Benjamin, *Race after technology: abolitionist tools for the new Jim Code* (Cambridge, GB, e Medford, MA: Polity Press, 2019); Noble, "Algorithms of oppression"; Zuboff, *The age of surveillance capitalism*.

12. Gillespie, "The relevance of algorithms".

13. Gillespie, *Custodians of the Internet*.

14. Benjamin, *Race after technology*.

15. Jeremy B. Merrill e Will Oremus, "Five points for anger, one for a 'like': how Facebook's formula fostered rage and misinformation", *Washington Post*, 26 out. 2021, https://www.washington post.com/technology/2021/10/26/facebook-angry-emoji-algorithm/.

16. Gillespie, "Algorithms, clickworkers".

17. Evans et al., "Explicating affordances".

18. Danah Boyd, "Social network sites as networked publics: affordances, dynamics, and implications", *A networked self: identity, community, and culture on social network sites*, ed. Zizi Papacharissi (Nova York: Routledge, 2010), p. 47-66; Katrin Tiidenberg, Natalie Ann Hendry e Crystal Abidin, *Tumblr* (Cambridge, GB, e Medford, MA: Polity Press, 2021).

19. Tama Leaver, Tim Highfield e Crystal Abidin, *Instagram: visual social media cultures* (Cambridge, GB, e Medford, MA: Polity Press, 2020); Tiidenberg, Hendry e Abidin, *Tumblr*.

20. Tiidenberg, Hendry e Abidin, *Tumblr*.

21. Leaver, Highfield e Abidin, *Instagram*.

22. Tiidenberg, Hendry e Abidin, *Tumblr*.

Capítulo 2

1. Center on the Developing Child, *Building the brain's "Air traffic control" system: how early experiences shape the development of executive function: working paper* (Cambridge, MA:

Notas

Harvard University, 2011), https://developingchild.harvard.edu/wp-content/uploads/2011/05/How-Early-Experiences-Shape-the-Development-of-Executive-Function.pdf.

2. Marc H. Bornstein, "Sensitive periods in development: structural characteristics and causal interpretations", *Psychological Bulletin* 105, n. 2 (1989): p. 179.

3. Katherine Jonas and Grazyna Kochanska, "An imbalance of spproach and effortful control predicts externalizing problems: support for extending the dual-systems model into early childhood", *Journal of Abnormal Child Psychology* 46, n. 8 (1º nov. 2018): p. 1573-1583; Walter Mischel, Yuichi Shoda e Philip K. Peake, "The nature of adolescent competencies predicted by preschool delay of gratification", *Journal of Personality and Social Psychology* 54, n. 4 (1988): p. 687-696; Walter Mischel, Yuichi Shoda e Monica L. Rodriguez, "Delay of gratification in children", *Science* 244, n. 4907 (26 maio 1989): p. 933-938; Yuichi Shoda, Walter Mischel e Philip K. Peake, "Predicting adolescent cognitive and self-regulatory competencies from preschool delay of gratification: identifying diagnostic conditions", *Developmental Psychology* 26, n. 6 (1990): p. 978.

4. Stuart I. Hammond, Ulrich Müller, Jeremy I. M. Carpendale, Maximilian B. Bibok e Dana P. Liebermann-Finestone, "The effects of parental scaffolding on preschoolers' executive function", *Developmental Psychology* 48, n. 1 (2012): p. 271-281; Kristine Jentoft Kinniburgh, Margaret Blaustein, Joseph Spinazzola e Bessel A. Van der Kolk, "Attachment, self-regulation, and competency", *Psychiatric Annals* 35, n. 5 (2005): p. 424-430; Amanda Sheffield Morris, Jennifer S. Silk, Laurence Steinberg, Sonya S. Myers e Lara Rachel Robinson, "The role of the family context in the development of emotion regulation", *Social Development* 16, n. 2 (2007): p. 361-388.

5. Victoria Rideout e Michael B. Robb, *The common sense census: media use by kids age zero to eight* (São Francisco: Common Sense Media, 2020), https://www.commonsensemedia.org/sites/default/files/research/report/2020_zero_to_eight_census_final_web.pdf.

6. Angeline S. Lillard, Marissa B. Drell, Eve M. Richey, Katherine Boguszewski e Eric D. Smith, "Further examination of the immediate impact of television on children's executive function", *Developmental Psychology* 51, n. 6 (2015): p. 792.

7. Lillard et al., "Further examination".

8. Amy I. Nathanson, Fashina Aladé, Molly L. Sharp, Eric E. Rasmussen e Kateryn Christy, "The relation between television exposure and executive function among preschoolers", *Developmental Psychology* 50, n. 5 (2014): p. 1497-1506.

9. Lisa Guernsey, *Screen time: how electronic media – from baby videos to educational software – affects your young child* (Londres: Hachette GB, 2012); Sheri Madigan, Brae Anne McArthur, Ciana Anhorn, Rachel Eirich e Dimitri A. Christakis, "Associations between screen use and child language skills: a systematic review and meta-analysis", *JAMA Pediatrics* 174, n. 7 (2020): p. 665-675; Sanne W. C. Nikkelen, Patti M. Valkenburg, Mariette Huizinga e Brad J. Bushman, "Media use and ADHD-related behaviors in children and adolescents: a meta-analysis", *Developmental Psychology* 50, n. 9 (2014): p. 2228-2241.

10. Nikkelen et al., "Media use and ADHD-related behaviors".

11. Nikkelen et al., "Media use and ADHD-related behaviors".

12. Shunyue Cheng, Tadahiko Maeda, Sakakihara Yoichi, Zentaro Yamagata, Kiyotaka Tomiwa e Japan Children's Study Group, "Early television exposure and children's behavioral and social outcomes at age 30 months", *Journal of Epidemiology* 20, suppl. 2 (2010): p. S482-S489, https://doi.org/10.2188/jea.JE20090179; Dimitri A. Christakis, Frederick J. Zimmerman, David L. DiGiuseppe e Carolyn A. McCarty, "Early televi-

sion exposure and subsequent attentional problems in children", *Pediatrics* 113, n. 4 (1º abr. 2004): p. 708-713; Carlin J. Miller, David J. Marks, Scott R. Miller, Olga G. Berwid, Elizabeth C. Kera, Amita Santra e Jeffrey M. Halperin, "Brief report: television viewing and risk for attention problems in preschool children", *Journal of Pediatric Psychology* 32, n. 4 (1º maio 2007): p. 448-452; Nathanson et al., "Relation between television"; Frederick J. Zimmerman e Dimitri A. Christakis, "Children's television viewing and cognitive outcomes: a longitudinal analysis of national data", *Archives of Pediatrics & Adolescent Medicine* 159, n. 7 (1º jul. 2005): p. 619-625; Frederick J. Zimmerman, Dimitri A. Christakis e Andrew N. Meltzoff, "Associations between media viewing and language development in children under age 2 years", *Journal of Pediatrics* 151, n. 4 (1º out. 2007): p. 364-368.

13. A. Nayena Blankson, Marion O'Brien, Esther M. Leerkes, Susan D. Calkins e Stuart Marcovitch, "Do hours spent viewing television at ages 3 and 4 predict vocabulary and executive functioning at age 5?", *Merrill-Palmer Quarterly* 61, n. 2 (2015): p. 264-289; E. Michael Foster e Stephanie Watkins, "The value of reanalysis: TV viewing and attention problems", *Child Development* 81, n. 1 (2010): p. 368-375; Angeline S. Lillard, Hui Li e Katie Boguszewski, "Television and children's executive function", em *Advances in Child Development and Behavior*, ed. Janette B. Benson, v. 48 (2015): p. 219-248, https://doi.org/10.1016/bs.acdb.2014.11.006; Matthew T. McBee, Rebecca J. Brand e Wallace E. Dixon, "Challenging the link between early childhood television exposure and later attention problems: a multiverse approach", *Psychological Science* 32, n. 4 (1º abr. 2021): p. 496-518; Carsten Obel, Tine Brink Henriksen, Søren Dalsgaard, Karen Markussen Linnet, Elisabeth Skajaa, Per Hove Thomsen e Jørn Olsen, "Does children's watching of television cause attention problems? Retesting the hypothesis in a Danish cohort", *Pediatrics* 114, n. 5 (1º nov. 2004): p. 1372-1373; Tara Stevens e Miriam Mulsow, "There is no meaningful relationship between television exposure and symptoms of attention-deficit/hyperactivity disorder", *Pediatrics* 117, n. 3 (1º mar. 2006): p. 665-672.

14. Amanda L. Thompson, Linda S. Adair e Margaret E. Bentley, "Maternal characteristics and perception of temperament associated with infant TV exposure", *Pediatrics* 131, n. 2 (fev. 2013): p. e390-397; Brandon T. McDaniel e Jenny S. Radesky, "Longitudinal associations between early childhood externalizing behavior, parenting stress, and child media use", *Cyberpsychology, behavior, and social networking* 23, n. 6 (1º jun. 2020): p. 384-391; Jenny S. Radesky, Elizabeth Peacock-Chambers, Barry Zuckerman e Michael Silverstein, "Use of mobile technology to calm upset children: associations with social-emotional development", *JAMA Pediatrics* 170, n. 4 (1º abr. 2016): p. 397-399; Jenny S. Radesky, Caroline J. Kistin, Barry Zuckerman, Katie Nitzberg, Jamie Gross, Margot Kaplan-Sanoff, Marilyn Augustyn e Michael Silverstein, "Patterns of mobile device use by caregivers and children during meals in fast food restaurants", *Pediatrics* 133, n. 4 (1º abr. 2014): p. e843-849.

Até agora, a pesquisa existente sugere que colocar telas nas mãos de crianças pequenas como forma de controlar a angústia delas não parece produzir efeito negativo duradouro sobre a capacidade de autorregulação dessas crianças à medida que ficam mais velhas; veja Dylan P. Cliff, Steven J. Howard, Jenny S. Radesky, Jade McNeill e Stewart A. Vella, "Early childhood media exposure and self-regulation: bidirectional longitudinal associations", *Academic Pediatrics* 18, n. 7 (1º set. 2018): p. 813-819; Avigail Gordon-Hacker e Noa Gueron-Sela, "Maternal use of media to regulate child distress: a double-edged sword? Longitudinal links to toddlers' negative emotionality",

Cyberpsychology, Behavior, and Social Networking 23, n. 6 (1º jun. 2020): p. 400-405. No entanto, é necessário o desenvolvimento de outras pesquisas; e as melhores práticas de parentalidade sugerem que é mais prudente o uso de uma diversidade de estratégias de enfrentamento em vez de contarmos apenas com a mídia de tela para acalmar nossos filhos; veja McDaniel e Radesky, "Longitudinal associations"; Jenny S. Radesky, "Smartphones and children: relationships, regulation, and reasoning", *Cyberpsychology, Behavior, and Social Networking* 23, n. 6 (1º jun. 2020): p. 361-362.

15. Arya Ansari e Robert Crosnoe, "Children's hyperactivity, television viewing, and the potential for child effects", *Children and Youth Services Review* 61 (2016): p. 135-140; Cliff et al., "Early childhood media exposure and self-regulation"; Si Ning Goh, Long Hua Teh, Wei Rong Tay, Saradha Anantharaman, Rob M. van Dam, Chuen Seng Tan, Hwee Ling Chua, Pey Gein Wong e Falk Müller-Riemenschneider, "Sociodemographic, home environment and parental influences on total and device-specific screen viewing in children aged 2 years and below: an observational study", *BMJ Open* 6, n. 1 (2016): p. e009113; Gordon-Hacker e Gueron-Sela, "Maternal use of media to regulate child distress"; Jill A. Hnatiuk, Jo Salmon, Karen J. Campbell, Nicola D. Ridgers e Kylie D. Hesketh, "Tracking of maternal self-efficacy for limiting young children's television viewing and associations with children's television viewing time: a longitudinal analysis over 15-months", *BMC Public Health* 15, n. 1 (30 maio 2015): p. 517; Deborah L. Linebarger, Rachel Barr, Matthew A. Lapierre e Jessica T. Piotrowski, "Associations between parenting, media use, cumulative risk, and children's executive functioning", *Journal of Developmental & Behavioral Pediatrics* 35, n. 6 (ago. 2014): p. 367-377; McDaniel e Radesky, "Longitudinal associations", p. 384-391; Gabrielle McHarg, Andrew D. Ribner, Rory T. Devine, Claire Hughes e The NewFAMS Study Team, "Infant screen exposure links to toddlers' inhibition, but not other EF constructs: a propensity score study", *Infancy* 25, n. 2 (2020): p. 205-222; Radesky, "Smartphones and children"; Masumi Sugawara, Satoko Matsumoto, Hiroto Murohashi, Atsushi Sakai e Nobuo Isshiki, "Trajectories of early television contact in Japan: relationship with preschoolers' externalizing problems", *Journal of Children and Media* 9, n. 4 (2 out. 2015): p. 453-471.

16. Katarzyna Kostyrka-Allchorne, Nicholas R. Cooper e Andrew Simpson, "The relationship between television exposure and children's cognition and behaviour: a systematic review", *Developmental Review* 44 (1º jun. 2017): p. 19-58.

17. John D. Bransford, Ann L. Brown e Rodney R. Cocking, *How people learn: brain, mind, experience, and school* (Washington, DC: National Academy Press, 1999); Suzy Tomopoulos, Benard P. Dreyer, Purnima Valdez, Virginia Flynn, Gilbert Foley, Samantha B. Berkule e Alan L. Mendelsohn, "Media content and externalizing behaviors in Latino toddlers", *Ambulatory Pediatrics* 7, n. 3 (1º maio 2007): p. 232-238; Zimmerman, Christakis e Meltzoff, "Associations between media viewing", p. 364-368.

18. Lillard, Li e Boguszewski, "Television and children's executive function"; John P. Murray, "Media violence: the effects are both real and strong", *American Behavioral Scientist* 51, n. 8 (1º abr. 2008): p. 1212-1230.

19. Rachel Barr, Alexis Lauricella, Elizabeth Zack e Sandra L. Calvert, "Infant and early childhood exposure to adult-directed and child-directed television programming: relations with cognitive skills at age four", *Merrill-Palmer Quarterly* 56, n. 1 (2010): p. 21-48; Dylan B. Jackson, "Does TV viewing during toddlerhood predict social difficulties and conduct problems?", *Infant and Child Development* 27, n. 4 (2018): p. e2086.

20. Ritmo rápido versus lento: Anderson et al. não encontraram relações entre o ritmo e os resultados em termos de comportamento, enquanto Lillard e Peterson encontraram um impacto negativo imediato dos desenhos animados de ritmo acelerado exibidos na televisão sobre a capacidade de crianças de 4 anos para realizar tarefas de função executiva; e Geist e Gibson descobriram que a programação em ritmo acelerado prognosticava problemas comportamentais em crianças de 4 e 5 anos.; veja Daniel R. Anderson, Stephen R. Levin e Elizabeth Pugzles Lorch, "The effects of TV program pacing on the behavior of preschool children", *AV Communication Review* 25, n. 2 (1977): p. 159-166; Angeline S. Lillard e Jennifer Peterson, "The immediate impact of different types of television on young children's executive function", *Pediatrics* 128, n. 4 (2011): p. 644-649, https://doi.org/10.1542/peds.2010-1919; Eugene A. Geist e Marty Gibson, "The effect of network and public television programs on four and five year olds' ability to attend to educational tasks", *Journal of Instructional Psychology* 27, n. 4 (2000): p. 250. Lillard et al. ("Further examination") descobriram que, uma vez dada a devida atenção ao conteúdo, o ritmo não tem muito impacto sobre as aptidões de função executiva das crianças. Conteúdo realista x fantástico: Lillard et al. ("Further examination") descobriram que assistir a eventos não realistas prognosticava efeito negativo sobre o desempenho das funções executivas das crianças, enquanto Kostyrka-Allchorne et al. encontraram um efeito oposto; veja Katarzyna Kostyrka-Allchorne, Nicholas R. Cooper e Andrew Simpson, "Disentangling the effects of video pace and story realism on children's attention and response inhibition", Cognitive Development 49 (jan. 2019): p. 94-104, https://doi.org/10.1016/j.cogdev.2018.12.003.
21. O uso de uma variedade de estratégias de enfrentamento é aconselhável para todas as crianças, não apenas para aquelas com problemas de atenção e/ou comportamento; veja Jenny S. Radesky, Alexandria Schaller, Samantha L. Yeo, Heidi M. Weeks e Michael B. Robb, *Young kids and YouTube: how ads, toys, and games dominate viewing* (São Francisco: Common Sense Media, 2020), https://www.commonsensemedia.org/sites/default/files/research/report/2020_youngkidsyoutube-report_final-release_forweb_1.pdf; Gordon-Hacker e Gueron-Sela, "Maternal use of media to regulate child distress".
22. Bransford, Brown e Cocking, *How people learn*; Shalom M. Fisch e Rosemarie T. Truglio, *G is for growing: thirty years of research on children and Sesame street* (Mahwah, NJ: Lawrence Erlbaum, 2001).
23. Guernsey, *Screen Time*; Monique K. LeBourgeois, Lauren Hale, Anne-Marie Chang, Lameese D. Akacem, Hawley E. Montgomery-Downs e Orfeu M. Buxton, "Digital media and sleep in childhood and adolescence", *Pediatrics* 140, suppl. 2 (1º nov. 2017): p. S92-S96; Amy I. Nathanson, "Sleep and technology in early childhood", *Child and Adolescent Psychiatric Clinics* 30, n. 1 (1º jan. 2021): p. 15-26.
24. Sonia Livingstone e Alicia Blum-Ross, *Parenting for a digital future: how hopes and fears about technology shape children's lives* (Oxford: Oxford University Press, 2020).
25. Rebecca Cecil-Karb e Andrew Grogan-Kaylor, "Childhood body mass index in community context: neighborhood safety, television viewing, and growth trajectories of BMI", *Health & Social Work* 34, n. 3 (2009): p. 169-177; Ashlesha Datar, Nancy Nicosia e Victoria Shier, "Parent perceptions of neighborhood safety and children's physical activity, sedentary behavior, and obesity: evidence from a national longitudinal study", *American Journal of Epidemiology* 177, n. 10 (15 maio 2013): p. 1065-1073; Livingstone e Blum-Ross, *Parenting for a digital future*.

Notas

26. Rideout e Robb, *The common sense census.*
27. Sabrina L. Connell, Alexis R. Lauricella e Ellen Wartella, "Parental co-use of media technology with their young children in the USA", *Journal of Children and Media* 9, n. 1 (2015): p. 5-21; Reed Stevens e L. Takeuchi, *The new coviewing: designing for learning through joint media engagement* (Nova York: Joan Ganz Cooney Center, 2011); Gabrielle A. Strouse, Katherine O'Doherty e Georgene L. Troseth, "Effective coviewing: preschoolers' learning from video after a dialogic questioning intervention", *Developmental Psychology* 49, n. 12 (2013): p. 2368-2382.
28. Jenny S. Radesky, Jayna Schumacher e Barry Zuckerman, "Mobile and interactive media use by young children: the good, the bad, and the unknown", *Pediatrics* 135, n. 1 (1º jan. 2015): p. 1-3.
29. Amy I. Nathanson e Ine Beyens, "The role of sleep in the relation between young children's mobile media use and effortful control", *British Journal of Developmental Psychology* 36, n. 1 (2018): p. 1-21; Nathanson, "Sleep and technology in early childhood".
30. Radesky et al., *Young kids and YouTube*; Jenny S. Radesky, Jennifer L. Seyfried, Heidi M. Weeks, Niko Kaciroti e Alison L. Miller, "Video-sharing platform viewing among preschool-aged children: differences by child characteristics and contextual factors", *Cyberpsychology, Behavior, and Social Networking* 25, n. 4 (2002): p. 230-236.
31. Patrick Van Kessel, Skye Toor e Aaron Smith, *A week in the life of popular YouTube channels*, Pew Research Center, 25 jul. 2019, https://www.pewresearch.org/internet/2019/07/25/a-week-in-the-life-of-popular-youtube-channels/.
32. Mark Savage, "Baby shark becomes YouTube's most-watched video of all time", *BBC News*, 2 nov. 2020.
33. *Radesky et al., Young kids and YouTube.* Radesky et al. constataram que crianças pequenas (de 3 a 5 anos) pertencentes a famílias de nível socioeconômico mais baixo passam mais tempo, em média, assistindo ao YouTube em um dispositivo móvel que crianças pequenas de famílias de nível socioeconômico mais alto (Radesky et al., "Video-sharing platform viewing among preschool-aged children").
34. Benjamin Burroughs, "YouTube Kids: the app economy and mobile parenting", *Social Media+ Society* 3, n. 2 (2017): 2056305117707189; Jenny Radesky e Alexis Hiniker, "From moral panic to systemic change: making child-centered design the default", *International Journal of Child-Computer Interaction* 31 (mar. 2022), https://doi.org/10.1016/j.ijcci.2021.100351.
35. Tiffany G. Munzer, Alison L. Miller, Yujie Wang, Niko Kaciroti e J. Radesky, "Tablets, toddlers, and tantrums: the immediate effects of tablet device play", *Acta Paediatrica* 110, n. 1 (2021): p. 255-256, https://doi.org/10.1111/apa.15509.
36. Alexis Hiniker, Hyewon Suh, Sabina Cao e Julie A. Kientz, "Screen time tantrums: how families manage screen media experiences for toddlers and preschoolers", *Proceedings of the 2016 CHI Conference on Human Factors in Computing Systems* (7 maio 2016): p. 648-660, https://doi.org/10.1145/2858036.2858278.
37. Dan Fitton e Janet C. Read, "Creating a framework to support the critical consideration of dark design aspects in free-to-play apps", *Proceedings of the 18th ACM International Conference on Interaction Design and Children* (12 jun. 2019): p. 407-418, https://doi.org/10.1145/3311927.3323136; Arvind Narayanan, Arunesh Mathur, Marshini Chetty e Mihir Kshirsagar, "Dark patterns: past, present, and future: the evolution of tricky user interfaces", *Queue* 18, n. 2 (30 abr. 2020): p. 67-92.

38. Radesky et al., *Young kids and YouTube*.
39. Rebecca A. Dore, Marcia Shirilla, Emily Hopkins, Molly Collins, Molly Scott, Jacob Schatz, Jessica Lawson-Adams, et al., "Education in the App Store: using a mobile game to support U.S. preschoolers' vocabulary learning", *Journal of Children and Media* 13, n. 4 (2 out. 2019): p. 452-471.
40. Burcu Sari, Zsofia K. Takacs e Adriana G. Bus, "What are we downloading for our children? Best-selling children's apps in four european countries", *Journal of Early Childhood Literacy* 19, n. 4 (1º dez. 2019): p. 515-532.
41. Brittany Huber, Joanne Tarasuik, Mariana N. Antoniou, Chelsee Garrett, Steven J. Bowe, Jordy Kaufman e Winburne Babylab Team, "Young children's transfer of learning from a touchscreen device", *Computers in Human Behavior* 56 (mar. 2016): p. 56-64, https://doi.org/10.1016/j.chb.2015.11.010; Brittany Huber, Megan Yeates, Denny Meyer, Lorraine Fleckhammer e Jordy Kaufman, "The effects of screen media content on young children's executive functioning", *Journal of Experimental Child Psychology* 170 (1º junho 2018): p. 72-85; Amanda Lawrence e Daniel Ewon Choe, "Mobile media and young children's cognitive skills: a review", *Academic Pediatrics* 21, n. 6 (1º ago. 2021): p. 996-1000.
42. Hiniker et al., "Let's play!".
43. Jenny Radesky, Alexis Hiniker, Caroline McLaren, Eliz Akgun, Alexandria Schaller, Heidi M. Weeks, Scott Campbell e Ashley Gearhardt, "Design abuses in children's apps", em revisão.
44. Alexis Hiniker, Kiley Sobel, Sungsoo Ray Hong, Hyewon Suh, India Irish, Daniella Kim e Julie A. Kientz, "Touchscreen prompts for preschoolers: designing developmentally appropriate techniques for teaching young children to perform gestures", *Proceedings of the 14th International Conference on Interaction Design and Children* (21 jun. 2015): p. 109-118, https://doi.org/10.1145/2771839.2771851; Hiniker et al., "Hidden symbols"; Marisa Meyer, Jennifer M. Zosh, Caroline McLaren, Michael Robb, Harlan McCaffery, Roberta Michnick Golinkoff, Kathy Hirsh-Pasek e Jenny Radesky, "How educational are 'educational' apps for young children? App store content analysis using the four pillars of learning framework", *Journal of Children and Media* 15, n. 4 (2021): p. 526-548; Uthpala Samarakoon, Hakim Usoof e Thilina Halloluwa, "What they can and cannot: a meta-analysis of research on touch and multi-touch gestures by two to seven-year-olds", *International Journal of Child-Computer Interaction* 22 (1º dez. 2019): 100151; Nikita Soni, Aishat Aloba, Kristen S. Morga, Pamela J. Wisniewski e Lisa Anthony, "A framework of touchscreen interaction design recommendations for children (TIDRC): characterizing the gap between research evidence and design practice", *Proceedings of the 18th ACM International Conference on Interaction Design and Children* (12 jun. 2019): p. 419-431, https://doi.org/10.1145/3311927.3323149; Lisa Anthony, "Physical dimensions of children's touchscreen interactions: lessons from five years of study on the MTAGIC Project", *International Journal of Human-Computer Studies* 128 (2019): p. 1-16.
45. Adriana G. Bus, Zsofia K. Takacs e Cornelia A. T. Kegel, "Affordances and limitations of electronic storybooks for young children's emergent literacy", em "Living in the 'net' generation: multitasking, learning, and development", edição especial, *Developmental Review* 35 (mar. 2015): p. 79-97; Stephanie M. Reich, Joanna C. Yau e Mark Warschauer, "Tablet-based ebooks for young children: what does the research say?", *Journal of Developmental & Behavioral Pediatrics* 37, n. 7 (set. 2016): p. 585-591.
46. Lawrence e Choe, "Mobile media and young children's cognitive skills".

Notas

47. Radesky et al., "Design abuses in children's apps".
48. Brandon T. McDaniel, "Parent distraction with phones, reasons for use, and impacts on parenting and child outcomes: a review of the emerging research", *Human Behavior and Emerging Technologies* 1, n. 2 (2019): p. 72-80; Brandon T. McDaniel e Sarah M. Coyne, "'Technoference': the interference of technology in couple relationships and implications for women's personal and relational well-being", *Psychology of Popular Media Culture* 5, n. 1 (2016): p. 85-98.
49. Erin Beneteau, Ashley Boone, Yuxing Wu, Julie A. Kientz, Jason Yip e Alexis Hiniker, "Parenting with Alexa: exploring the introduction of smart speakers on family dynamics", *Proceedings of the 2020 CHI Conference on Human Factors in Computing Systems* (23 abr. 2020): p. 1-13, https://doi.org/10.1145/3313831.3376344; Ying-Yu Chen, Ziyue Li, Daniela Rosner e Alexis Hiniker, "Understanding parents' perspectives on mealtime technology", *Proceedings of the ACM on Interactive, Mobile, Wearable and Ubiquitous Technologies* 3, issue 1, n. 5 (29 mar. 2019): p. 1-19, https://doi.org/10.1145/3314392.
50. Gopnik, *The gardener and the carpenter*.
51. Suzanne M. Bianchi, John P. Robinson e Melissa A. Milke, *The changing rhythms of American family life* (Nova York: Russell Sage Foundation, 2006); Ariel Kalil, Rebecca Ryan e Michael Corey, "Diverging destinies: maternal education and the developmental gradient in time with children", *Demography* 49, n. 4 (11 ago. 2012): p. 1361-1383; Senior, *All joy and no fun*.
52. Sharon Hays, *The cultural contradictions of motherhood* (New Haven, CT: Yale University Press, 1996); Senior, *All Joy*; Judith Warner, *Perfect madness: motherhood in the age of anxiety* (Nova York: Penguin, 2006).
53. Charlotte Faircloth, "Intensive parenting and the expansion of parenting", em *Parenting culture studies*, ed. Ellie Lee, Jennie Bristow, Charlotte Faircloth e Jan Macvarish (Londres: Palgrave Macmillan GB, 2014): p. 25-50; Hays, *Cultural contradictions of motherhood*; Hiniker et al., "Touchscreen prompts for preschoolers"; Senior, *All Joy*; Glenda Wall, "Mothers' experiences with intensive parenting and brain development discourse", *Women's Studies International Forum* 33, n. 3 (1º maio 2010): p. 253-263; Warner, *Perfect madness*; Ellie Lee, Jennie Bristow, Charlotte Faircloth e Jan Macvarish, eds., *Parenting culture studies* (Nova York: Springer, 2014); Radesky e Hiniker, "From moral panic to systemic change".
54. Essa noção da parentalidade reflete em grande medida as abordagens da classe média e alta à parentalidade, o que a socióloga Annette Lareau chamou de "refinamento coordenado". Em contraposição, as famílias da classe trabalhadora e pobres são mais propensas a praticar "parentalidade do crescimento natural", em que se espera que as crianças se divirtam sozinhas durante longos períodos não estruturados. Veja Annette Lareau, "Invisible inequality: social class and childrearing in black families and white families", *American Sociological Review* 67, n. 5 (2002): p. 747-776, https://doi.org/10.2307/3088916; Annette Lareau, *Unequal childhoods: class, race, and family life* (Berkeley: University of California Press, 2003).
55. McDaniel, "Parent distraction with phones".
56. Russell W. Belk, "Extended self in a digital world". *Journal of Consumer Research* 40, n. 3 (1º out. 2013): p. 477-500.

Geração tecnológica

57. Andrew K. Przybylski, Kou Murayama, Cody R. DeHaan e Valerie Gladwell, "Motivational, emotional, and behavioral correlates of fear of missing out", *Computers in Human Behavior* 29, n. 4 (1º jul. 2013): p. 1841-1848.

58. Sudip Bhattacharya, Md Abu Bashar, Abhay Srivastava e Amarjeet Singh, "NOMO-PHOBIA: NO MObile PHone PhoBIA", *Journal of Family Medicine and Primary Care* 8, n. 4 (abr. 2019): p. 1297-1300.

59. Mitchell K. Bartholomew, Sarah J. Schoppe-Sullivan, Michael Glassman, Claire M. Kamp Dush e Jason M. Sullivan, "New parents' Facebook use at the transition to parenthood", *Family Relations* 61, n. 3 (2012): p. 455-469; Brandon T. McDaniel, Sarah M. Coyne e Erin K. Holmes, "New mothers and media use: associations between blogging, social networking, and maternal well-being", *Maternal and Child Health Journal* 16, n. 7 (out. 2012): 1509-1517; Jenny S. Radesky, Caroline Kistin, Staci Eisenberg, Jamie Gross, Gabrielle Block, Barry Zuckerman e Michael Silverstein, "Parent perspectives on their mobile technology use: the excitement and exhaustion of parenting while connected", *Journal of Developmental & Behavioral Pediatrics* 37, n. 9 (dez. 2016): p. 694-701.

60. McDaniel, "Parent distraction with phones"; Jonathan A. Tran, Katie S. Yang, Katie Davis e Alexis Hiniker, "Modeling the engagement-disengagement cycle of compulsive phone use", *Proceedings of the 2019 CHI Conference on Human Factors in Computing Systems*, n. 312 (2 maio 2019): p. 1-14, https://doi.org/10.1145/3290605.3300542.

61. Guernsey, *Screen time*; Katie Davis, Anja Dinhopl e Alexis Hiniker, "'Everything's the phone': understanding the phone's supercharged role in parent-teen relationships", *Proceedings of the 2019 CHI Conference on Human Factors in Computing Systems*, n. 227 (2 maio 2019): p. 1-14, https://doi.org/10.1145/3290605.3300457.

Nem todos os pais têm essa mesma postura, pelo menos não na mesma medida e não exatamente da mesma maneira. Os medos no processo de parentalidade no que diz respeito às crianças e à tecnologia variam de acordo com raça, etnia, renda, nível educacional e condição de imigrante; veja Brooke Auxier, Monica Anderson, Andrew Perrin e Erica Turner, *Parenting children in the age of screens*, Pew Research Center, 28 jul. 2020, https://www.pewresearch.org/inter net/2020/07/28/parenting-children-in--the-age-of-screens/; Livingstone e Blum-Ross, *Parenting for a digital future*; Victoria Rideout e Vikki S. Katz, *Opportunity for all? Technology and learning in lower-income families*, a report of the families and media project (Nova York: Joan Ganz Cooney Center, 2016); Rideout e Robb, *The common sense census*. Por exemplo, pais negros e hispânicos/latinos, bem como pais de baixa renda, são mais propensos que pais brancos e ricos a perceber benefícios educacionais no uso das mídias de tela por seus filhos pequenos (Rideout e Robb, *The common sense census*). Por sua vez, pais hispânicos e pais que têm um nível educacional relativamente alto são mais propensos que outros a expressar preocupação com o que seus filhos encontram no ambiente *on-line* (Auxier et al., "Parenting children in the age of screens"). Quando se trata do que os pais pensam a respeito do uso das telas por seus filhos e da forma como administram esse uso – incluindo a maneira como interpretam a pesquisa relatada neste livro e a ela respondem –, suas percepções, seus valores e seus recursos são muito importantes.

62. Michael J. Sulik, "Introduction to the special section on executive functions and externalizing symptoms", *Journal of Abnormal Child Psychology* 45, n. 8 (2017): p. 1473-1475.

63. Brandon T. McDaniel e Jenny S. Radesky, "Technoference: longitudinal associations between parent technology use, parenting stress, and child behavior problems", *Pediatric*

Notas

Research 84, n. 2 (ago. 2018): p. 210-218; Brandon T. McDaniel e Jenny S. Radesky, "Technoference: parent distraction with technology and associations with child behavior problems", *Child Development* 89, n. 1 (2018): p. 100-109; Radesky et al., "Patterns of mobile device use"; Radesky et al., "Parent perspectives on their mobile technology use".

64. Kinniburgh et al., "Attachment, self-regulation, and competency"; Morris et al., "Role of the family".

65. Mary S. Ainsworth, "Infant–mother attachment", *American Psychologist* 34, n. 10 (1979): p. 932; John Bowlby, *Attachment* (Nova York: Basic Books, 2008); Erik H. Erikson, *Identity and the life cycle* (Nova York: W. W. Norton & Company, 1994); Kinniburgh et al., "Attachment, self-regulation, competency".

66. Hiniker et al., "Hidden symbols"; Radesky et al., "Patterns of mobile device use"; Jenny Radesky, Alison L. Miller, Katherine L. Rosenblum, Danielle Appugliese, Niko Kaciroti e Julie C. Lumeng, "Maternal mobile device use during a structured parent–child interaction task", *Academic Pediatrics* 15, n. 2 (1º março 2015): p. 238-244; Mariek M. P. Vanden Abeele, Monika Abels e Andrew T. Hendrickson, "Are parents less responsive to young children when they are on their phones? A systematic naturalistic observation study", *Cyberpsychology, Behavior, and Social Networking* 23, n. 6 (1º jun. 2020): p. 363-370; McDaniel, "Parent distraction with phones".

    Observe que ter a atenção concentrada no telefone é diferente de dar uma olhada ocasional, o que não parece interferir na capacidade de resposta dos pais aos filhos. (Vanden Abeele, Abels e Hendrickson, "Are parents less responsive to young children?").

67. Alexis Hiniker, Kiley Sobel, Hyewon Suh, Yi-Chen Sung, Charlotte P. Lee e Julie A. Kientz, "Texting While Parenting: How Adults Use Mobile Phones While Caring for Children at the Playground", *Proceedings of the 33rd Annual ACM Conference on Human Factors in Computing Systems* (18 abr. 2015): p. 727-736; Radesky et al., "Patterns of mobile device use"; Kostadin Kushlev e Elizabeth W. Dunn, "Smartphones distract parents from cultivating feelings of connection when spending time with their children", *Journal of Social and Personal Relationships* 36, n. 6 (1º jun. 2019): p. 1619-1639.

68. Nalingna Yuan, Heidi M. Weeks, Rosa Ball, Mark W. Newman, Yung-Ju Chang e Jenny S. Radesky, "How much do parents actually use their smartphones? pilot study comparing self-report to passive sensing", *Pediatric Research* 86, n. 4 (out. 2019): 416-418.

69. Sarah E. Domoff, Aubrey L. Borgen e Jenny S. Radesky, "Interactional Theory of Childhood Problematic Media Use", *Human Behavior and Emerging Technologies* 2, n. 4 (2020): p. 343-353.

70. A ideia dos pais digitais "suficientemente bons" surgiu de uma discussão que tive com diversos estudiosos em outubro de 2018 durante um evento que reuniu pesquisadores cujo trabalho tem como foco juventude, tecnologia e bem-estar. Esqueci o nome de alguns dos estudiosos que estavam sentados à mesa durante aquela discussão, mas lembro-me de Andrew Przybylski (que trouxe à tona o trabalho de Donald Winnicott sobre a mãe suficientemente boa), Carrie James e Ellen Wartella.

71. W. Winnicott, "The theory of the parent-infant relationship", *International Journal of Psycho-Analysis* 41 (1960): p. 585-595.

72. Lawrence e Choe, "Mobile media and young children's cognitive skills".

73. Brittany Huber, Joanne Tarasuik, Mariana N. Antoniou, Chelsee Garrett, Steven J. Bowe e Jordy Kaufman, "Young children's transfer of learning from a touchscreen device",

Computers in Human Behavior 56 (mar. 2016): p. 56-64, https://doi.org/10.1016/j.chb.2015.11.010; Brittany Huber, Megan Yeates, Denny Meyer, Lorraine Fleckhammer e Jordy Kaufman, "The effects of screen media content on young children's executive functioning", *Journal of Experimental Child Psychology* 170 (jun. 2018): p. 72-85, https://doi.org/10.1016/j.jecp.2018.01.006; Lawrence and Choe, "Mobile media and young children's cognitive skills"; Kiley Sobel, Kate Yen, Yi Cheng, Yeqi Chen e Alexis Hiniker, "No touch pig! Investigating child-parent use of a system for training executive function", *Proceedings of the 18th ACM International Conference on Interaction Design and Children* (12 jun. 2019): p. 339-351, https://doi.org/10.1145/3311927.3323132.

74. Vanden Abeele, Abels e Hendrickson, "Are parents less responsive to young children?".

75. Domoff, Borgen e Radesky, "Interactional theory".

76. Mesmo quando são levadas em conta todas essas considerações de projeto, os pesquisadores identificaram diferenças culturais na forma como um mesmo projeto é assimilado pelas crianças e por seus pais, o que nos faz lembrar que o uso da tecnologia infantil está inserido em contextos sociais, culturais, políticos e econômicos mais amplos. Kate Yen, Kate, Yeqi Chen, Yi Cheng, Sijin Chen, Ying-Yu Chen, Yiran Ni e Alexis Hiniker, "Joint media engagement between parents and preschoolers in the U.S., China, and Taiwan", *Proceedings of the ACM on Human-Computer Interaction* 2, issue CSCW, n. 192 (1º nov. 2018): p. 1-19, https://doi.org/10.1145/3274461.

77. Para encontrar alguns exemplos mais concretos, veja Alexis Hiniker, Bongshin Lee, Kiley Sobel e Eun Kyoung Choe, "Plan & play: supporting intentional media use in early childhood", *Proceedings of the 2017 Conference on Interaction Design and Children* (27 jun. 2017): p. 85-95, https://doi.org/10.1145/3078072.3079752; Hiniker et al., "Let's play!"; e Sobel, "No touch pig!".

78. Brandon T. McDaniel, "Passive sensing of mobile media use in children and families: a brief commentary on the promises and pitfalls", *Pediatric Research* 86, n. 4 (2019): p. 425-427.

79. Beneteau et al., "Parenting with Alexa".

Capítulo 3

1. Catherine Elizabeth *Snow, What Counts as Literacy in Early Childhood?* (Hoboken, NJ: Blackwell Publishing Ltd., 2006).

   As primeiras experiências de alfabetização também prepararam as crianças para o sucesso acadêmico posterior de forma mais geral. Veja Beverly J. Dodici, Dianne C. Draper e Carla A. Peterson, "Early parent-child interactions and early literacy development", *Topics in Early Childhood Special Education* 23, n. 3 (2003): p. 124-136; Roberta Michnick Golinkoff, Erika Hoff, Meredith L. Rowe, Catherine S. Tamis-LeMonda e Kathy Hirsh-Pasek, "Language matters: denying the existence of the 30-million-word gap has serious consequences", *Child Development* 90, n. 3 (maio 2019): p. 985-992; Victoria Purcell-Gates, "Stories, coupons, and the 'TV Guide': relationships between home literacy experiences and emergent literacy knowledge", *Reading Research Quarterly* 31, n. 4 (1996): p. 406-428; Catherine E. Snow e Diane E. Beals, "Mealtime talk that supports literacy development", *New Directions for Child and Adolescent Development* 2006, n. 111 (2006): p. 51-66. Esse é um padrão semelhante ao que observamos na questão do desenvolvimento da função executiva das crianças no capítulo anterior. Na verdade, experiências de alta qualidade no início da alfabetização também ajudam as

Notas

crianças a desenvolver suas aptidões de função executiva (Golinkoff et al., "Language matters").

2. Bransford, Brown e Cocking, *How people learn*; Dodici, Draper e Peterson, "Early parent-child interactions"; Golinkoff et al., "Language matters"; Eileen T. Rodriguez e Catherine S. Tamis-LeMonda, "Trajectories of the home learning environment across the first 5 Years: associations with children's vocabulary and literacy skills at prekindergarten", *Child Development* 82, n. 4 (ago. 2011): p. 1058-1075; Snow e Beals, "Mealtime talk".

   O ambiente doméstico e o modo como os pais interagem nele com seus filhos desempenham papel crucial na aquisição e no desenvolvimento da linguagem das crianças pequenas; veja Erika Hoff, "How social contexts support and shape language development", *Developmental Review* 26, n. 1 (2006): p. 55-88; Patricia K. Kuhl, "Early language acquisition: cracking the speech code", *Nature Reviews Neuroscience* 5, n. 11 (nov. 2004): p. 831-843; Lillian R. Masek, Brianna T. M. McMillan, Sarah J. Paterson, Catherine S. Tamis-LeMonda, Roberta Michnick Golinkoff e Kathy Hirsh-Pasek, "Where language meets attention: how contingent interactions promote learning", *Developmental Review* 60 (2021). Meu foco neste capítulo é, no entanto, o desenvolvimento da alfabetização.

3. Adriana G. Bus, Marinus H. van IJzendoorn e Anthony D. Pellegrini, "Joint book reading makes for success in learning to read: a meta-analysis on intergenerational transmission of literacy", *Review of Educational Research* 65, n. 1 (1º mar. 1995): p. 1-21; Purcell-Gates, "Stories, coupons, and the 'TV Guide'"; Rodriguez e Tamis-LeMonda, "Trajectories of the home learning environment"; Meredith L. Rowe, "A longitudinal investigation of the role of quantity and quality of child-directed speech in vocabulary development", *Child Development* 83, n. 5 (set. 2012): p. 1762-1774; Rachel R. Romeo, Julia A. Leonard, Sydney T. Robinson, Martin R. West, Allyson P. Mackey, Meredith L. Rowe e John D. E. Gabrieli, "Beyond the 30-million-word gap: children's conversational exposure is associated with language-related brain function", *Psychological Science* 29, n. 5 (maio 2018): p. 700-710; Catherine Elizabeth Snow, "The development of definitional skill", *Journal of Child Language* 17, n. 3 (out. 1990): p. 697-710; Snow e Beals, "Mealtime talk".

4. Daniel R. Anderson e Tiffany A. Pempek, "Television and very young children", *American Behavioral Scientist* 48, n. 5 (1º jan. 2005): p. 505-522.

   As crianças com idade anterior a essa têm dificuldade em relação ao caráter simbólico da televisão em razão do fato de que interagem com o mundo e o compreendem de maneira principalmente física. Anderson e Pempek. "Television and very young children"; Georgene L. Troseth e Judy S. DeLoache, "The medium can obscure the message: young children's understanding of video". *Child Development* 69, n. 4 (1998): p. 950-965. A capacidade limitada das crianças pequenas para processar informações também dificulta a interpretação das características complexas e formais da televisão; Rachel Barr, "Transfer of learning between 2D and 3D sources during infancy: informing theory and practice", em "Television and toddlers: the message, the medium, and their impact on early cognitive development", edição especial, *Developmental Review* 30, n. 2, (2010): p. 128-154; Mary L. Courage e Mark L. Howe, "To watch or not to watch: infants and toddlers in a brave new electronic world", em "Television and toddlers: the message, the medium, and their impact on early cognitive development", edição especial, *Developmental Review* 30, n. 2 (2010): p. 101-115; Kostyrka-Allchorne,

Cooper e Simpson, "Relationship between television exposure and children's cognition and behaviour".

5. Veja Courage e Howe, "To watch or not to watch"; Madigan et al., "Associations between screen use and child language skills".

6. D. R. Anderson, A. C. Huston, K. L. Schmitt, D. L. Linebarger e J. C. Wright, "Early childhood television viewing and adolescent behavior: the recontact study", *Monographs of the Society for Research in Child Development* 66, n. 1 (2001): p. i-viii, 1-147; Deborah L. Linebarger e Sarah E. Vaala, "Screen media and language development in infants and toddlers: an ecological perspective", em "Television and toddlers: the message, the medium, and their impact on early cognitive development", edição especial, *Developmental Review* 30, n. 2 (2010): p. 176-202; Deborah L. Linebarger e Dale Walker, "Infants' and toddlers' television viewing and language outcomes", *American Behavioral Scientist* 48, n. 5 (1º jan. 2005): p. 624-645; Madigan et al., "Associations between screen use and child language skills".

Um contexto ambiental particularmente valioso é aquele em que o conteúdo da tela é visualizado com um cuidador adulto. Os adultos podem ajudar a interpretar a narrativa, nomear objetos e reforçar o vocabulário, da mesma forma que fazem ao ler livros impressos com seus filhos. Linebarger e Vaala, "Screen media and language development in infants and toddlers"; Madigan et al., "Associations between screen use and child language skills"; Reich, Yau e Warschauer, "Tablet-based ebooks for young children"; Strouse, O'Doherty e Troseth, "Effective coviewing". Na verdade, há evidências de que os meninos, em particular, beneficiam-se da visualização com um adulto (Madigan et al., "Associations between screen use and child language skills").

7. Para uma visão geral compreensível desta pesquisa, recomendo o livro de 2012 de Lisa Guernsey *Screen time: how electronic media – from baby videos to educational software – affects your young child*. Veja também Anderson e Pempek, "Television and very young children"; Bransford, Brown e Cocking, *How people learn*; Courage e Howe, "To watch or not to watch", p. 101-115; Shalom M. Fisch e Rosemarie T. Truglio, *"G" is for growing: thirty years of research on children and "Sesame street"* (Mahwah, NJ: Lawrence Erlbaum Associates, Inc, 2001); Kostyrka-Allchorne, Cooper e Simpson, "Relationship between television exposure and children's cognition and behaviour"; Linebarger e Vaala, "Screen media and language development in infants and toddlers"; Linebarger e Walker, "Infants' and toddlers' television viewing and language outcomes"; Sarah Roseberry, Kathy Hirsh-Pasek, Julia Parish-Morris e Roberta Michnick Golinkoff, "Live action: can young children learn verbs from video?", *Child Development* 80, n. 5 (2009): p. 1360-1375; Strouse, O'Doherty e Troseth, "Effective coviewing".

8. Dore et al., "Education in the App Store"; Stamatios Papadakis e Michail Kalogiannakis, "Mobile educational applications for children: what educators and parents need to know", *International Journal of Mobile Learning and Organisation* 11, n. 3 (1º jan. 2017): p. 256-277; Jenny S. Radesky e Dimitri A. Christakis, "Increased screen time: implications for early childhood development and behavior", *Pediatric Clinics of North America* 63, n. 5 (out. 2016): p. 827-839; Burcu, Takacs e Bus, "What are we downloading for our children?"; Sarah Vaala, Anna Ly e Michael H. Levine, *Getting a read on the App Stores* (Nova York: Joan Ganz Cooney Center, 2015).

9. Bransford, Brown e Cocking, *How people learn*; Kuhl, "Early language acquisition"; Patricia K. Kuhl, "Early language learning and literacy: neuroscience implications for edu-

Notas

cation", *Mind, Brain and Education: The Official Journal of the International Mind, Brain, and Education Society* 5, n. 3 (set. 2011): p. 128-142; Purcell-Gates, "Stories, coupons, and the 'TV guide'"; Mitchel Resnick, *Lifelong kindergarten: cultivating creativity through projects, passion, peers, and play* (Cambridge, MA: MIT Press, 2017); Snow, *What counts as literacy?*

10. Dore et al., "Education in the App Store"; Papadakis e Kalogiannakis, "Mobile educational applications for children"; Meyer et al., "How educational are 'educational' apps for young children?"; Radesky e Christakis, "Increased screen time"; Sari, Takacs e Bus, "What are we downloading for our children?"; Vaala, Ly e Levine, "Getting a read".

11. Jonathan S. Beier e Susan Carey, "Contingency is not enough: social context guides third-party attributions of intentional agency", *Developmental Psychology* 50, n. 3 (2014): p. 889-902; Mary C. Blehar, Alicia F. Lieberman e Mary D. Ainsworth, "Early face-to-face interaction and its relation to later infant-mother attachment", *Child Development* 48, n. 1 (1977): p. 182-194; Golinkoff et al., "Language matters"; Lauren J. Myers, Rachel B. LeWitt, Renee E. Gallo e Nicole M. Maselli, "Baby FaceTime: can toddlers learn from online video chat?", *Developmental Science* 20, n. 4 (2017): e12430; Michael Tomasello e Michael J. Farrar, "Joint attention and early language", *Child Development* 57, n. 6 (1986): p. 1454-1463.

12. Golinkoff et al., "Language matters"; Purcell-Gates, "Stories, coupons, and the 'TV guide'".

13. Sarah Roseberry, Kathy Hirsh-Pasek e Roberta M. Golinkoff, "Skype me! Socially contingent interactions help toddlers learn language", *Child Development* 85, n. 3 (2014): p. 956-970.

14. Anderson e Pempek, "Television and very young children".

15. Troseth e DeLoache, "The medium can obscure the message".

16. Troseth et al. constataram que as crianças não aprenderam com o bate-papo por vídeo quando foram solicitadas a concluir uma tarefa mais complexa do que aquelas encontradas nos estudos conduzidos por Roseberry, Hirsh-Pasek e Golinkoff e Myers et al.; veja Georgene L. Troseth, Gabrielle A. Strouse, Brian N. Verdine e Megan M. Saylor, "Let's chat: on-screen social responsiveness is not sufficient to support toddlers' word learning from video", *Frontiers in Psychology* 9 (2018): p. 1-10; e Roseberry, Hirsh-Pasek e Golinkoff, "Skype me!"; Myers et al., "Baby FaceTime".

17. Sho Tsuji, Anne-Caroline Fiévét e Alejandrina Cristia, "Toddler word learning from contingent screens with and without human presence", *Infant Behavior & Development* 63 (maio 2021): 101553; Myers et al., "Baby FaceTime".

18. Caroline Gaudreau, Yemimah A. King, Rebecca A. Dore, Hannah Puttre, Deborah Nichols, Kathy Hirsh-Pasek e Roberta Michnick Golinkoff, "Preschoolers benefit equally from video chat, pseudo-contingent video, and live book reading: implications for storytime during the coronavirus pandemic and beyond", *Frontiers in Psychology* 11 (2020): p. 2158.

19. É necessária a realização de mais pesquisas para investigação de quão cedo na vida de uma criança a conversa por vídeo consegue superar o efeito da deficiência de vídeo. Pode ser que Oliver, aos 10 meses, ainda fosse um pouco novo demais para desenvolver qualquer habilidade de alfabetização significativa ao conversar por vídeo com a vovó e o vovô em nosso caminho de volta da creche para casa (Tsuji, Fiévét e Cristia, "Toddler word learning").

20. Madigan et al., "Associations between screen use and child language skills"; Lauren J. Myers, Emily Crawford, Claire Murphy, Edoukou Aka-Ezoua e Christopher Felix, "Eyes in the room trump eyes on the screen: effects of a responsive co-viewer on toddlers' res-

ponses to and learning from video chat", *Journal of Children and Media* 12, n. 3 (3 jul. 2018): p. 275-294; Gabrielle A. Strouse, Georgene L. Troseth, Katherine D. O'Doherty e Megan M. Saylor, "Co-viewing supports toddlers' word learning from contingent and non-contingent video", *Journal of Experimental Child Psychology* 166 (fev. 2018): p. 310-326.

21. Elisabeth McClure, Yulia Chentsova-Dutton, Rachel Barr, Steven Holochwost e W. Parrott, "FaceTime doesn't count: video chat as an exception to media restrictions for infants and toddlers", *International Journal of Child-Computer Interaction* 6 (1º mar. 2016): p. 1-6.

22. Verena Fuchsberger, Janne Mascha Beuthel, Philippe Bentegeac e Manfred Tscheligi, "Grandparents and grandchildren meeting online: the role of material things in remote settings", *Proceedings of the 2021 CHI Conference on Human Factors in Computing Systems* n. 478 (7 maio 2021): p. 1-14, https://doi.org/10.1145/3411764.3445191.

23. McClure et al., "FaceTime doesn't count".

24. Elisabeth R. McClure, Yulia E. Chentsova-Dutton, Steven J. Holochwost, W. G. Parrott e Rachel Barr, "Look at that! Video chat and joint visual attention development among babies and toddlers", *Child Development* 89, n. 1 (jan. 2018): p. 27-36.

25. Sean Follmer, Hayes Raffle, Janet Go, Rafael Ballagas e Hiroshi Ishii, "Video play: playful interactions in video conferencing for long-distance families with young children", *Proceedings of the 9th International Conference on Interaction Design and Children IDC '10* (9 jun. 2010): p. 49-58, https://doi.org/10.1145/1810543.1810550; Fuchsberger et al., "Grandparents and grandchildren meeting online"; Tejinder K. Judge, Carman Neustaedter, Steve Harrison e Andrew Blose, "Family portals: connecting families through a multifamily media space", *Proceedings of the SIGCHI Conference on Human Factors in Computing Systems CHI '11* (maio 2011): p. 1205-1214, https://doi.org/10.1145/1978942.1979122; Hayes Raffle, Glenda Revelle, Koichi Mori, Rafael Ballagas, Kyle Buza, Hiroshi Horii, Joseph Kaye, et al., "Hello, is grandma there? Let's read! StoryVisit: family video chat and connected e-books", *Proceedings of the SIGCHI Conference on Human Factors in Computing Systems CHI '11* (maio 2011): p. 1195-1204, https://doi.org/10.1145/1978942.1979121; Javier Tibau, Michael Stewart, Steve Harrison e Deborah Tatar, "FamilySong: designing to enable music for connection and culture in internationally distributed families", *Proceedings of the 2019 on Designing Interactive Systems Conference DIS '19* (jun. 2019): p. 785-798, https://doi.org/10.1145/3322276.3322279; Svetlana Yarosh, "Supporting long-distance parent-child interaction in divorced families", *CHI '08 Extended Abstracts on Human Factors in Computing Systems CHI EA '08* (abril, 2008): p. 3795-3800, https://doi.org/10.1145/1358628.1358932; Svetlana Yarosh, Kori M. Inkpen e A. J. Bernheim Brush, "Video playdate: toward free play across distance", *Proceedings of the SIGCHI Conference on Human Factors in Computing Systems CHI '10* (10 abr. 2010): p. 1251-1260, https://doi.org/10.1145/1753326.1753514; Svetlana Yarosh, Anthony Tang, Sanika Mokashi e Gregory D. Abowd, "'Almost touching': parent-child remote communication using the sharetable system", *Proceedings of the 2013 Conference on Computer Supported Cooperative Work CSCW '13* (23 fev. 2013): p. 181-192, https://doi.org/10.1145/2441776.2441798.

26. Yarosh et al., "'Almost touching'".

27. Rideout e Robb, *The common sense census.*

28. Rideout e Robb, *The common sense census.*

29. Garg et al. também observaram que as pesquisas realizadas até o momento não dedicaram muita atenção ao trabalho com crianças de origens e identidades diversas, incluindo crianças pertencentes a famílias com situação socioeconômica mais baixa e que vivem

fora do Norte Global; veja Radhika Garg, Hua Cui, Spencer Seligson, Bo Zhang, Martin Porcheron, Leigh Clark, Benjamin R. Cowan e Erin Beneteau, "The last decade of HCI research on children and voice-based conversational agents", *CHI Conference on Human Factors in Computing Systems* (28 abr. 2022): p. 1-19, https://doi.org/10.1145/ 3491102.3502016.

30. Beneteau et al., "Parenting with Alexa".

31. Neelma Bhatti, Timothy L. Stelter e D. Scott McCrickard, "Conversational user interfaces as assistive interlocutors for young children's bilingual language acquisition", *ArXiv:2103.09228 [Cs]* (16 mar. 2021); Radhika Garg e Subhasree Sengupta, "He is just like me: a study of the long-term use of smart speakers by parents and children", *Proceedings of the ACM on Interactive, Mobile, Wearable and Ubiquitous Technologies* 4, issue 1, n. 11 (18 mar. 2020): p. 1-24, https://doi.org/10.1145/3381002; Silvia B. Lovato, Anne Marie Piper e Ellen Ann Wartella, "'Hey Google, do unicorns exist?': conversational agents as a path to answers to children's questions", *Proceedings of the 18th ACM International Conference on Interaction Design and Children IDC '19* (12 jun. 2019): p. 301-313, https://doi.org/10.1145/3311927.3323150; Naja A. Mack, Dekita G. Moon Rembert, Robert Cummings e Juan E. Gilbert, "Co-designing an intelligent conversational history tutor with children", *Proceedings of the 18th ACM International Conference on Interaction Design and Children IDC '19* (12 jun. 2019): p. 482-487, https://doi.org/10.1145/3311927.3325336.

32. Stefania Druga, Randi Williams, Cynthia Breazeal e Mitchel Resnick, "'Hey Google is it OK if i eat you?': initial explorations in child-agent interaction", *Proceedings of the 2017 Conference on Interaction Design and Children IDC '17* (27 jun. 2017): p. 595-600, https://doi.org/10.1145/3078072.3084330.

33. Fabio Catania, Micol Spitale e Franca Garzotto, "Toward the introduction of Google assistant in therapy for children with neurodevelopmental disorders: an exploratory study", *Extended Abstracts of the 2021 CHI Conference on Human Factors in Computing Systems*, n. 272 (8 maio 2021): p. 1-7, https://doi.org/10.1145/3411763.3451666.

34. Kimberly A. Brink e Henry M. Wellman, "Robot teachers for children? Young children trust robots depending on their perceived accuracy and agency", *Developmental Psychology* 56, n. 7 (2020): p. 1268-1277; Sandra L. Calvert, "Intelligent digital beings as children's imaginary social companions", *Journal of Children and Media* 15, n. 2 (3 abr. 2021): p. 291-296; Druga et al., "'Hey Google is it OK if I eat you?'"; Anna Hoffman, Diana Owen e Sandra L. Calvert, "Parent reports of children's parasocial relationships with conversational agents: trusted voices in children's lives", *Human Behavior and Emerging Technologies* 3, n. 4 (21 jun. 2021): p. 606-617; Amanda Purington, Jessie G. Taft, Shruti Sannon, Natalya N. Bazarova e Samuel Hardman Taylor, "'Alexa is my new BFF': social roles, user satisfaction, and personification of the Amazon Echo", *Proceedings of the 2017 CHI Conference Extended Abstracts on Human Factors in Computing Systems CHI EA '17* (6 maio 2017): p. 2853-2859, https://doi.org/10.1145/3027063.3053246; Ying Xu e Mark Warschauer, "What are you talking to?: understanding children's perceptions of conversational agents", *Proceedings of the 2020 CHI Conference on Human Factors in Computing Systems CHI '20* (23 abr. 2020): p. 1-13, https://doi.org/10.1145/3313831.3376416.

35. Lovato, Piper e Wartella, "'Hey Google, do unicorns exist?'".

Outra pesquisa encontrou padrões semelhantes de questionamento; veja, por exemplo, Cansu Oranç e Azzurra Ruggeri, "'Alexa, let me ask you something different': children's adaptive information search with voice assistants", *Human Behavior and Emerging Technologies* 3, n. 4 (out. 2021): p. 595-605.

36. Erin Beneteau, Olivia K. Richards, Mingrui Zhang, Julie A. Kientz, Jason Yip e Alexis Hiniker, "Communication breakdowns between families and Alexa", *Proceedings of the 2019 CHI Conference on Human Factors in Computing Systems CHI '19*, n. 243 (2 maio 2019): p. 1-13, https://doi.org/10.1145/3290605.3300473; Yi Cheng, Kate Yen, Yeqi Chen, Sijin Chen e Alexis Hiniker, "Why doesn't it work? Voice-driven interfaces and young children's communication repair strategies", *Proceedings of the 17th ACM Conference on Interaction Design and Children IDC '18* (jun. 2018): p. 337-348, https://doi.org/10.1145/3202185.3202749; Druga et al., "Hey Google is it OK if I eat you?'"; James Kennedy, Séverin Lemaignan, Caroline Montassier, Pauline Lavalade, Bahar Irfan, Fotios Papadopoulos, Emmanuel Senft e Tony Belpaeme, "Child speech recognition in human-robot interaction: evaluations and recommendations", *Proceedings of the 2017 ACM/IEEE International Conference on Human-Robot Interaction HRI '17* (2017): p. 82-90, https://doi.org/10.1145/2909824.3020229; Silvia Lovato e Anne Marie Piper, "'Siri, is this you?': understanding young children's interactions with voice input systems", *Proceedings of the 14th International Conference on Interaction Design and Children IDC '15* (jun. 2015): p. 335-338, https://doi.org/10.1145/2771839.2771910; Ivonne Monarca, Franceli L. Cibrian, Angel Mendoza, Gillian Hayes e Monica Tentor, "Why doesn't the conversational agent understand me? A language analysis of children speech", *Adjunct Proceedings of the 2020 ACM International Joint Conference on Pervasive and Ubiquitous Computing and Proceedings of the 2020 ACM International Symposium on Wearable Computers UbiComp-ISWC '20* (set. 2020): p. 90-93, https://doi.org/10.1145/3410530.3414401; Oranç e Ruggeri, "Alexa, let me ask you something different'"; Jennifer Ureta, Celina Iris Brito, Jilyan Bianca Dy, Kyle-Althea Santos, Winfred Villaluna e Ethel Ong, "At home with Alexa: a tale of two conversational agents", em *Text, speech, and dialogue*, ed. Petr Sojka, Ivan Kopeček, Karel Pala e Aleš Horák (Nova York: Springer International Publishing, 2020), p. 495-503.

37. Margery Mayer, "Speech recognition works for kids, and it's about time", *TechCrunch* (blog), https://social.techcrunch.com/2021/09/07/speech-recognition-works-for-kids--and-its-about-time/.

38. Cheng et al., "Why doesn't it work?".

39. Lovato, Piper e Wartella, "'Hey Google, do unicorns exist?'".

40. Lovato, Piper e Wartella, "'Hey Google, do unicorns exist?'".

41. Leroy Ah Ben, "Irish Tech Firm Helps Kids' Voices Be Heard", *CNN* (23 ago. 2021), https://www.cnn.com/2021/08/23/tech/ireland-soapbox-labs-voice-technology-children--spc/.

42. Ying Xu e M. Warschauer, "Young children's reading and learning with conversational agents", *CHI Extended Abstracts CHI EA '19* (maio 2019): p. 216-228; Ying Xu e Mark Warschauer, "Exploring young children's engagement in joint reading with a conversational agent", *Proceedings of the Interaction Design and Children Conference IDC '20* (jun. 2020): p. 1-8.

43. Ying Xu, Dakuo Wang, Penelope Collins, Hyelim Lee e Mark Warschauer, "Same benefits, different communication patterns: comparing children's reading with a conversational agent vs. a human partner", *Computers & Education* 161 (1º fev. 2021): 104059.

44. Ying Xu e Mark Warschauer, "A content analysis of voice-based apps on the market for early literacy development", *Proceedings of the Interaction Design and Children Conference IDC '20* (jun. 2020): p. 361-371, https://doi.org/10.1145/3392063.3394418; Ying Xu, Stacy Branham, Xinwei Deng, Penelope Collins e Mark Warschauer, "Are current voice inter-

faces designed to support children's language development?", *Proceedings of the 2021 CHI Conference on Human Factors in Computing Systems*, n. 633 (7 maio 2021): p. 1-12, https://doi.org/10.1145/3411764.3445271.

45. Zoe M. Flack, Andy P. Field e Jessica S. Horst, "The effects of shared storybook reading on word learning: a meta-analysis", *Developmental Psychology* 54, n. 7 (julho, 2018): p. 1334-1346; Suzanne E. Mol, Adriana G. Bus, Maria T. de Jong e Daisy J. H. Smeets, "Added value of dialogic parent–child book readings: a meta-analysis", *Early Education and Development* 19, n. 1 (5 fev. 2008): p. 7-26.

46. Council on Communications and Media, "Media and young minds", *Pediatrics* 138, n. 5 (1º nov. 2016): p. 1-6.

47. Anderson e Pempek, "Television and very young children"; Bransford, Brown e Cocking, *How people learn*; Courage e Howe, "To watch or not to watch"; Roseberry et al., "Live action".

48. Seymour Papert, *Mindstorms: children, computers, and powerful ideas* (Nova York: Basic Books, Inc., 1980); Jean Piaget, *The origins of intelligence in children* (Nova York: W. W. Norton & Co, 1952).

49. Heather L. Kirkorian, Koeun Choi e Tiffany A. Pempek, "Toddlers' word learning from contingent and noncontingent video on touch screens", *Child Development* 87, n. 2 (2016): p. 405-413; Silvia B. Lovato e Sandra R. Waxman, "Young children learning from touch screens: taking a wider view", *Frontiers in Psychology* 7 (2016): p. 1078.

50. Kristine Kwock, Siba Ghrear, Vivian Li, Taeh Haddock, Patrick Coleman e Susan A. J. Birch, "Children can learn new facts equally well from interactive media versus face to face instruction", *Frontiers in Psychology* 7 (2016): p. 1603.

51. Alexis R. Lauricella, Rachel Barr e Sandra L. Calvert, "Parent-child interactions during traditional and computer storybook reading for children's comprehension: implications for electronic storybook design", *International Journal of Child-Computer Interaction* 2, n. 1 (2014): p. 17-25; Carmen López-Escribano, Susana Valverde-Montesino e Verónica García-Ortega, "The impact of e-book reading on young children's emergent literacy skills: an analytical review", *International Journal of Environmental Research and Public Health* 18, n. 12 (jan. 2021): p. 6510.

52. Kirkorian, Choi e Pempek, "Toddlers' word learning".

53. Bus, Takacs e Kegel, "Affordances and limitations of electronic storybooks"; Kathy Hirsh-Pasek, Jennifer M. Zosh, Roberta Michnick Golinkoff, James H. Gray, Michael B. Robb e Jordy Kaufman, "Putting education in 'educational' apps: lessons from the science of learning", *Psychological Science in the Public Interest* 16, n. 1 (1º maio 2015): p. 3-34; Reich, Yau e Warschauer, "Tablet-based ebooks for young children".

54. Bus, Takacs e Kegel, "Affordances and limitations of electronic storybooks".

55. Koeun Choi e Heather L. Kirkorian, "Touch or watch to learn? Toddlers' object retrieval using contingent and noncontingent video", *Psychological Science* 27, n. 5 (1º maio 2016): p. 726-736; Koeun Choi, Heather L. Kirkorian e Tiffany A. Pempek, "Touchscreens for whom? Working memory and age moderate the impact of contingency on toddlers' transfer from video", *Frontiers in Psychology* 12 (2021): p. 307; Colleen Russo-Johnson, Georgene Troseth, Charlotte Duncan e Almaz Mesghina, "All tapped out: touchscreen interactivity and young children's word learning", *Frontiers in Psychology* 8 (12 abr. 2017): p. 578.

56. Radesky et al., "Design abuses in children's apps"; Meyer et al., "How educational are 'educational' apps for young children?".

Geração tecnológica

57. Radesky et al., "Design abuses in children's apps"; Reich, Yau e Warschauer, "Tablet-based ebooks for young children"; Xu e Warschauer, "What are you talking to?".
58. Melissa N. Callaghan e Stephanie M. Reich, "Mobile app features that scaffold pre-school learning: verbal feedback and leveling designs", *British Journal of Educational Technology* 52, n. 2 (2021): p. 785-806; López-Escribano, Valverde-Montesino e García--Ortega, "The impact of e-book reading"; Ying Xu, Joanna C. Yau e Stephanie M. Reich, "Press, swipe and read: do interactive features facilitate engagement and learning with e-books?", *Journal of Computer Assisted Learning* 37, n. 1 (2021): p. 212-225.
59. Choi, Kirkorian e Pempek, "Touchscreens for whom?"; Russo-Johnson et al., "All tapped out".
60. Reich, Yau e Warschauer, "Tablet-based ebooks for young children".
61. Russo-Johnson et al., "All tapped out"; Samarakoon, Usoof e Halloluwa, "What they can and cannot"; Anthony, "Physical dimensions of children's touchscreen interactions".
62. Hiniker et al., "Touchscreen prompts for preschoolers"; Hiniker et al., "Hidden symbols".
63. Hirsh-Pasek et al., "Putting education in 'educational' apps"; Meyer et al., "How educational are 'educational' apps for young children?"; Takeuchi e Stevens, "The new coviewing"; Strouse, O'Doherty e Troseth, "Effective coviewing"; Strouse et al., "Co-viewing supports toddlers' word learning".
64. Kathleen Hogan e Michael Pressley, Scaffolding Student Learning: Instructional Approaches & Issues (Cambridge, MA: Brookline Books, 1997); L. S. Vygotsky, Mind in society: the development of higher psychological processes (Cambridge, MA: Harvard University Press, 1978); David Wood, Jerome S. Bruner e Gail Ross, "The role of tutoring in problem solving", Journal of Child Psychology and Psychiatry 17, n. 2 (1976): p. 89-100.
65. Allan Collins, John Seely Brown e Susan E. Newman, "Cognitive apprenticeship: teaching the craft of reading, writing and mathematics", *Thinking: The Journal of Philosophy for Children* 8, n. 1 (1º mar. 1988): p. 2-10.
66. No entanto, em uma revisão sistemática de pesquisas publicadas, Ewin et al. encontraram efeitos mistos do envolvimento conjunto de pais e filhos com as mídias, tanto na qualidade da linguagem de pais e filhos como na riqueza de vocabulário, com alguns estudos mostrando até mesmo efeitos negativos. Os pesquisadores observam que alguns aspectos da experiência com as mídias, como ruídos de dispositivos, podem interferir na conversa entre pais e filhos, sugerindo a importância de um projeto cuidadoso para o desenvolvimento de tecnologias para crianças; veja Carrie A. Ewin, Andrea E. Reupert, Louise A. McLean e Christopher J. Ewin, "The impact of joint media engagement on parent–child interactions: a systematic review", *Human Behavior and Emerging Technologies* 3, n. 2 (2021): p. 230-254. Veja também Hirsh-Pasek et al., "Putting education in 'educational' apps"; meyer et al., "how educational are 'educational' apps for young children?"; Reich, Yau e Warschauer, "Tablet-based ebooks for young children"; Strouse et al., "Co--viewing supports toddlers' word learning"; e Catherine Walter-Laager, Kathrin Brandenberg, Luzia Tinguely, Jürg Schwarz, Manfred R. Pfiffner e Barbara Moschner, "Media-assisted language learning for young children: effects of a word-learning app on the vocabulary acquisition of two-year-olds", *British Journal of Educational Technology* 48, n. 4 (2017): p. 1062-1072.
67. Jessa Reed, Kathy Hirsh-Pasek e Roberta Michnick Golinkoff, "Learning on Hold: Cell Phones Sidetrack Parent-Child Interactions", *Developmental Psychology* 53, n. 8 (2017): p. 1428-1436.

Notas

68. Lauren B. Adamson, Roger Bakeman, Deborah F. Deckner e P. Brooke Nelson, "From interactions to conversations: the development of joint engagement during early childhood", *Child Development* 85, n. 3 (maio 2014): p. 941-955; Blehar, Lieberman e Ainsworth, "Early face-to-face interaction"; Gopnik, *The gardener and the carpenter*; e Tomasello e Farrar, "Joint attention and early language".

69. Em uma revisão sistemática e metanálise de dados de 42 estudos, Madigan et al. ("Associations between screen use and child language skills") descobriram que um tempo maior de uso da tela (ou seja, horas por dia/semana) tinha uma relação negativa com as aptidões de linguagem das crianças, enquanto uma qualidade melhor do uso da tela (ou seja, programas educacionais e visualização conjunta com cuidadores) estava positivamente associada a essas aptidões.

70. American Psychological Association, "Socioeconomic status", acesso em 6 maio 2022, https://www.apa.org/topics/socioeconomic-status.

    A magnitude dessas disparidades e as explicações para elas são debatidas entre os estudiosos. Veja Golinkoff et al., "Language matters"; Douglas E. Sperry, Linda L. Sperry e Peggy J. Miller, "Reexamining the verbal environments of children from different socioeconomic backgrounds", *Child Development* 90, n. 4 (2019): p. 1303-1318. No entanto, há um volume considerável de pesquisas que atesta sua existência desde que Hart e Risley identificaram pela primeira vez em meados da década de 1990 a "lacuna de 30 milhões de palavras" entre crianças de alta e baixa condição socioeconômica. Veja Betty Hart e Todd R. Risley, *Meaningful differences in the everyday experience of young American children* (Baltimore: Paul H. Brookes Publishing, 1995).

71. Rideout e Robb, *The common sense census*.

72. Rideout e Robb, *The common sense census*.

73. Pesquisas recentes sugerem que as crianças que vivem em famílias com baixo nível socioeconômico podem se beneficiar de intervenções direcionadas com *e-books*; veja Carmen López-Escribano, Susana Valverde-Montesino e Verónica García-Ortega, "The impact of e-book reading on young children's emergent literacy skills: an analytical review", *International Journal of Environmental Research and Public Health* 18, n. 12 (2021): 6510, https://doi.org/10.3390/ijerph18126510.

74. Anderson e Pempek, "Television and Very Young Children"; Troseth e DeLoache, "The medium can obscure the message".

75. Courage e Howe, "To watch or not to watch"; Madigan et al., "Screen use and child language skills".

76. Roseberry, Hirsh-Pasek e Golinkoff, "Skype me!"; Tsuji, Fiévét e Cristia, "Toddler word learning".

77. Kirkorian, Choi e Pempek, "Toddlers' word learning"; Lovato e Waxman, "Young children learning from touch screens".

78. Choi, Kirkorian e Pempek, "Touchscreens for whom?"; Russo-Johnson et al., "All tapped out".

79. Reich, Yau e Warschauer, "Tablet-based ebooks for young children".

80. Rideout e Robb, *The common sense census*.

81. Outro campo que merece mais investigação é o papel potencial da tecnologia para apoio às crianças que estão aprendendo um segundo idioma. Por exemplo, existe um trabalho ainda incipiente que visa descobrir se os agentes de conversação podem ajudar na aqui-

sição de um segundo idioma pelas crianças. Veja, p. ex., Bhatti, Stelter e McCrickard, "Conversational user interfaces".

82. As estratégias discutidas aqui são coerentes com os quatro pilares das experiências ativas, engajadas, significativas e socialmente interativas que a pesquisadora Kathy Hirsh-Pasek e seus colegas afirmam serem necessários para o suporte ao aprendizado das crianças por meio de tecnologias interativas. Hirsh-Pasek et al., "Putting education in 'educational' apps".

83. Lawrence e Choe, "Mobile media and young children's cognitive skills".

84. Xu e Warschauer, "Content analysis of voice-based apps"; Xu et al., "Current voice interfaces?"; Xu et al., "Same benefits, different communication patterns".

85. Hirsh-Pasek et al., "Putting education in 'educational' apps"; Meyer et al., "How educational are 'educational' apps for young children?".

86. Reed, Hirsh-Pasek e Golinkoff, "Learning on hold".

Capítulo 4

1. Theodor Seuss Geisel, *The Cat in the hat* (Nova York: Random House Books for Young Readers, 1957).

2. Hirsh-Pasek et al., "Putting education in 'educational' apps"; Jeffrey G. Parker, Kenneth H. Rubin, Stephen A. Erath, Julie C. Wojslawowicz e Allison A. Buskirk, "Peer relationships, child development, and adjustment: a developmental psychopathology perspective", *Developmental psychopathology: theory and method*, v. 1, 2. ed. (Hoboken, NJ: John Wiley & Sons, Inc., 2006), p. 419-493.

3. Simon Nicholson, "How not to cheat children: the theory of loose parts play", *Landscape Architecture* 62, n. 1 (1971): p. 30-34.

4. Gopnik, *The gardener and the carpenter*; Parker et al., "Peer relationships, child development, and adjustment".

5. Parker et al., "Peer relationships, child development, and adjustment"; Jean Piaget, *Play, dreams and imitation in children* (Nova York: Routledge, 1962).

6. Tanto as formas de brincadeira como seus benefícios são cultural e historicamente situadas. Suzanne Gaskins, "Children's play as cultural activity", em *SAGE Handbook of Play and Learning in Early Childhood*, ed. Elizabeth Brooker, Mindy Blaise e Susan Edwards (Thousand Oaks, CA: SAGE, 2014); Wendy L. Haight, Xiao-Lei Wang, Heidi Han-Tih Fung, Kimberley Williams e Judith Mintz, "Universal, developmental, and variable aspects of young children's play: a cross-cultural comparison of pretending at home", *Child Development* 70, n. 6 (1999): p. 1477-1488. A caracterização que fiz da brincadeira neste capítulo é amplamente respaldada por estudiosos ocidentais dos séculos XX e XXI.

7. Peter Gray, "Play as preparation for learning and life", *American Journal of Play* 5, n. 3 (2013): p. 271-292.

8. Gopnik, *The gardener and the carpenter*.

9. Gopnik, *The gardener and the carpenter*.

10. Gopnik, *The gardener and the carpenter*., 172.

11. Gopnik, *The gardener and the carpenter*.; Gray, "Play as preparation for learning and life".

12. Gopnik, *The gardener and the carpenter*.; Parker et al., "Peer relationships, child development, and adjustment"; Piaget, *Play, dreams and imitation in children*.

13. William Damon, *The moral child: nurturing children's natural moral growth* (Nova York: The Free Press, 1988); Gopnik, *The gardener and the carpenter*; Gray, "Play as preparation

Notas

for learning and life"; Steven Horwitz, "Cooperation over coercion: the importance of unsupervised childhood play for democracy and liberalism", 22 jun. 2015, https://dx.doi.org/10.2139/ssrn.2621848.

14. Daphna Buchsbaum, Sophie Bridgers, Deena Skolnick Weisberg e Alison Gopnik, "The power of possibility: causal learning, counterfactual reasoning, and pretend play", *Philosophical Transactions of the Royal Society B: Biological Sciences* 367, n. 1599 (5 ago. 2012): p. 2202-2212; Gopnik, *The gardener and the carpenter*.

15. Marjorie Taylor, *Imaginary companions and the children who create them* (Oxford: Oxford University Press, 1999).

16. Alexandra Lange, *The design of childhood: how the material world shapes independent kids* (Nova York: Bloomsbury Publishing, 2018).

17. Nicholson, "How not to cheat children".

18. Gray, "Play as preparation for learning and life".

19. Lorraine E. Maxwell, Mari R. Mitchell e Gary W. Evans, "Effects of play equipment and loose parts on preschool children's outdoor play behavior: an observational study and design intervention", *Children, Youth and Environments* 18, n. 2 (2008): p. 36-63.

20. Maxwell, Mitchell e Evans, "Effects of play equipment and loose parts".

21. Gray, "Play as preparation for learning and life".

22. Elizabeth Bonawitz, Patrick Shafto, Hyowon Gweon, Noah D. Goodman, Elizabeth Spelke e Laura Schulz, "The double-edged sword of pedagogy: instruction limits spontaneous exploration and discovery", em "Probabilistic Models of Cognitive Development", ed. Fei Xu e Thomas L. Griffiths, edição especial, *Cognition*, 120, n. 3 (1º set. 2011): p. 322-330. No entanto, os pesquisadores também identificaram valor na aprendizagem em brincadeiras dirigidas por adultos, especialmente no contexto de objetivos específicos de aprendizagem. (Hirsh-Pasek et al., "Putting education in 'educational' apps").

23. Hiniker et al., "Let's play!".

24. Radesky et al., "Design abuses in children's apps".

25. Pablo E. Torres, Philip I. N. Ulrich, Veronica Cucuiat, Mutlu Cukurova, María Clara Fercovic De la Presa, Rose Luckin, Amanda Carr, et al., "A systematic review of physical–digital play technology and developmentally relevant child behaviour", *International Journal of Child-Computer Interaction* 30 (1º dez. 2021): 100323.

26. Jon Back, Caspar Heeffer, Susan Paget, Andreas Rau, Eva Lotta Sallnäs Pysander e Annika Waern, "Designing for children's outdoor play", *Proceedings of the 2016 ACM Conference on Designing Interactive Systems DIS'16* (4-8 jun. 2016): p. 28-38, https://doi.org/10.1145/2901790.2901875.

27. Ao mesmo tempo, os pesquisadores observaram: "a natureza rudimentar é muito mais adaptável que a interatividade rudimentar, mesmo quando as instalações são projetadas para oferecer uma brincadeira aberta". Back et al., "Designing for Children's Outdoor Play".

28. LouAnne Boyd, "Designing sensory-inclusive virtual play spaces for children", *Proceedings of the 18th ACM International Conference on Interaction Design and Children IDC'19* (12 jun. 2019): p. 446-451, https://doi.org/10.1145/3311927.3325315; Mihaela Dragomir, Andrew Manches, Sue Fletcher-Watson e Helen Pain, "Facilitating pretend play in autistic children: results from an augmented reality app evaluation", *Proceedings of the 20th International ACM SIGACCESS Conference on Computers and Accessibility ASSETS'18* (8 out. 2018): p. 407-409, https://doi.org/10.1145/3234695.3241020; Gill Althia Francis, William

Farr, Silvana Mareva e Jenny Louise Gibson, "Do tangible user interfaces promote social behaviour during free play? A comparison of autistic and typically-developing children playing with passive and digital construction toys", *Research in Autism Spectrum Disorders* 58 (1º fev. 2019): p. 68-82; Euan Freeman e Stephen Brewster, "Using sound to help visually impaired children play independently", *Proceedings of the 2016 CHI Conference Extended Abstracts on Human Factors in Computing Systems CHI EA '16* (7 maio 2016): p. 1670-1676, https://doi.org/10.1145/2851581.2892534; Antonella Nonnis e Nick Bryan-Kinns, "Mazi: a tangible toy for collaborative play between children with autism", *Proceedings of the 18th ACM International Conference on Interaction Design and Children IDC'19* (12 jun. 2019): p. 672-675, https://doi.org/10.1145/3311927.3325340; Kiley Sobel, Katie O'Leary e Julie A. Kientz, "Maximizing children's opportunities with inclusive play: considerations for interactive technology design", *Proceedings of the 14th International Conference on Interaction Design and Children IDC'15* (21 jun. 2015): p. 39-48, https://doi.org/10.1145/2771839.2771844; Amani Indunil Soysa e Abdullah Al Mahmud, "Interactive pretend play (IPPy) toys for children with ASD", *Proceedings of the 31st Australian Conference on Human-Computer-Interaction OZCHI'19* (10 jan. 2020): p. 285-289, https://doi.org/10.1145/3369457.3369480.

29. Dragomir et al., "Facilitating pretend play in autistic children", 407-409; Nonnis e Bryan-Kinns, "Mazi"; Soysa e Mahmud, "Interactive pretend play (IPPy) toys".

30. Meryl Alper, Juan Pablo Hourcade e Shuli Gilutz, "Adding reinforced corners: designing interactive technologies for children with disabilities", *Interactions* 19, n. 6 (1º nov. 2012): p. 72-75; Sobel, O'Leary e Kientz, "Maximizing children's opportunities with inclusive play".

31. Sobel, O'Leary e Kientz, "Maximizing children's opportunities with inclusive play".

32. Gardner e Davis, *The app generation*; Jaron Lanier, *You are not a gadget: a manifesto* (Nova York: Alfred A. Knopf, 2010).

33. Lanier, *You are not a gadget*.

34. Esse efeito de silo pode mudar se a ideia de metaverso de Mark Zuckerberg se consolidar, tornando a interoperabilidade entre plataformas uma experiência perfeita.

35. Torres et al., "A systematic review".

36. Petr Slovák, Nikki Theofanopoulou, Alessia Cecchet, Peter Cottrell, Ferran Altarriba Bertran, Ella Dagan, Julian Childs e Katherine Isbister, "I just let him cry … : designing socio-technical interventions in families to prevent mental health disorders", *Proceedings of the ACM on Human-Computer Interaction* 2, issue CSCW, n. 160 (1º nov. 2018): p. 1-34, https://doi.org/10.1145/3274429; Nikki Theofanopoulou, Katherine Isbister, Julian Edbrooke-Childs e Petr Slovák, "A smart toy intervention to promote emotion regulation in middle childhood: feasibility study", *JMIR Mental Health* 6, n. 8 (5 ago. 2019): e14029.

37. Um brinquedo inteligente é um brinquedo interativo cujos recursos eletrônicos incorporados permitem que ele responda às crianças enquanto elas brincam.

38. Gopnik, *The gardener and the carpenter*.

39. Shane W. Bench e Heather C. Lench, "On the function of boredom", *Behavioral Sciences* 3, n. 3 (set. 2013): p. 459-472.

40. Jonathan Haidt e Greg Lukianoff, *The coddling of the american mind: how good intentions and bad ideas are setting up a generation for failure* (New York City: Penguin Press, 2018).

41. Sonia Livingstone e Alicia Blum-Ross, *Parenting for a Digital Future: How Hopes and Fears about Technology Shape Children's Lives* (Nova York: Oxford University Press, 2020).

Notas

42. Parker et al., "Peer relationships, child development, and adjustment".
43. Parker et al., "Peer relationships, child development, and adjustment".
44. Também existem diferenças entre os níveis de renda, com as crianças de famílias de baixo poder aquisitivo passando mais tempo jogando *videogame* todos os dias que as de famílias de renda mais alta; veja Victoria Rideout, Alanna Peebles, Supreet Mann e Michael Robb, *Common sense census: media use by tweens and teens, 2021* (San Francisco, CA: Common Sense, 2022).
45. Katie Davis, Julian A. Boss e Perry Meas, "Playing in the virtual sandbox: students' collaborative practices in Minecraft", *International Journal of Game-Based Learning (IJGBL)* 8, n. 3 (1º jul. 2018): p. 56-76; Michael Dezuanni, *Peer pedagogies on digital platforms: learning with minecraft let's play videos* (Cambridge, MA: MIT Press, 2020).
46. Simon Goodson e Kirstie J. Turner, "Effects of violent video games: 50 years on, where are we now?", *Cyberpsychology, Behavior, and Social Networking* 24, n. 1 (1º jan. 2021): p. 3-4; Mike Snider, "Do violent video games really drive people to commit mass shootings?", *USA Today* (5 ago. 2019).
47. Daphne Bavelier, C. Shawn Green, Doug Hyun Han, Perry F. Renshaw, Michael M. Merzenich e Douglas A. Gentile, "Brains on video games", *Nature Reviews Neuroscience* 12, n. 12 (dez. 2011): p. 763.
48. Craig A. Anderson, Akiko Shibuya, Nobuko Ihori, Edward L. Swing, Brad J. Bushman, Akira Sakamoto, Hannah R. Rothstein e Muniba Saleem, "Violent video game effects on aggression, empathy, and prosocial behavior in eastern and western countries: a meta-analytic review", *Psychological Bulletin* 136, n. 2 (2010): p. 151.
49. Christopher J. Ferguson, "Do Angry Birds make for angry children? A meta-analysis of video game influences on children's and adolescents' aggression, mental health, prosocial behavior, and academic performance", *Perspectives on Psychological Science* 10, n. 5 (1º set. 2015): p. 646-666; Christopher J. Ferguson, "Violent video games, sexist video games, and the law: why can't we find effects?", *Annual Review of Law and Social Science* 14, n. 1 (2018): p. 411-426.
50. Evans et al., "Explicating affordances".
51. Isabela Granic, Adam Lobel e Rutger C. M. E. Engels, "The benefits of playing video games", *American Psychologist* 69, n. 1 (ja. 2014): p. 67.
52. Geoffrey R. Loftus e Elizabeth F. Loftus, *Mind at play: the psychology of video games* (Nova York: Basic Books, 1983).
53. Existem exceções notáveis em jogos que deliberadamente fornecem aos jogadores pouco *feedback* e/ou *feedback* ambíguo como tentativa de desorientá-los.
54. Mihaly Csikszentmihalyi, *Finding flow* (Nova York: Basic Books, 1997); Loftus e Loftus, *Mind at play*.
55. Esse "ponto ideal" de desafio tem um nome formal: zona de desenvolvimento proximal, conceito concebido por Lev Vygotsky, o influente psicólogo russo do desenvolvimento; veja L. S. Vygotsky, *Mind in society: the development of higher psychological processes* (Cambridge, MA: Harvard University Press, 1980); James V. Wertsch, *Vygotsky and the social formation of mind* (Cambridge, MA: Harvard University Press, 1988). A zona de desenvolvimento proximal está ligada a outra ideia de Vygotsky: andaimes, por meio dos quais as crianças recebem suporte – de pessoas mais experientes ou de objetos como livros, computadores e *videogames* – para realização de tarefas que estão além do que elas conseguem fazer sozinhas. O espectro de atividades que uma criança consegue realizar

com apoio de andaimes é a zona de desenvolvimento proximal, ou ZDP. É na ZDP que o desenvolvimento acontece. As crianças vão além do que conseguem fazer sozinhas e, com o tempo, acabam descobrindo que são capazes de realizar sem apoio as atividades anteriormente difíceis, e estão prontas para o próximo desafio.

56. Granic, Lobel e Engels, "Benefits of Playing Video Games"; Jan L. Plass, Bruce D. Homer e Charles K. Kinzer, "Foundations of game-based learning", *Educational Psychologist* 50, n. 4 (2 out. 2015): p. 258-283.

57. Daniel M. Shafer e Corey P. Carbonara, "Examining enjoyment of casual videogames", *Games for Health Journal* 4, n. 6 (2015): p. 452-459.

58. Stephen J. Aguilar, Caitlin Holman e Barry J. Fishman, "Game-inspired design: empirical evidence in support of gameful learning environments", *Games and Culture* 13, n. 1 (2018): p. 44-70.

59. Organização Mundial da Saúde, "Addictive behaviours: gaming disorder", 2018, https://www.who.int/news-room/questions-and-answers/item/addictive-behaviours-gaming--disorder.

60. Espen Aarseth, Anthony M. Bean, Huub Boonen, Michelle Colder Carras, Mark Coulson, Dimitri Das, Jory Deleuze, et al., "Scholars' open debate paper on the World Health Organization ICD-11 gaming disorder proposal", *Journal of Behavioral Addictions* 6, n. 3 (1º set. 2017): p. 267-270; Antonius J. van Rooij, Christopher J. Ferguson, Michelle Colder Carras, Daniel Kardefelt-Winther, Jing Shi, Espen Aarseth, Anthony M. Bean, et al., "A weak scientific basis for gaming disorder: let us err on the side of caution", *Journal of Behavioral Addictions* 7, n. 1 (1º mar. 2018): p. 1-9.

61. Chao-Ying Chen, I-Hua Chen, Amir H. Pakpour, Chung-Ying Lin e Mark D. Griffiths, "Internet-Related Behaviors and Psychological Distress Among Schoolchildren during the COVID-19 School Hiatus", *Cyberpsychology, Behavior, and Social Networking* 24, n. 10 (1º out. 2021): p. 654-663.

62. LeBourgeois et al., "Digital media and sleep in childhood and adolescence".

63. Sarah M. Coyne e Laura Stockdale, "Growing up with grand theft auto: a 10-year study of longitudinal growth of violent video game play in adolescents", *Cyberpsychology, Behavior, and Social Networking* 24, n. 1 (1º jan. 2021): p. 11-16.

64. Davis, Boss e Meas, "Playing in the virtual sandbox".

65. Connected Camps, "About uS", *Connected camps: learning together online*, 2021, https://connectedcamps.com/about.

66. Kiley Sobel, "Families and Pokémon GO", *Parenting for a digital future* (2017).

67. Kiley Sobel, Arpita Bhattacharya, Alexis Hiniker, Jin Ha Lee, Julie A. Kientz e Jason C. Yip, "It wasn't really about the pokémon: parents' perspectives on a location-based mobile game", *Proceedings of the 2017 CHI Conference on Human Factors in Computing Systems* (2 maio 2017): p. 1483-1496, https://doi.org/10.1145/3025453.3025761.

68. Adrienne L. Massanari, "Gamergate", *The International Encyclopedia of Gender, Media, and Communication* (8 jul. 2020): p. 1-5, https://doi.org/10.1002/9781119429128.iegmc014.

69. Anderson et al., "Violent video game effects".

70. Teresa Lynch, Jessica E. Tompkins, Irene I. van Driel e Niki Fritz, "Sexy, strong, and secondary: a content analysis of female characters in video games across 31 years", *Journal of Communication* 66, n. 4 (1º ago. 2016): p. 564-584; Gabriela T. Richard e Kishonna L. Gray, "Gendered play, racialized reality: black cyberfeminism, inclusive communities of practice, and the intersections of learning, socialization, and resilience in online gaming",

Frontiers: A Journal of Women Studies 39, n. 1 (2018): p. 112-148; Kishonna L. Gray, *Intersectional tech: black users in digital gaming* (Baton Rouge, LA: LSU Press, 2020).

71. Alison Gopnik, Andrew N. Meltzoff e Patricia K. Kuhl, *The scientist in the crib: minds, brains, and how children learn* (Nova York: William Morrow & Co, 1999); Gopnik, *The gardener and the carpenter*.

72. Gray, "Play as preparation for learning and life".

73. Lanier, *You are not a gadget*.

74. Torres et al., "A systematic review".

75. Sobel, O'Leary e Kientz, "Maximizing children's opportunities with inclusive play".

Capítulo 5

1. Gopnik, *The gardener and the carpenter*, 180.

2. Gopnik, *The gardener and the carpenter*.

3. John Santrock, *Child development*, 14. ed. (Boston: McGraw-Hill, 2013).

4. Erik H. Erikson, *Childhood and society*, 1. ed. (Nova York: W. W. Norton & Company, 1950).

5. Piaget, *Origins of intelligence in children*.

6. Gopnik, *The gardener and the carpenter*.

7. Flávio S. Azevedo, "The tailored practice of hobbies and its implication for the design of interest-driven learning environments", *Journal of the Learning Sciences* 22, n. 3 (2013): p. 462-510; Flávio S. Azevedo, "An inquiry into the structure of situational interests", *Science Education* 102, n. 1 (jan. 2018): p. 108-127; John D. Bransford, Ann L. Brown e Rodney R. Cocking, *how people learn: brain, mind, experience, and school: expanded edition*, v. II (Washington, DC: The National Academies Press, 2000); Linda Darling-Hammond, Lisa Flook, Channa Cook-Harvey, Brigid Barron e David Osher, "Implications for educational practice of the science of learning and development", *Applied Developmental Science* 24, n. 2 (abr. 2020): p. 97-140.

8. Katie Davis, Joanna Christodoulou, Scott Seider e Howard E. Gardner, "The theory of multiple intelligences", em *Cambridge handbook of intelligence*, ed. R. J. Sternberg e S. B. Kaufman (Nova York: Cambridge University Press, 2011), p. 485-503; Howard E. Gardner, *The unschooled mind: how children think and how schools should teach*, 2. ed. (Nova York: Basic Books, 2011); David H. Rose e Anne Meyer, *Teaching every student in the digital age: universal design for learning* (Alexandria, VA: Association for Supervision and Curriculum Development, 2002).

9. Gutiérrez e Rogoff, "Cultural ways of learning"; Carol D. Lee, "The centrality of culture to the scientific study of learning and development: how an ecological framework in educational research facilitates civic responsibility", *Educational Researcher* 37, n. 5 (2008): p. 267-279; Carol D. Lee, Margaret B. Spencer e Vinay Harpalani, "'Every shut eye ain't sleep': studying how people live culturally", *Educational Researcher* 32, n. 5 (jun. 2003): p. 6-13; Luis C. Moll e Norma Gonzalez, "Engaging life: a funds of knowledge approach to multicultural education", em *Handbook of research on multicultural education*, 2. ed., ed. J. Banks e C. McGee Banks, p. 699-715 (Nova York: Jossey-Bass, 2004); Na'ilah Suad Nasir, Ann S. Rosebery, Beth Warren e Carol D. Lee, "Learning as a cultural process: achieving equity through diversity", em *The Cambridge handbook of the learning sciences*, ed. R. K. Sawyer, 2. ed. (Cambridge, GB: Cambridge University Press, 2006), p. 489-504;

Vicki S. Katz, *Kids in the middle: how children of immigrants negotiate community interactions for their families* (New Brunswick, NJ: Rutgers University Press, 2014).

10. Os anfitriões são Chris Dede (Harvard Graduate School of Education), Curt Bonk (Indiana University), Punya Mishra (Arizona State University), Shuangye Chen (East China Normal University), Yong Zhao (Universidade de Kansas) e Scott McLeod (University of Colorado, Denver).

11. Cecelia Aragon e Katie Davis, *Writers in the secret garden: fanfiction, youth, and new forms of mentoring* (Cambridge, MA: MIT Press, 2019).

12. Justin Reich, "Ed tech's failure during the pandemic, and what comes after", *Phi Delta Kappan*, 22 fev. 2021; Justin Reich, "The paradox of pandemic education: we changed everything to be mostly the same. Can connected learning offer a new way forward?", *Connected Learning Alliance* (blog), 19 abr. 2021, https://clalliance.org/blog/the-paradox--of-pandemic-education-we-changed-everything-to-be-mostly-the-same-can-connected-learning-offer-a-new-way-forward/.

13. Christopher Hoadley e Suraj Uttamchandani, "Current and future issues in learning, technology, and education research", White Paper para a Spencer Foundation, Chicago, set. 2021; Vikki Katz e Victoria Rideout, "Learning at home while under-connected: lower-income families during the COVID-19 pandemic", *New America*, jun. 2021, https://www.newamerica.org/education-policy/reports/learning-at-home-while-under-connected/; Sarah Mervosh, "The pandemic hurt these students the most", *New York Times*, 28 jul. 2021, https://www.nytimes.com/2021/07/28/us/covid-schools-at-home-learning-study.html; Justin Reich e Jal Mehta, "Healing, community, and humanity: how students and teachers want to reinvent schools post-COVID", *EdArXiv* (2021), https://doi.org/10.35542/osf.io/nd52b; Goldhaber et al., "The consequences of remote and hybrid instruction during the pandemic".

14. Morgan G. Ames, "Charismatic technology", *Proceedings of the fifth decennial aarhus conference on critical alternatives* (17 ago. 2015): p. 109-120, https://doi.org/10.7146/aahcc.viii.21199; Larry Cuban, *Teachers and machines: the classroom use of technology since 1920* (Nova York: Teachers College Press, 1986); Larry Cuban, "The technology puzzle", *Education Week*, 4 ago. 1999, sec. Ed-Tech Policy; Larry Cuban, *Oversold and underused: computers in the classroom* (Cambridge, MA: Harvard University Press, 2001); Justin Reich, *Failure to disrupt: why technology alone can't transform education* (Cambridge, MA: Harvard University Press, 2020); Christo Sims, *Disruptive fixation* (Princeton, NJ: Princeton University Press, 2017).

15. David Cohen e Jal Mehta, "Why reform sometimes succeeds: understanding the conditions that produce reforms that last", *American Educational Research Journal* 54, n. 4 (1º ago. 2017): p. 644-690; Reich, *Failure to disrupt*.

16. Reich, Failure to disrupt, 236. Reich usou pela primeira vez o conceito de escolas domesticando novas tecnologias em um ensaio que escreveu em coautoria com Mizuko Ito; veja Justin Reich e Mizuko Ito, "From good intentions to real outcomes: three myths about education technology and equity", Education Week, 30 out. 2017, sec. Education. Este conceito também foi descrito (com o uso de palavras diferentes) pelo historiador da educação Larry Cuban; veja Cuban, Teachers and machines.

17. Reich, *Failure to disrupt*.

18. Reich, *Failure to disrupt*.

19. Papert, *Mindstorms*.

Notas

20. Reich, *Failure to disrupt.*
21. Ames, "Charismatic technology"; Reich, *Failure to disrupt*; Sims, *disruptive fixation.*
22. Ames, "Charismatic technology"; Reich, *Failure to disrupt.*
23. Hoadley e Uttamchandani, "Current and future issues"; Reich, *Failure to Disrupt.*
24. Reich, *Failure to disrupt.*
25. Paul Attewell, "Comment: the first and second digital divides", *Sociology of Education* 74, n. 3 (2001): p. 252-259.
26. Mega Subramaniam, Ligaya Scaff, Saba Kawas, Kelly M. Hoffman e Katie Davis, "Using technology to support equity and inclusion in youth library programming: current practices and future opportunities", *Library Quarterly* 88, n. 4 (1º out. 2018): p. 315-331. Há também uma grande diferença no acesso à internet por crianças que vivem em áreas rurais em comparação com as que vivem em áreas urbanas e suburbanas; veja Common Sense Media, "Teaching through the digital divide | Common Sense Media", acesso em 2021, https://www.commonsensemedia.org/digital-divide-stories.
27. Katz e Rideout, "Learning at home"; Rideout e Katz, "Opportunity for all?".
28. Vikki Katz, "What it means to be 'under-connected' in lower-income families", *Journal of Children and Media* 11, n. 2 (2017): p. 241-244.
29. Attewell, "Comment".
30. Reich e Ito, "From good intentions to real outcomes". Eu uso aqui a palavra privilégio para me referir à distribuição desproporcional de benefícios sociais (por exemplo, educação de qualidade) nos Estados Unidos entre categorias socioeconômicas, raciais e étnicas.
31. Attewell, "Comment"; Matthew H. Rafalow, "Disciplining play: digital youth culture as capital at school", *American Journal of Sociology* 123, n. 5 (março, 2018): p. 1416-1452; Matthew H. Rafalow, *Digital divisions: how schools create inequality in the tech era* (Chicago: University of Chicago Press, 2020); Reich e Ito, "From good intentions to real outcomes"; Justin Reich, Richard Murnane e John Willett, "The state of wiki usage in U.S. K-12 schools: leveraging Web 2.0 data warehouses to assess quality and equity in online learning environments", *Educational Researcher* 41, n. 1 (1º jan. 2012): p. 7-15.

    Pessoas marginalizadas ou pertencentes a minorias são excluídas de posições de poder e autoridade institucional; veja Mizuko Ito, Richard Arum, Dalton Conley, K. Gutiérrez, B. Kirshner, S. Livingstone, V. Michalchik, et al., *The connected learning research network: reflections on a decade of engaged scholarship* (Irvine, CA: Connected Learning Alliance, 2020), https://clalliance.org/wp-content/uploads/2020/02/CLRN_Report.pdf.
32. Meryl Alper, *Giving voice: mobile communication, disability, and inequality* (Cambridge, MA: MIT Press, 2017); Ito et al., *The connected learning research network*; Annette Lareau, *Home advantage: social class and parental intervention in elementary education* (Lanham, MD: Rowman & Littlefield Publishers, 2000).
33. Joseph B. Giacquinta, Jo Anne Bauer e Jane E. Levin, *Beyond technology's promise: an examination of children's educational computing at home* (Nova York: Cambridge University Press, 1993); Ito et al., *The connected learning research network*; Henry Jenkins, com Ravi Purushotma, Margaret Weigel, Katie Clinton e Alice J. Robison, *Confronting the Challenges of Participatory Culture: Media Education for the 21ˢᵗ Century*, The John D. and Catherine T. MacArthur Foundation Reports on Digital Media and Learning (Cambridge, MA: MIT Press, 2009).

34. Alper, *Giving voice*; Katz, *Kids in the middle*.
35. Reich e Ito, "From good intentions to real outcomes".
36. Rafalow, "Disciplining play"; Rafalow, *Digital divisions*.
37. Gillespie, *Custodians of the Internet*.
38. Ames, "Charismatic technology"; Morgan G. Ames, *The charisma machine: the life, death, and legacy of one laptop per child* (Cambridge, MA: MIT Press, 2019).
39. Reich, *Failure to disrupt*.
40. O trabalho de codificação foi realizado pela empresa LeapFrog.
41. Azevedo, "The tailored practice"; Azevedo, "An inquiry"; Bransford, Brown e Cocking, *How people learn*; Darling-Hammond et al., "Implications for educational practice"; Hirsh-Pasek et al., "Putting education in 'educational' apps".
42. Azevedo, "The tailored practice"; Azevedo, "An inquiry"; Suzanne Hidi e K. Ann Renninger, "The four-phase model of interest development", *Educational Psychologist* 41, n. 2 (2006): p. 111-127; K. Ann Renninger, Suzanne Hidi e Andreas Krapp, eds., *The role of interest in learning and development*, 1. ed. (Nova York: Psychology Press, 1992).
43. Saba Kawas, Sarah K. Chase, Jason Yip, Joshua J. Lawler e Katie Davis, "Sparking interest: a design framework for mobile technologies to promote children's interest in nature", *International Journal of Child-Computer Interaction* 20 (jun. 2019): p. 24-34.
44. Saba Kawas, Nicole Kuhn, Mina Tari, Alexis Hiniker e Katie Davis, "'Otter this world': can a mobile application promote children's connectedness to nature?", em *IDC '20: Interaction Design and Children*, Virtual Conference (2020): p. 444-457; Saba Kawas, Jordan Sherry-Wagner, Nicole Kuhn, Sarah Chase, Brittany Bentley, Joshua Lawler e Katie Davis, "NatureCollections: can a mobile application trigger children's interest in nature?", em *Proceedings of the 12ᵗʰ International Conference on Computer Supported Education* (Praga: SCITEPRESS Science and Technology Publications, 2020): p. 579-592; Saba Kawas, Nicole S. Kuhn, Kyle Sorstokke, Emily E. Bascom, Alexis Hiniker e Katie Davis, "When screen time is not screen time: tensions and needs between tweens and their parents during nature-based exploration", *Proceedings of the 2021 CHI Conference on Human Factors in Computing Systems* (7 maio 2021): p. 1-14, https://doi.org/10.1145/ 3411764.3445142.
45. Erling Björgvinsson, Pelle Ehn e Per-Anders Hillgren, "Participatory design and 'democratizing innovation'", *Proceedings of the 11th Biennial Participatory Design Conference* (29 nov. 2010): p. 41-50, https://doi.org/10.1145/1900441.1900448; Allison Druin, "Cooperative inquiry: developing new technologies for children with children", *Proceedings of the SIGCHI Conference on Human Factors in Computing Systems CHI '99* (1º maio 1999): p. 592-599, https://doi.org/10.1145/302979.303166; Allison Druin, "The Role of children in the design of new technology", *Behaviour & Information Technology* 21, n. 1 (2002): p. 1-25; Christiane Floyd, Wolf-Michael Mehl, Fanny-Michaela Reisin, Gerhard Schmidt e Gregor Wolf, "Out of Scandinavia: alternative approaches to software design and system development", *Human-computer interaction* 4, n. 4 (1989): p. 253-350; Ole Sejer Iversen, Anne Marie Kanstrup e Marianne Graves Petersen, "A visit to the 'new utopia': revitalizing democracy, emancipation and quality in co-operative design", *Proceedings of the Third Nordic Conference on Human-Computer Interaction* (23 out. 2004): p. 171-179, https:// doi.org/10.1145/1028014.1028040.
46. Kawas et al., "'Otter this world'"; Kawas et al., "NatureCollections"; Kawas et al., "When screen time is not screen time".
47. Gardner e Davis, *The app generation*.

Notas

48. Kurt W. Fischer e Thomas Bidell, "Dynamic development of psychological structures in action and thought", em *Handbook of child psychology: theoretical models of human development* 1 (jan. 1998): p. 467-561; Kurt W. Fischer e Thomas Bidell, "Dynamic development of action and thought", em *Handbook of child psychology*, v. 1, 6. ed., ed. W. Damon e R. M. Lerner (Nova York: Wiley, 2006): p. 313-399; Howard E. Gardner, *Multiple intelligences: the theory in practice*, 1. ed. (Nova York: Basic Books, 1993).

49. Katie Bacon, "All along", *Ed*, Harvard Ed. Magazine (Winter 2014), https://www.gse.harvard.edu/news/ed/14/01/all-along.

50. David Rose, "Universal design for learning", *Journal of Special Education Technology* 15, n. 2 (1º mar. 2000): p. 56-60.

51. Gardner, *Multiple intelligences*; Gardner, *The unschooled mind*; Hoadley e Uttamchandani, "Current and future issues", 14. Os pesquisadores Christopher Hoadley e Suraj Uttamchandani identificaram uma tensão importante entre personalização e padronização no que diz respeito às tecnologias de aprendizagem. Eles observam que o campo edtech geralmente se concentra em experiências de aprendizagem personalizadas a serviço da produção de resultados de aprendizagem padronizados. Eles registram: "Esses movimentos limitam, em vez de expandir, os tipos de aprendizado que podem ocorrer".

52. CAST, "About universal design for learning", acesso em 30 nov. 2021, https://www.cast.org/impact/universal-design-for-learning-udl.

53. Rose, *The end of average*.

54. David Rose e Bridget Dalton, "Learning to read in the digital age", *Mind, Brain, and Education* 3, n. 2 (2009): p. 74-83.

55. Granic, Lobel e Engels, "Benefits of playing video games".

56. Bacon, "All along".

57. Laura Benton e Hilary Johnson, "Widening participation in technology design: a review of the involvement of children with special educational needs and disabilities", *International Journal of Child-Computer Interaction* 3-4 (2015): p. 23-40.

58. Laura Benton, Asimina Vasalou, Rilla Khaled, Hilary Johnson e Daniel Gooch, "Diversity for design: a framework for involving neurodiverse children in the technology design process", *Proceedings of the SIGCHI Conference on Human Factors in Computing Systems CHI '14* (26 abr. 2014): p. 3747-3756, https://doi.org/10.1145/2556288.2557244.

59. Alper, *Giving voice*; Ito et al., *The connected learning research network*.

60. Ito et al., *The connected learning research network*.

61. Ames, "Charismatic Technology"; Ames, *The charisma machine*.

62. Gutiérrez e Rogoff, "Cultural ways of learning"; Lareau, "Home advantage"; Luis C. Moll, Cathy Amanti, Deborah Neff e Norma Gonzalez, "Funds of knowledge for teaching: using a qualitative approach to connect homes and classrooms", *Theory into Practice* 31, n. 2 (1992): p. 132-141; Nasir et al., "Learning as a cultural process"; Nasir et al., "Rethinking learning"; Rogoff, *The cultural nature of human development*.

63. Alexander Cho, Roxana G. Herrera, Luis Chaidez e Adilene Uriostegui, "The 'Comadre' project: an asset-based design approach to connecting low-income latinx families to out-of-school learning opportunities", *Proceedings of the 2019 CHI Conference on Human Factors in Computing Systems* (2 maio 2019): p. 1-14, https://doi.org/10.1145/3290605.3300837.

64. Embora não seja uma tecnologia de aprendizagem propriamente dita, sua função é conectar as crianças com oportunidades de aprendizagem significativas.

65. Cho et al., "The 'Comadre' project", 7.

66. Gopnik, *The gardener and the carpenter*.
67. Azevedo, "The tailored practice"; Azevedo, "An inquiry"; Bransford, Brown e Cocking, *How people learn*; Darling-Hammond et al., "Implications for educational practice".
68. Davis et al., "The theory of multiple intelligences"; Gardner, *the unschooled mind*; Rose e Meyer, *Teaching every student*.
69. Gutiérrez e Rogoff, "Cultural ways of learning"; Lee, "The centrality of culture"; Lee, Spencer e Harpalani, "'Every shut eye ain't sleep'"; Moll e Gonzalez, "Engaging life"; Nasir et al., "Learning as a cultural process".
70. Reich, *Failure to disrupt*; Reich e Ito, "From good intentions to real outcomes".
71. Reich, *Failure to disrupt*; Sims, *Disruptive fixation*.
72. Reich e Ito, "From good intentions to real outcomes".
73. Alper, *Giving Voice*; Giacquinta, Bauer e Levin, *Beyond technology's promise*; Ito et al., *The connected learning research network*; Rafalow, "Disciplining play"; Rafalow, *Digital divisions*.
74. Ames, "Charismatic technology"; Reich, *Failure to disrupt*.
75. Cho et al., "The 'Comadre' project".

Capítulo 6

1. Davis, Dinhopl e Hiniker, "'Everything's the phone'", 8.
2. Davis, Dinhopl e Hiniker, "'Everything's the phone'", 8.
3. Parker et al., "Peer relationships, child development, and adjustment". Nem todos os pré-adolescentes buscam distância de seus pais; existem diferenças culturais na forma como pais e filhos interagem entre si (Vikki Katz, comunicação pessoal, 9 ago. 2021).
4. Jacquelynne S. Eccles, Christy Miller Buchanan, Constance Flanagan, Andrew Fuligni, Carol Midgley e Doris Yee, "Control versus autonomy during early adolescence", *Journal of Social Issues* 47, n. 4 (1991): p. 53-68; Judith Smetana, Hugh F. Crean e Nicole Campione-Barr, "Adolescents' and parents' changing conceptions of parental authority", *New Directions for Child and Adolescent Development*, n. 108 (verão de 2005): p. 31-46.
5. Dante Cicchetti e Fred A. Rogosch, "A developmental psychopathology perspective on adolescence", *Journal of Consulting and Clinical Psychology* 70, n. 1 (2002): p. 6; Annette Lareau, *Unequal childhoods: class, race, and family life* (Berkeley: University of California Press, 2011); Judith Smetana e Susan Chuang, "Middle-class African American parents' conceptions of parenting in early adolescence", *Journal of Research on Adolescence* 11, n. 2 (2001): p. 177-198; Ming-Te Wang, Nancy E. Hill e Tara Hofkens, "Parental involvement and African American and European American adolescents' academic, behavioral, and emotional development in secondary school", *Child Development* 85, n. 6 (2014): p. 2151–2168.
6. Harold D. Grotevant e Catherine R. Cooper, "Individuation in family relationships", *Human Development* 29, n. 2 (1986): p. 82-100.
7. Kawas et al., "When screen time isn't screen time"; Ada S. Kim e Katie Davis, "Tweens' perspectives on their parents' media-related attitudes and rules: an exploratory study in the US", *Journal of Children and Media* 11, n. 3 (2017): p. 358-366; Livingstone e Blum-Ross, *Parenting for a digital future*; Ellen Selkie, "Smartphone ownership as a developmental milestone", *Journal of Adolescent Health* 64, n. 4 (2019): p. 419-420.
8. Rideout et al., *Common sense census*. A campanha liderada pelos pais "Wait Until 8th" (Espere até a 8 ª ano) busca aumentar a idade em que as crianças ganham o primeiro telefone.

Notas

9. Kim e Davis, "Tweens' perspectives". Outra pesquisa constatou que essa motivação para a posse do primeiro telefone é particularmente importante no caso das crianças que vivem em áreas rurais, que geralmente têm distâncias mais longas para percorrer; veja Megan A. Moreno, Bradley R. Kerr, Marina Jenkins, Esther Lam e Faisal S. Malik, "Perspectives on smartphone ownership and use by early adolescents", *Journal of Adolescent Health* 64, n. 4 (1º abr. 2019): p. 437-442.

10. Toke Haunstrup Christensen, "'Connected presence' in distributed family life", *New Media & Society* 11, n. 3 (1º maio 2009): p. 433-451; Emily Weinstein e Katie Davis, "Connecting 'round the clock: mobile phones and adolescents' experiences of intimacy, em *Encyclopedia of Mobile Phone Behavior*, ed. Zheng Yan (Hershey, PA: IGI Global, 2015), p. 937-946.

11. Kawas et al., "When screen time isn't screen time"; Rivka Ribak, "Remote control, umbilical cord and beyond: the mobile phone as a transitional object", *British Journal of Developmental Psychology* 27, n. 1 (2009): p. 183-196.

12. Kim e Davis, "Tweens' perspectives".

13. O desejo que os pais têm de proteger e controlar seus filhos no contexto da "sociedade de risco" dos dias de hoje não se limita ao uso da tecnologia; Livingstone e Blum-Ross, Parenting for a digital future.

14. C. Blair Burnette, Melissa A. Kwitowski e Suzanne E. Mazzeo, "'I don't need people to tell me i'm pretty on social media': a qualitative study of social media and body image in early adolescent girls", *Body Image 23* (1º dez. 2017): p. 114-125; Davis, Dinhopl e Hiniker, "'Everything's the phone'"; Arup Kumar Ghosh, Karla Badillo-Urquiola, Mary Beth Rosson, Heng Xu, John M. Carroll e Pamela J. Wisniewski, "A matter of control or safety?: Examining parental use of technical monitoring apps on teens' mobile devices", *Proceedings of the 2018 CHI Conference on Human Factors in Computing Systems* (19 abr. 2018): p. 1-14, https://doi.org/10.1145/3173574.3173768; Arup Kumar Ghosh, Karla Badillo-Urquiola, Shion Guha, Joseph J. LaViola Jr e Pamela J. Wisniewski, "Safety vs. Surveillance: what children have to say about mobile apps for parental control", *Proceedings of the 2018 CHI Conference on Human Factors in Computing Systems*, n. 124 (19 abr. 2018), p. 1-14, https://doi.org/10.1145/3173574.3173698; Kim e Davis, "Tweens' perspectives".

15. Kim e Davis, "Tweens' perspectives"; Emily Weinstein e Carrie James, *Behind their screens: what teens are facing (and adults are missing)* (Cambridge, MA: MIT Press, 2022).

16. Ghosh et al., "A matter of control or safety?".

17. Davis, Dinhopl e Hiniker, "'Everything's the phone'".

18. Tran et al., "Modeling the engagement-disengagement cycle".

19. Elizabeth K. Englander, *25 myths about bullying and cyberbullying* (Nova York: John Wiley & Sons, 2020); Simone Lanette, Phoebe K. Chua, Gillian Hayes e Melissa Mazmanian, "How much is 'too much'? The role of a smartphone addiction narrative in individuals' experience of use", *Proceedings of the ACM on Human-Computer Interaction*, n. 101 (1º nov. 2018), p. 1-22, https://doi.org/10.1145/3274370; Livingstone e Blum-Ross, *Parenting for a digital future*.

20. Livingstone e Blum-Ross, *Parenting for a digital future*; Davis, Dinhopl e Hiniker, "'Everything's the phone'".

21. Lindsay Blackwell, Emma Gardiner e Sarita Schoenebeck, "Managing expectations: technology tensions among parents and teens", *Proceedings of the 19th ACM Conference on Computer-Supported Cooperative Work & Social Computing* (27 fev. 2016): p. 1390-1401,

https://doi.org/10.1145/2818048.2819928; Sarah E. Domoff, Jenny S. Radesky, Kristen Harrison, Hurley Riley, Julie C. Lumeng e Alison L. Miller, "A naturalistic study of child and family screen media and mobile device use", *Journal of Child and Family Studies* 28, n. 2 (1º fev. 2019): p. 401-410; Alexis R. Lauricella, Drew P. Cingel, Leanne Beaudoin-Ryan, Michael B. Robb, M. Saphir e Ellen A. Wartella, "The common sense census: plugged-in parents of tweens and teens" (San Francisco: Common Sense Media, 2016); Melissa Mazmanian e Simone Lanette, "'Okay, one more episode': an ethnography of parenting in the digital age", *Proceedings of the 2017 ACM Conference on Computer Supported Cooperative Work and Social Computing* (25 fev. 2017): p. 2273-2286, https://doi.org/10.1145/2998181.2998218; Pamela Wisniewski, Arup Kumar Ghosh, Heng Xu, Mary Beth Rosson e John M. Carroll, "Parental control vs. teen self-regulation: is there a middle ground for mobile online safety?", *Proceedings of the 2017 ACM Conference on Computer Supported Cooperative Work and Social Computing* (25 fev. 2017): p. 51-69, https://doi.org/10.1145/2998181.2998352.

22. Como a maior tendência entre pré-adolescentes e adolescentes é acessar a internet por meio de seus telefones mais do que por qualquer outro dispositivo, há muita sobreposição entre o uso que eles fazem do telefone e o uso de outros tipos de tecnologia interativa (por exemplo, *videogames* e mídias sociais); David Smahel, Hana Machackova, Giovanna Mascheroni, Lenka Dedkova, Elisabeth Staksrud, Kjartan Olafsson, Sonia Livingstone e Uwe Hasebrink, "EU Kids Online 2020: survey results from 19 countries", EU Kids Online, 2020, https://doi.org/10.21953/lse.47fdeqj01of0.

23. Alexis Hiniker, Sarita Y. Schoenebeck e Julie A. Kientz, "Not at the dinner table: parents' and children's perspectives on family technology rules", *Proceedings of the 19th ACM Conference on Computer-Supported Cooperative Work & Social Computing* (27 fev. 2016): p. 1376-1389, https://doi.org/10.1145/2818048.2819940.

24. Hiniker, Schoenebeck e Kientz, "Not at the dinner table"; Lanette et al., "How much is 'too much?'"; Weinstein e James, *Behind their screens*.

25. Hiniker, Schoenebeck e Kientz, "Not at the dinner table".

26. Wisniewski et al., "Parental control vs. teen self-regulation".

27. Lynn Schofield Clark, *The parent app: understanding families in the digital age* (Nova York: Oxford University Press, 2013).

28. Livingstone e Blum-Ross, *Parenting for a digital future*, criticam essa dicotomia, argumentando que as famílias de Londres consideradas em sua pesquisa não se enquadram em categorias tão definidas. Por exemplo, havia muitos pais de baixa renda que estavam bastante determinados a usar a tecnologia para apoiar o aprendizado dos filhos.

29. Sonia Livingstone, Kjartan Ólafsson, Ellen J. Helsper, Francisco Lupiáñez-Villanueva, Giuseppe A. Veltri e Frans Folkvord, "Maximizing opportunities and minimizing risks for children online: the role of digital skills in emerging strategies of parental mediation", *Journal of Communication* 67, n. 1 (1º fev. 2017): p. 82-105.

Por exemplo, os pais podem estar justificadamente preocupados com o *cyberbullying* de cunho homofóbico em relação a seus filhos homossexuais; veja Michelle F. Wright e Sebastian Wachs, "The buffering effect of perceived parental social support in the longitudinal relationship between homophobic cyberbullying and LGBTQIA adolescents' health outcomes", *Journal of Early Adolescence* (11 dez. 2021): p. 1-23. Ou a preocupação deles pode se concentrar na vigilância racial por meios digitais pela aplicação da lei a seus filhos de negros ou latino-americanos; veja Desmond Upton Patton,

Douglas-Wade Brunton, Andrea Dixon, Reuben Jonathan Miller, Patrick Leonard e Rose Hackman, "Stop and frisk online: theorizing everyday racism in digital policing in the use of social media for identification of criminal conduct and associations", *Social Media + Society* 3, n. 3 (2017): 2056305117733344. Veja também Weinstein e James, *Behind their screens*.

30. Mizuko Ito, Candice Odgers, Stephen Schueller, Jennifer Cabrera, Evan Conaway, Remy Cross e Maya Hernandez, *Social media and youth wellbeing: what we know and where we could go* (Irvine, CA: Connected Learning Alliance, 2020), https://clalliance.org/wp-content/uploads/2020/06/Social-Media-and-Youth-Wellbeing-Report.pdf; Reich e Ito, "From good intentions to real outcomes".

31. Livingstone e Blum-Ross, *Parenting for a digital future*.

32. Livingstone e Blum-Ross, *Parenting for a digital future*; Radesky e Hiniker, "From moral panic to systemic change".

33. Danah Boyd, *It's complicated: the social lives of networked teens* (New Haven, CT: Yale University Press, 2014); Jacqueline Nesi, Sophia Choukas-Bradley e Mitchell J. Prinstein, "Transformation of adolescent peer relations in the social media context: part 1 – a theoretical framework and application to dyadic peer relationships", *Clinical Child and Family Psychology Review* 21, n. 3 (1º set. 2018): p. 267-294 [doravante, Nesi, Choukas-Bradley e Prinstein, "Transformation 2018a"]; Weinstein e James, *Behind their screens*.

34. Helen Cowie, *From birth to sixteen: children's health, social, emotional and linguistic development*, 2. ed. (Londres: Routledge, 2019).

35. Englander, *25 myths about bullying*; Lanette et al., "How much is 'too much?'"; Megan A. Moreno, Aubrey D. Gower, Heather Brittain e Tracy Vaillancourt, "Applying natural language processing to evaluate news media coverage of bullying and cyberbullying", *Prevention Science* 20, n. 8 (2019): p. 1274-1283; Jan Ole Størup e Andreas Lieberoth, "What's the problem with 'screen time'? A content analysis of dominant voices and worries in three years of national print media", *Convergence*, 18 jan. 2022, https://doi.org/10.1177/13548565211065299.

36. Katie Davis, "Friendship 2.0: adolescents' experiences of belonging and self-disclosure online", *Journal of Adolescence* 35, n. 6 (2012): p. 1527-1536; M. Shankleman, L. Hammond e F. W. Jones, "Adolescent social media use and well-being: a systematic review and thematic meta-synthesis", *Adolescent Research Review* 6 (abr. 2021): p. 471-492, https://doi.org/10.1007/s40894-021-00154-5; Weinstein e James, *Behind their screens*.

37. Ric G. Steele, Jeffrey A. Hall e Jennifer L. Christofferson, "Conceptualizing digital stress in adolescents and young adults: toward the development of an empirically based model", *Clinical Child and Family Psychology Review* 23, n. 1 (1º mar. 2020): p. 15-26.

38. Niklas Johannes, Adrian Meier, Leonard Reinecke, Saara Ehlert, Dinda Nuranissa Setiawan, Nicole Walasek, Tobias Dienlin, Moniek Buijzen e Harm Veling, "The relationship between online vigilance and affective well-being in everyday life: combining smartphone logging with experience sampling", *Media Psychology* 24, n. 5 (2021): p. 581-605; Nesi, Choukas-Bradley e Prinstein, "Transformation 2018a"; Shankleman, Hammond e Jones, "Adolescent social media use and well-being"; Steele, Hall e Christofferson, "Conceptualizing digital stress"; Weinstein e James, *Behind Their Screens*; Jiaxin Yang, Xi Fu, Xiaoli Liao e Yamin Li, "Association of problematic smartphone use with poor sleep quality, depression, and anxiety: a systematic review and meta-analysis", *Psychiatry Research* (fev. 2020): p. 284, https://doi.org/10.1016/j.psychres.2019.112686.

39. Weinstein e James, *Behind their screens*; Monique West, Simon Rice e Dianne Vella-Brodrick, "Exploring the 'social' in social media: adolescent relatedness – thwarted and supported", *Journal of Adolescent Research* 1, n. 32 (2021): p. 1-32.
40. Embora a descrição que faço do baile na escola pela ótica dos pré-adolescentes seja imaginária, ela se baseia em evidências empíricas consideráveis acumuladas nos últimos anos e relacionadas à experiência de pré-adolescentes e adolescentes com as mídias sociais. Nesi, Choukas-Bradley e Prinstein, "Transformation 2018a"; Steele, Hall e Christofferson, "Conceptualizing digital stress"; Weinstein e James, *Behind their screens*.
41. Weinstein e James, *Behind their screens*.
42. Robert L. Selman, "The development of interpersonal competence: the role of understanding in conduct", *Developmental Review* 1, n. 4 (1º dez. 1981): p. 401-422.
43. Susan Harter, *The construction of the self: developmental and sociocultural foundations*, 2. ed. (Nova York: Guilford Publications, 2015).
44. Kenneth H. Rubin, William M. Bukowski e Jeffrey G. Parker, "Peer interactions, relationships, and groups", em *Handbook of child psychology: social, emotional, and personality development*, v. 3, 6. ed. (Hoboken, NJ: John Wiley & Sons, Inc., 2006), p. 571-645.
45. Leah H. Somerville, "The teenage brain: sensitivity to social evaluation", *Current Directions in Psychological Science* 22, n. 2 (1º abr. 2013): p. 121–127. De acordo com o psicólogo Laurence Steinberg, a lacuna entre as respostas emocionais intensificadas e as aptidões tardias de autorregulação no início da adolescência pode ser amplificada pela redução da idade de início da puberdade nas últimas décadas; Laurence Steinberg, "Cognitive and affective development in adolescence", *Trends in Cognitive Sciences* 9, n. 2 (2005): p. 69-74. Veja também Matt Richtel, "'It's life or death': the mental health crisis among U.S. teens", New York Times, 24 abr. 2022, sec. Health, https://www.nytimes.com/2022/04/23/health/mental-health-crisis-teens.html.
46. Laurence Steinberg e Amanda Sheffield Morris, "Adolescent development", *Annual Review of Psychology* 52, n. 1 (2001): p. 83-110.
47. Nesi, Choukas-Bradley e Prinstein, "Transformation 2018a".
48. Weinstein e James, *Behind their screens*.
49. Weinstein e James, *Behind their screens*; veja também West, Rice e Vella-Brodrick, "Exploring the 'social'".
50. Nesi, Choukas-Bradley e Prinstein, "Transformation 2018a"; Weinstein e James, *Behind their screens*.
51. Weinstein e James, *Behind their screens*.
52. Justin W. Patchin e Sameer Hinduja, "Cyberbullying among tweens in the United States: prevalence, impact, and helping behaviors", *Journal of Early Adolescence* 42, n. 3 (1º mar. 2022): p. 414-430.
53. Englander, *25 myths about bullying*. Evidências sugerem que crianças e adolescentes que sofrem *bullying* ou *cyberbullying* correm maior risco de ideação suicida e tentativas de suicídio; Mitch van Geel, Paul Vedder e Jenny Tanilon, "Relationship between peer victimization, cyberbullying, and suicide in children and adolescents: a meta-analysis", *JAMA Pediatrics* 168, n. 5 (2014): p. 435-442, https://doi.org/10.1001/jamapediatrics.2013.4143. Suicídio é a segunda principal causa de morte entre jovens do ensino médio nos Estados Unidos, de 14 a 18 anos, e as taxas de suicídio nessa faixa etária aumentaram nos últimos anos; Asha Z. Ivey-Stephenson, Zewditu Demissie, Alexander E. Crosby, Deborah M. Stone, Elizabeth Gaylor, Natalie Wilkins, Richard Lowry e Margaret Brown, "Sui-

cidal ideation and behaviors among high school students – youth risk behavior survey, United States, 2019", *MMWR Supplements* 69, n. 1 (2020): p. 47.

54. Samuel E. Ehrenreich, Madeleine J. George, Kaitlyn Burnell e Marion K. Underwood, "Importance of digital communication in adolescents' development: theoretical and empirical advancements in the last decade", *Journal of Research on Adolescence* 31, n. 4 (2021): p. 928-943.

55. Dan Olweus, *Bullying: what we know and what we can do* (Hoboken, NJ: Wiley-Blackwell, 1993): p. 353-365; Dan Olweus, "A profile of bullying at school", *Educational Leadership* 60, n. 6 (2003): p. 12-17.

56. Jacqueline Nesi, Sophia Choukas-Bradley e Mitchell J. Prinstein, "Transformation of adolescent peer relations in the social media context: part 2 – application to peer group processes and future directions for research", *Clinical Child and Family Psychology Review* 21, n. 3 (1º set. 2018): p. 295-319 [doravante, Nesi, Choukas-Bradley e Prinstein, "Transformation 2018b"].

57. Katie Davis, Justin Reich e Carrie James, "The changing landscape of peer aggression: a literature review on cyberbullying and interventions", *Journal of Youth Development* 9, n. 1 (1º mar. 2014): p. 129-142; Englander, *25 myths about bullying*; Christina Salmivalli, Miia Sainio e Ernest V. E. Hodges, "Electronic victimization: correlates, antecedents, and consequences among elementary and middle school students", *Journal of Clinical Child & Adolescent Psychology* 42, n. 4 (1º jul. 2013): p. 442-453; Sarah-Jeanne Viau, Anne-Sophie Denault, Ginette Dionne, Mara Brendgen, Marie-Claude Geoffroy, Sylvana Côté, Simon Larose, et al., "Joint trajectories of peer cyber and traditional victimization in adolescence: a look at risk factors", *Journal of Early Adolescence* 40, n. 7 (1º ago. 2020): p. 936-965; Denis Wegge, Heidi Vandebosch, Steven Eggermont e Sara Pabian, "Popularity through online harm: the longitudinal associations between cyberbullying and sociometric status in early adolescence", *Journal of Early Adolescence* 36, n. 1 (1º jan. 2016): p. 86-107.

58. Ito et al., *Social media and youth wellbeing*.

59. B. Bradford Brown, "Peer groups and peer cultures", em *At the threshold: the developing adolescent* (Cambridge, MA: Harvard University Press, 1990), p. 171-196; Parker et al., "Peer Relationships, Child Development, and Adjustment".

60. Weinstein e James, *Behind their screens*.

61. Rubin, Bukowski e Parker, "Peer interactions, relationships, and groups".

62. Cicchetti e Rogosch, "A developmental psychopathology perspective".

63. William M. Bukowski e Lorrie K. Sippola, "Groups, individuals, and victimization", em *Peer harassment in school: the plight of the vulnerable and victimized*, ed. J. Juvonen e S. Graham (Nova York: The Guilford Press, 2001), p. 355-377; Parker et al., "Peer relationships, child development, and adjustment".

64. Englander, *25 myths about bullying*.

65. Eddy H. de Bruyn, Antonius H. N. Cillessen e Inge B. Wissink, "Associations of peer acceptance and perceived popularity with bullying and victimization in early adolescence", *Journal of Early Adolescence* 30, n. 4 (1º ago. 2010): p. 543-566; Jaana Juvonen, Sandra Graham e Mark A. Schuster, "Bullying among young adolescents: the strong, the weak, and the troubled", *Pediatrics* 112, n. 6 (2003): p. 1231-1237; Christina Salmivalli, Arja Huttunen e Kirsti M. J. Lagerspetz, "Peer networks and bullying in schools", *Scandinavian Journal of Psychology* 38, n. 4 (1997): p. 305-312; Jelle J. Sijtsema, René Veenstra, Siegwart Lindenberg e Christina Salmivalli. "Empirical test of bullies' status goals: assessing di-

rect goals, aggression, and prestige". *Aggressive Behavior* 35, n. 1 (2009): p. 57-67, https://doi.org/10.1002/ab.20282.

66. Juvonen, Graham e Schuster, "Bullying among young adolescents"; Sijtsema et al., "Empirical test of bullies' status goals".

67. Jennifer A. Jewell e Christia Spears Brown, "Relations among gender typicality, peer relations, and mental health during early adolescence", *Social Development* 23, n. 1 (2014): p. 137-156.

68. Robin M. Kowalski, Gary W. Giumetti, Amber N. Schroeder e Micah R. Lattanner, "Bullying in the digital age: a critical review and meta-analysis of cyberbullying research among youth", *Psychological Bulletin* 140, n. 4 (2014): p. 1073; Wegge et al., "Popularity through online harm".

69. Davis, Reich e James, "The changing landscape"; Nesi, Choukas-Bradley e Prinstein, "Transformation 2018b".

70. Weinstein e James, *Behind their screens*.

71. Englander, *25 myths about bullying*.

72. Englander, *25 myths about bullying*.

73. Noam Lapidot-Lefler e Azy Barak, "Effects of anonymity, invisibility, and lack of eye-contact on toxic online disinhibition", *Computers in Human Behavior* 28, n. 2 (2012): p. 434-443; Weinstein e James, *Behind their screens*.

74. Gardner e Davis, *The app generation*.

75. Weinstein e James, *Behind their screens*.

76. Fabio Sticca e Sonja Perren, "Is cyberbullying worse than traditional bullying? Examining the differential roles of medium, publicity, and anonymity for the perceived severity of bullying", *Journal of Youth and Adolescence* 42, n. 5 (2013): p. 739-750.

77. Davis, Reich e James, "The changing landscape"; Englander, *25 myths about bullying*; Shai Fuxman, Shari Kessel Schneider e Miriam Heyman, "The ruderman white paper on social media, cyberbullying, and mental health: a comparison of adolescents with and without disabilities", The Ruderman Family Foundation, Boston, 2016; Salmivalli, Sainio e Hodges, "Electronic victimization"; Weinstein e James, *Behind their screens*; Izabela Zych e Vicente J. Llorent, "Bias-based cyberbullying in spanish adolescents and its relation to social and emotional competencies and technology abuse", *Journal of Early Adolescence* (2 jun. 2021): p. 1-22, https://doi.org/10.1177/02724316211020365.

78. Ann DeSmet, Maddalena Rodelli, Michel Walrave, Bart Soenens, Greet Cardon e Ilse De Bourdeaudhuij, "Cyberbullying and traditional bullying involvement among heterosexual and non-heterosexual adolescents, and their associations with age and gender", *Computers in Human Behavior* 83 (2018): p. 254-261; Fuxman, Schneider e Heyman, "The Ruderman white paper"; Sameer Hinduja e Justin W Patchin, "Bullying, cyberbullying, and LGBTQ students", Cyberbullying Research Center, 2011, acesso em 10 maio 2022, https://cyberbullying.org/bullying-cyberbullying-sexual-orientation-lgbtq.pdf; Vicente J. Llorent, Rosario Ortega-Ruiz e Izabela Zych, "Bullying and cyberbullying in minorities: are they more vulnerable than the majority group?", *Frontiers in Psychology* 7 (2016): p. 1507.

79. Ehrenreich et al., "Importance of digital communication"; Jeffrey A. Hall, Ric G. Steele, Jennifer L. Christofferson e Teodora Mihailova, "Development and initial evaluation of a multidimensional digital stress scale", *Psychological Assessment* 33, n. 3 (2021); Hae Yeon Lee, Jeremy P. Jamieson, Harry T. Reis, Christopher G. Beevers, Robert A. Josephs,

Michael C. Mullarkey, Joseph M. O'Brien e David S. Yeager, "Getting fewer 'likes' than others on social media elicits emotional distress among victimized adolescents", *Child Development* 91, n. 6 (2020): p. 2141-2159; Jacqueline Nesi e Mitchell J. Prinstein, "Using social media for social comparison and feedback-seeking: gender and popularity moderate associations with depressive symptoms", *Journal of Abnormal Child Psychology* 43, n. 8 (1º nov. 2015): p. 1427-1438; Steele, Hall e Christofferson, "Conceptualizing digital stress".

80. Lee et al., "Getting fewer 'likes'"; Nesi e Prinstein, "Using social media for social comparison and feedback-seeking".

81. Ehrenreich et al., "Importance of digital communication"; Englander, *25 myths about bullying*; Irene Kwan, Kelly Dickson, Michelle Richardson, Wendy MacDowall, Helen Burchett, Claire Stansfield, Ginny Brunton, Katy Sutcliffe e James Thomas, "Cyberbullying and children and young people's mental health: a systematic map of systematic reviews". *Cyberpsychology, Behavior, and Social Networking* 23, n. 2 (2020): p. 72-82, https://doi.org/10.1089/cyber.2019.0370.

82. Sameer Hinduja e Justin W. Patchin, "Connecting adolescent suicide to the severity of bullying and cyberbullying", *Journal of School Violence* 18, n. 3 (2019): p. 333-346.

83. Weinstein e James, *Behind their screens*.

84. Weinstein e James, *Behind their screens*.

85. Weinstein e James, *Behind their screens*.

86. Englander, *25 myths about bullying*.

87. Amy Fleming, "Distraction disaster! Notifications are ruining our concentration – here's how to escape them", *Guardian*, 16 dez. 2021, sec. Life and Style.

88. Steele, Hall e Christofferson, "Conceptualizing digital stress".

89. Englander, *25 myths about bullying*.

90. Linda Charmaraman e Catherine Grevet Delcourt, "Prototyping for social wellbeing with early social media users: belonging, experimentation, and self-care", *Proceedings of the 2021 CHI Conference on Human Factors in Computing Systems*, n. 704 (7 maio 2021): p. 1-15, https://doi.org/10.1145/3411764.3445332.

91. Carrie James, Emily Weinstein e Kelly Mendoza, "Teaching digital citizens in today's world: research and insights behind the common sense K-12 digital citizenship curriculum" (São Francisco: Common Sense Media, 2019).

92. Katie Davis e Lucas Koepke, "Risk and protective factors associated with cyberbullying: are relationships or rules more protective?", *Learning, Media and Technology* 41, n. 4 (1º out. 2016): p. 521-545; Englander, *25 myths about bullying*; Steele, Hall e Christofferson, "Conceptualizing digital stress"; Wright e Wachs, "The buffering effect".

93. Allyson Chiu, "Will hiding likes on Instagram and Facebook improve users' mental health? We asked experts", *Washington Post*, 28 maio 2021.

94. Marsha Mailick Seltzer, Marty Wyngaarden Krauss, Paul T. Shattuck, Gael Orsmond, April Swe e Catherine Lord, "The symptoms of autism spectrum disorders in adolescence and adulthood", *Journal of Autism and Developmental Disorders* 33, n. 6 (1º dez. 2003): p. 565-581.

95. Antes de se tornar um membro do grupo de usuários do servidor, é necessário preencher primeiro um formulário atestando que você tem autismo ou que é amigo ou familiar de alguém com autismo.

96. AutCraft, "Autcraft-wiki-everything you need to know about the Autcraft server", acesso em 19 dez. 2021, https://www.aut craft.com.

Geração tecnológica

97. Kathryn E. Ringland, Christine T. Wolf, Heather Faucett, Lynn Dombrowski e Gillian R. Hayes, "'Will I always be not social?': Re-conceptualizing sociality in the context of a minecraft community for autism", *Proceedings of the 2016 CHI Conference on Human Factors in Computing Systems* (7 maio 2016): p. 1256-1269, https://doi.org/10.1145/2858036.2858038.

98. Ringland et al., "'Will I always be not social?'".

99. Ringland et al., "'Will I always be not social?'".

100. Grotevant e Cooper, "Individuation in family relationships".

101. Steele, Hall e Christofferson, "Conceptualizing digital stress".

102. Livingstone e Blum-Ross, *Parenting for a digital future.*

103. Steele, Hall e Christofferson, "Conceptualizing digital stress"; Nesi e Prinstein, "Using social media for social comparison and feedback-seeking".

104. Englander, *25 myths about bullying*; Fuxman, Schneider e Heyman, "The Ruderman white paper".

105. Weinstein e James, *Behind their screens.*

106. Englander, *25 myths about bullying*; Weinstein e James, *Behind their screens.*

107. Sophia Choukas-Bradley, "Do social media 'likes' matter for teens' well-being?", *Psychology Today*, 6 jul. 2021, https://www.psychologytoday.com/us/blog/psychology-adolescence/202107/do-social-media-likes-matter-teens-well-being.

108. Amanda Lenhart e Kellie Owens, *The unseen teen: the challenges of building healthy tech for young people*", Data & Society, 5 maio 2021, https://datasociety.net/wp-content/uploads/2021/05/The-Unseen-Teen-.pdf; Radesky e Hiniker, "From moral panic to systemic change".

Capítulo 7

1. B. E. Compas, P. G. Orosan e K. E. Grant, "Adolescent stress and coping: implications for psychopathology during adolescence", *Journal of Adolescence* 16, n. 3 (set. 1993): p. 331-349; National Academies of Sciences, Engineering, Medicine, *Promoting positive adolescent health behaviors and outcomes: thriving in the 21ˢᵗ century* (Washington, DC: National Academies Press, 2020); Steinberg e Morris, "Adolescent development".

2. A. W. Geiger e Leslie Davis, "A growing number of American teenagers – particularly girls – are facing depression", Pew Research Center, 12 jul. 2019, https://www.pewresearch.org/fact-tank/2019/07/12/a-growing-number-of-american-teenagers-particularly- girls-are-facing-depression/; Derek Thompson, "Why American teens are so sad", *The Atlantic*, 11 abr. 2022, https://www.theatlantic.com/newsletters/archive/2022/04/american-teens-sadness-depression-anxiety/629524/. As taxas relacionadas ao suicídio estão crescendo mais rapidamente entre adolescentes negros que entre adolescentes brancos. Embora as taxas permaneçam mais altas para adolescentes brancos, essa diferença está diminuindo; veja Richtel, "It's life or death".

3. Haidt e Lukianoff, *The coddling of the American mind*; Jean M. Twenge, *IGen: why today's super-connected kids are growing up less rebellious, more tolerant, less happy–and completely unprepared for adulthood – and what that means for the rest of us* (Nova York: Simon e Schuster, 2017). Embora a tendência de piora da saúde mental seja anterior à pandemia, ela também teve impacto negativo no bem-estar mental dos adolescentes; veja Matt Richtel, "Surgeon general warns of youth mental health crisis", *New York Times*, 7 dez. 2021, https://www.nytimes.com/2021/12/07/science/pandemic-adolescents-depression-

Notas

-anxiety.html; Katherine Schaeffer, "In CDC survey, 37% of U.S. high school students report regular mental health struggles during COVID-19", Pew Research Center, 25 abr. 2022, https://www.pew research.org/fact-tank/2022/04/25/in-cdc-survey-37-of-u-s-high--school-students-report-regular-mental-health-struggles-during-covid-19/.

4. Dados do Instituto Nacional de Saúde Mental mostraram que, em 2020, 17% dos jovens de 12 a 17 anos relataram ter tido pelo menos um episódio depressivo sério durante o ano anterior. NIMH, "Major depression", National Institute of Mental Health (NIMH), 2020, acesso em 12 maio 2022, https://www.nimh.nih.gov/health/statistics/major-depression.

5. National Academies of Sciences, Engineering, Medicine, *Promoting positive adolescent health behaviors and outcomes*.

6. Shiona McCallum, "Instagram: a blessing or a curse?", *BBC News*, 7 nov. 2021.

7. Anya Kamenetz, "Facebook's own data is not as conclusive as you think about teens and mental health", *NPR*, 6 out. 2021, https://www.npr.org/2021/10/06/1043138622/facebook--instagram-teens-mental-health.

8. Kaitlyn Burnell, Madeleine J. George e Marion K. Underwood, "Browsing different instagram profiles and associations with psychological well-being", *Frontiers in Human Dynamics* 2 (2020): p. 6; Grace Holland e Marika Tiggemann, "A Systematic review of the impact of the use of social networking sites on body image and disordered eating outcomes", *Body Image* 17 (1º jun. 2016): p. 100-110; Hannah K. Jarman, Siân A. McLean, Amy Slater, Mathew D. Marques e Susan J. Paxton, "Direct and indirect relationships between social media use and body satisfaction: a prospective study among adolescent boys and girls", *New Media & Society* (2021); Mariska Kleemans, Serena Daalmans, Ilana Carbaat e Doeschka Anschütz, "Picture perfect: the direct effect of manipulated instagram photos on body image in adolescent girls", *Media Psychology* 21, n. 1 (2018): p. 93-110; Nesi e Prinstein, "Using social media for social comparison and feedback-seeking".

9. Jarman et al., "Direct and indirect relationships between social media use and body satisfaction".

10. Meninas adolescentes são consideravelmente mais propensas a experimentar insatisfa-ção com o próprio corpo que os meninos, independentemente da forma de uso das mídias sociais. Holland e Tiggemann, "A systematic review of the impact of the use of social networking sites"; Nesi e Prinstein, "Using social media for social comparison and feedback-seeking".

11. Harter, *Construction of the self*.

12. Deray, "Twitter is home. Facebook is grandma's house. Snapchat is your best friend's house. Tumblr is the lunch room. Instagram is 24/7 prom", Tweet. *@deray*, 8 nov. 2015, https://twitter.com/deray/status/663393306060021760; Tiidenberg, Hendry e Abidin, *Tumblr*.

13. Leaver, Highfield e Abidin, *Instagram*.

14. Beth T. Bell, "'You take fifty photos, delete forty nine and use one': a qualitative study of adolescent image-sharing practices on social media", *International Journal of Child-Computer Interaction* 20 (2019): p. 64-71.

15. Rachel Cohen, Jasmine Fardouly, Toby Newton-John e Amy Slater, "#BoPo on Instagram: an experimental investigation of the effects of viewing body positive content on young women's mood and body image", *New Media & Society* 21, n. 7 (1º jul. 2019): p. 1546-1564.

16. Leaver, Highfield e Abidin, *Instagram*.

Geração tecnológica

17. Susruthi Rajanala, Mayra B. C. Maymone e Neelam A. Vashi, "Selfies-living in the era of filtered photographs", *JAMA Facial Plastic Surgery* 20, n. 6 (2018): p. 443-444.

18. Weinstein e James, *Behind their screens*.

19. Rachel Cohen, Toby Newton-John e Amy Slater, "The relationship between Facebook and Instagram appearance-focused activities and body image concerns in young women", *Body Image* 23 (2017): p. 183-187; Holland e Tiggemann, "A systematic review of the impact of the use of social networking sites"; Kleemans et al., "Picture perfect".

20. Melissa Brough, Ioana Literat e Amanda Ikin, "'Good social media?': underrepresented youth perspectives on the ethical and equitable design of social media platforms", *Social Media + Society* 6, n. 2 (1º abr. 2020): p. 1-11.

21. Sarah Nicola Metcalfe e Anna Llewellyn, "'It's just the thing you do': physical and digital fields, and the flow of capital for young people's gendered identity negotiation", *Journal of Adolescent Research* 35, n. 1 (1º jan. 2020): p. 84-110.

22. S. Craig Watkins, Alexander Cho, Andres Lombana-Bermudez, Vivian Shaw, Jacqueline Ryan Vickery e Lauren Weinzimmer, *The digital edge: how Black and Latino youth navigate digital inequality* (Nova York: NYU Press, 2018).

23. Brough, Literat e Ikin, "'Good social media?'"; Lenhart e Owens, *The unseen teen*.

24. Melanie Kennedy, "'If the rise of the TikTok dance and e-girl aesthetic has taught us anything, it's that teenage girls rule the internet right now': TikTok celebrity, girls and the coronavirus crisis", *European Journal of Cultural Studies* 23, n. 6 (1º dez. 2020): p. 1069-1076. O algoritmo do Twitter também demonstrou que tem certo viés racial; veja Benjamin N. Jacobsen, "Regimes of recognition on algorithmic media", *New Media & Society*, 26 out. 2021, https://doi.org/10.1177/14614448211053555.

25. Kennedy, "'If the rise of the TikTok dance'".

26. Kyra D. Gaunt, "YouTube, twerking & you: context collapse and the handheld co-presence of Black girls and Miley Cyrus", *Journal of Popular Music Studies* 27, n. 3 (2015): p. 244-273.

27. Kath Albury, "Selfies, sexts and sneaky hats: young people's understandings of gendered practices of self-representation", *International Journal of Communication* 9 (15 maio 2015): p. 12; Jessica Ringrose, Laura Harvey, Rosalind Gill e Sonia Livingstone, "Teen girls, sexual double standards and 'sexting': gendered value in digital image exchange", *Feminist Theory* 14, n. 3 (1º dez. 2013): p. 305-323; Weinstein e James, *Behind their screens*; Michael Salter, Thomas Crofts e Murray Lee, "Beyond criminalisation and responsibilisation: sexting, gender and young people", *Current Issues in Criminal Justice* 24, n. 3 (1º mar. 2013): p. 301-316; Katrien Symons, Koen Ponnet, Michel Walrave e Wannes Heirman, "Sexting scripts in adolescent relationships: is sexting becoming the norm?", *New Media & Society* 20, n. 10 (1º out. 2018): p. 3836-3857.

28. Symons et al., "Sexting scripts in adolescent relationships".

29. Pesquisa conduzida pela Thorn, um grupo sem fins lucrativos que desenvolve soluções tecnológicas para combater o abuso sexual infantil, constatou que as taxas de *sexting* entre adolescentes aumentaram durante a pandemia, especialmente entre crianças de 9 a 12 anos (de 6% em 2019 para 14% em 2020); veja Thorn, *Self-generated sexual abuse material: youth attitudes and experiences in 2020* (Los Angeles: Thorn, nov. 2021). Veja também Bianca Klettke, David J. Hallford e David J. Mellor, "Sexting prevalence and correlates: a systematic literature review", *Clinical Psychology Review* 34, n. 1 (fev. 2014): p. 44-53; Symons et al., "Sexting scripts in adolescent relationships".

Notas

30. Symons et al., "Sexting scripts in adolescent relationships".
31. Sander De Ridder, "Sexting as sexual stigma: the paradox of sexual self-representation in digital youth cultures", *European Journal of Cultural Studies* 22, n. 5-6 (1º out. 2019): p. 563-578.
32. Symons et al., "Sexting scripts in adolescent relationships".
33. De Ridder, "Sexting as sexual stigma".
34. Marijke Naezer e Jessica Ringrose, "Adventure, intimacy, identity, and knowledge: exploring how social media are shaping and transforming youth sexuality", em *The Cambridge handbook of sexual development: childhood and adolescence*, ed. por Jen Gilbert e Sharon Lamb (Cambridge, GB: Cambridge University Press, 2018), p. 419-438; Ringrose et al., "Teen girls, sexual double standards and 'sexting.'"
35. Um pânico moral é uma preocupação pública generalizada sobre efeitos deletérios sobre valores, normas e padrões de comportamento em uma sociedade. Os pânicos morais são normalmente disseminados pelos meios de comunicação de massa que alimentam um medo desproporcional diante de uma ameaça real, que muitas vezes é pequena ou inexistente. Veja Mia Belle Frothingham, "Folk devils and moral panics (Cohen 1972)", *Simply Psychology*, 28 out. 2021, www.simplypsychology.org/folk-devils-and-moral-panics-cohen-1972.html.
36. Salter, Crofts e Murray Lee, "Beyond criminalisation and responsibilisation"; Lenhart e Owens, *The unseen teen.*
37. Ringrose et al., "Teen girls, sexual double standards and 'sexting'".
38. Faye Mishna, Elizabeth Milne, Charlene Cook, Andrea Slane e Jessica Ringrose, "Unsolicited sexts and unwanted requests for sexts: reflecting on the online sexual harassment of youth", *Youth & Society*, 26 nov. 2021, https://doi.org/10.1177/0044118X211058226.
39. Katie Davis e Emily Weinstein, "Identity development in the digital age: an eriksonian perspective", em *Identity, sexuality, and relationships among emerging adults in the digital age* (Hershey, PA: IGI Global, 2017); Sijia Xiao, D. Metaxa, J. Park, K. Karahalios e Niloufar Salehi, "Random, messy, funny, raw: finstas as intimate reconfigurations of social media", *Proceedings of the 2020 CHI Conference on Human Factors in Computing Systems* (23 abr. 2020): p. 1-13, https://doi.org/10.1145/3313831.3376424.
40. Xiao et al., "Random, messy, funny, raw".
41. Cohen et al., "#BoPo on Instagram".
42. Marika Tiggemann e Isabella Anderberg, "Social media is not real: the effect of 'instagram vs reality' images on women's social comparison and body image", *New Media & Society* 22, n. 12 (2020): p. 2183-2199.
43. Weinstein e James, *Behind their screens.*
44. Kirsty Grant, "Influencers react to norway photo edit law: 'welcome honesty' or a 'shortcut'?", *BBC News*, 6 jul., 2021, sec. Newsbeat, https://www.bbc.com/news/newsbeat-57721080.
45. "MP proposes law on labels for digitally-altered body images", *BBC News*, 15 set. 2020, sec. Leicester, https://www.bbc.com/news/uk-england-leicestershire-53959130. Em 29 de abril de 2022, o projeto de lei Digitally Altered Body estava em sua segunda leitura na Câmara dos Comuns do Reino Unido (https://bills.parliament.uk/bills/3093).
46. Sophia Choukas-Bradley, "Norway's new social media law: is it supported by research?", *Psychology Today*, 8 jul. 2021, https://www.psychologytoday.com/us/blog/psychology-adolescence/202107/norway-s-new-social-media-law-is-it-supported-research.

47. Cohen et al., "#BoPo on Instagram"; Tiggemann e Anderberg, "Social media is not real".
48. Ito et al., *Social media and youth wellbeing*.
49. Há razões para acreditarmos que essa proporção seria ainda maior se a pesquisa Gallup incluísse membros mais jovens da geração Z, pois, conforme constataram, as gerações mais jovens têm probabilidade consideravelmente maior de se identificar como LGBT que as gerações mais velhas. Jeffrey M. Jones, "LGBT Identification in U.S. ticks up to 7,1%", *Gallup.com*, 17 fev. 2022, https://news.gallup.com/poll/389792/lgbt-identification-ticks-up.aspx.
50. Gardner e Davis, *The app generation*.
51. Brianna Dym, Jed R. Brubaker, Casey Fiesler e Bryan Semaan, "'Coming out okay': community narratives for LGBTQ identity recovery work", *Proceedings of the ACM on Human-Computer Interaction* 3, n. 154 (7 nov. 2019): p. 1-28, https://doi.org/10.1145/3359256; Lauren B. McInroy, "Building connections and slaying basilisks: fostering support, resilience, and positive adjustment for sexual and gender minority youth in online fandom communities", *Information, Communication & Society* 23, n. 13 (9 nov. 2020): p. 1874-1891.
52. Aragon e Davis, *Writers in the secret garden*; Brianna Dym e Casey Fiesler, "Vulnerable and online: fandom's case for stronger privacy norms and tools", *Companion of the 2018 ACM Conference on Computer Supported Cooperative Work and Social Computing* (2018): p. 329-332; Dym et al., "'Coming out okay'"; Lauren B. McInroy, Ian Zapcic e Oliver W. J. Beer, "Online fandom communities as networked counterpublics: LGBTQ+ youths' perceptions of representation and community climate", *Convergence: The International Journal of Research into New Media Technologies* (25 jul. 2021): 13548565211032376.
53. Aragon e Davis, *Writers in the secret garden*.
54. Ito et al., *Social media and youth wellbeing*; Naezer e Ringrose, "Adventure, intimacy, identity, and knowledge"; Catherine V. Talbot, Amelia Talbot, Danielle J. Roe e Pam Briggs, "The management of LGBTQ+ identities on social media: a student perspective", *New Media & Society* (17 dez. 2020): 1461444820981009.
55. Aragon e Davis, *Writers in the secret garden*; Dym et al., "'Coming out okay'"; McInroy, "Building connections and slaying basilisks"; McInroy, Zapcic e Beer, "Online fandom communities as networked counterpublics".
56. Trevor Boffone e Sarah Jerasa, "Toward a (queer) reading community: BookTok, teen readers, and the rise of TikTok literacies", *Talking Points* 33, n. 1 (2021): p. 10-16.
57. Lamentavelmente, segurança e aceitação não são condições garantidas nas comunidades de fãs *on-line*. Os jovens às vezes encontram preconceito e discriminação, inclusive de *trolls* da internet e de outras pessoas LGBTQ+ que têm identidades mais normativas. McInroy, Zapcic e Beer, "Online fandom communities as networked counterpublics"; Adam Bates, Trish Hobman e Beth T. Bell, "'Let me do what i please with it [...] Don't decide my identity for me': LGBTQ+ youth experiences of social media in narrative identity development", *Journal of Adolescent Research* 35, n. 1 (1º jan. 2020): p. 51-83; Michael Ann DeVito, Ashley Marie Walker e Julia R. Fernandez, "Values (mis)alignment: exploring tensions between platform and LGBTQ+ community design values", *Proceedings of the ACM on Human-Computer Interaction* 5, n. 88 (22 abr. 2021): p. 1-27, https://doi.org/10.1145/3449162; Jacqueline Nesi, "The impact of social media on youth mental health: challenges and opportunities", *North Carolina Medical Journal* 81, n. 2 (abr. 2020): p. 116-121; Ellen Selkie, Victoria Adkins, Ellie Masters, Anita Bajpai e Daniel Shumer, "Transgender adolescents' uses of social media for social support", *Journal of Adolescent Health* 66, n. 3 (1 de março, 2020): p. 275-280.

Notas

58. Erik H. Erikson, *Identity: youth and crisis* (Nova York: Norton, 1969); Moin Syed e Kate C. McLean, "Understanding identity integration: theoretical, methodological, and applied issue", *Journal of Adolescence* 47 (fev. 2016): p. 109-118.
59. Weinstein e James, *Behind their screens*.
60. Bates, Hobman e Bell, "'Let me do what I please with it'".
61. Bates, Hobman e Bell, "'Let me do what I please with it'".
62. Alexander Cho, "Default publicness: queer youth of color, social media, and being outed by the machine", *New Media & Society* 20, n. 9 (1º set. 2018): p. 3183-3200; Sander De Ridder e Sofie Van Bauwel, "The discursive construction of gay teenagers in times of mediatization: youth's reflections on intimate storytelling, queer shame and realness in popular social media places", *Journal of Youth Studies* 18, n. 6 (2015): p. 777-793; Oliver L. Haimson e Anna Lauren Hoffmann, "Constructing and enforcing 'authentic' identity online: Facebook, real names, and non-normative identities", *First Monday* (10 jun. 2016); Talbot et al., "The management of LGBTQ+ identities".
63. Weinstein e James, *Behind their screens*.
64. McInroy, Zapcic e Beer, "Online fandom communities as networked counterpublics".
65. Cho, "Default publicness"; Haimson e Hoffmann, "Constructing and enforcing 'authentic' identity online".
66. David Kirkpatrick, *The Facebook effect: the inside story of the company that is connecting the world* (Nova York: Simon e Schuster, 2011).
67. Cho, "Default publicness".
68. Tiidenberg, Hendry e Abidin, *Tumblr*.
69. Benjamin Hanckel, Son Vivienne, Paul Byron, Brady Robards e Brendan Churchill, "'That's not necessarily for them': LGBTIQ+ young people, social media platform affordances and identity curation", *Media, Culture & Society* 41, n. 8 (1º nov. 2019): p. 1261-1278; Jeanna Sybert, "The demise of #NSFW: contested platform governance and Tumblr's 2018 adult content ban", *New Media & Society* (26 fev. 2021): 1461444821996715.
70. Tiidenberg, Hendry e Abidin, *Tumblr*.
71. Esse *éthos* positivo foi abalado desde que a empresa anunciou a proibição de conteúdo adulto em dezembro de 2018. A mudança de política teve o efeito de afastar comunidades marginalizadas, inclusive artistas, comunidades de fãs e usuários transgêneros. Veja Oliver L. Haimson, Avery Dame-Griff, Elias Capello e Zahari Richter, "Tumblr was a trans technology: the meaning, importance, history, and future of trans technologies", *Feminist Media Studies* 21, n. 3 (3 abr. 2021): p. 345-361; Sybert, "The demise of #NSFW".
72. Cho, "Default publicness".
73. Bivens observa que, mesmo depois da expansão das categorias de gênero do Facebook em 2014, as opções de gênero diferentes de masculino e feminino só ficam visíveis para os usuários depois que eles clicam em uma categoria "personalizada", com os gêneros não binários e trans colocados em um bloco único posicionado em relação ao binário dominante e "normal" de masculino/feminino. Além disso, no nível mais profundo do banco de dados do Facebook, os usuários não binários são recodificados em um sistema binário: se não forem nem homem nem mulher, o banco de dados não retorna nenhuma informação específica de gênero sobre eles. Veja Rena Bivens, "The gender binary will not be deprogrammed: ten years of coding gender on Facebook", *New Media & Society* 19, n. 6 (1º jun. 2017): p. 880-898.
74. Cho, "Default publicness"; Tiidenberg, Hendry e Abidin, *Tumblr*.

75. Haimson discute a importância de que os indivíduos tenham condições de manter a separação entre diferentes redes e plataformas em seu trabalho sobre divulgação de identidade trans no Tumblr *vs.* Facebook. Veja Oliver Haimson, "Social media as social transition machinery", *Proceedings of the ACM on Human-Computer Interaction* n. 63 (1º nov. 2018): 1-21, https://doi.org/10.1145/3274332.

76. Caroline Pitt, Ari Hock, Leila Zelnick e Katie Davis, "The kids are / not / sort of all right", *Proceedings of the 2021 CHI Conference on Human Factors in Computing Systems* n. 352 (7 maio 2021): p. 1-14, https://doi.org/10.1145/3411764.3445541.

77. Pitt et al., "The kids are / not / sort of all right". Em conformidade com nossa pesquisa, outros pesquisadores constataram que os adolescentes recorreram às tecnologias em rede, principalmente as mídias sociais, como uma tábua de salvação e um mecanismo de enfrentamento durante a pandemia; veja Verolien Cauberghe, Ini Van Wesenbeeck, Steffi De Jans, Liselot Hudders e Koen Ponnet, "How adolescents use social media to cope with feelings of loneliness and anxiety during COVID-19 lockdown", *Cyberpsychology, Behavior, and Social Networking* 24, n. 4 (2021): p. 250-257, https://doi.org/10.1089/cyber.2020.0478; Michelle F. Wright e Sebastian Wachs, "Self-isolation and adolescents' friendship quality: moderation of technology use for friendship maintenance", *Youth & Society*, 7 mar. 2022, https://doi.org/10.1177/0044118X221080484.

78. Rideout et al., *Common sense census.*

79. Pitt et al., "The kids are / not / sort of all right".

80. Tran et al., "Modeling the engagement-disengagement cycle".

81. Geiger e Davis, "A growing number of american teenagers"; Richtel, "Surgeon general warns of youth mental health crisis"; Schaeffer, "In CDC Survey"; Thompson, "Why American teens are so sad".

82. Holland e Tiggemann, "A systematic review of the impact of the use of social networking sites"; Jarman et al., "Direct and indirect relationships between social media use and body satisfaction"; Nesi e Prinstein, "Using social media for social comparison and feedback-seeking".

83. Tornando ainda mais confusos os resultados inconclusivos dos estudos, os pesquisadores que trabalham com os mesmos conjuntos de dados chegaram a conclusões diferentes sobre a relação entre o uso de mídias sociais pelos adolescentes e o bem-estar deles; veja Patti M. Valkenburg, Adrian Meier e Ine Beyens, "Social media use and its impact on adolescent mental health: an umbrella review of the evidence", *Current Opinion in Psychology* 44 (abr. 2022): p. 58-68, https://doi.org/10.1016/j.copsyc.2021.08.017.

84. Laura Marciano, Charles C. Driver, Peter J. Schulz e Anne-Linda Camerini, "Dynamics of adolescents' smartphone use and well-being are positive but ephemeral", *Scientific Reports* 12, n. 1 (2022), https://doi.org/10.1038/s41598-022-05291-y; Tijana Milosevic, Niamh Ní Bhroin, Kjartan Ólafsson, Elisabeth Staksrud e Sebastian Wachs, "Time spent online and children's self-reported life satisfaction in Norway: the socio-ecological perspective", *New Media & Society* (6 abr. 2022), https://doi.org/10.1177/14614448221082651; Nesi, "The impact of social media on youth mental health"; Candice L. Odgers e Michaeline R. Jensen, "Annual research review: adolescent mental health in the digital age: facts, fears, and future directions", *Journal of Child Psychology and Psychiatry* 61, n. 3 (2020): p. 336-348; Amy Orben, "Teenagers, screens and social media: a narrative review of reviews and key studies", *Social Psychiatry and Psychiatric Epidemiology* 55, n. 4 (abr. 2020): p. 407-414; Amy Orben e Andrew K. Przybylski, "The Association between Adolescent

Well-Being and digital technology use", *Nature Human Behaviour* 3, n. 2 (2019): p. 173-182.
85. Amy Orben, Andrew K. Przybylski, Sarah-Jayne Blakemore e Rogier A. Kievit, "Windows of developmental sensitivity to social media", *Nature Communications* 13 (2022): p. 1649, https://doi.org/10.10 38/s41467-022-29296-3.
86. Robin Achterhof, Olivia Kirtley, Maude Schneider, Noëmi Hagemann, Karlijn Hermans, Anu P. Hiekkaranta, Aleksandra Lecei, Ginette Lafit e Inez Myin-Germeys, "Adolescents' real-time social and affective experiences of online and face-to-face interactions", *PsyArXiv* (21 maio 2021); Michaeline Jensen, Madeleine J. George, Michael R. Russell e Candice L. Odgers, "Young adolescents' digital technology use and mental health symptoms: little evidence of longitudinal or daily linkages", *Clinical Psychological Science* 7, n. 6 (2019): p. 1416-1433; Marciano et al., "Dynamics of adolescents' smartphone use and well-being are positive but ephemeral"; Nesi, "The impact of social media on youth mental health"; Odgers e Jensen, "Annual research review"; Candice L. Odgers e Michael B. Robb, "Tweens, teens, tech, and mental health: coming of age in an increasingly digital, uncertain, and unequal world" (São Francisco: Common Sense Media, 2020); Jessica Taylor Piotrowski e Patti M. Valkenburg, "Finding orchids in a field of dandelions: understanding children's differential susceptibility to media effects", *American Behavioral Scientist* 59, n. 14 (2015): p. 1776-1789; Pitt et al., "The kids are / not / sort of all right"; Mitchell J. Prinstein, Jacqueline Nesi e Eva H. Telzer, "Commentary: an updated agenda for the study of digital media use and adolescent development–future directions following Odgers & Jensen (2020)", *Journal of Child Psychology and Psychiatry* 61, n. 3 (2020): p. 349-352; Patti Valkenburg, Ine Beyens, J. Loes Pouwels, Irene I. van Driel e Loes Keijsers, "Social media use and adolescents' self-esteem: heading for a person-specific media effects paradigm", *Journal of Communication* 71, n. 1 (1º fev. 2021): p. 56-78; Valkenburg, Meier e Beyens, "Social media use and its impact on adolescent mental health"; Patti Valkenburg e Jochen Peter, "The differential susceptibility to media effects model", *Journal of Communication* 63, n. 2 (2013): p. 221-243.
87. J. Beyens Ine, Loes Pouwels, Irene I. van Driel, Loes Keijsers e Patti M. Valkenburg, "The effect of social media on well-being differs from adolescent to adolescent", *Scientific Reports* 10, n. 1 (2020): p. 1-11.
88. Os pesquisadores costumam fazer uma distinção entre o uso passivo e ativo das mídias sociais. O uso passivo envolve percorrer os *feeds*, ler postagens, mas não fazer postagens. Já o uso ativo envolve postar, curtir ou comentar postagens ou estabelecer uma comunicação direta com outros usuários da plataforma.
89. Em um artigo subsequente, os pesquisadores observaram que é necessária uma especificidade ainda maior do que o simples uso ativo *versus* passivo das mídias sociais, diferenciando, por exemplo, quão positiva ou negativa é a experiência de um adolescente em uma interação de mídia social; veja Patti M. Valkenburg, Irene I. van Driel e Ine Beyens, "The associations of active and passive social media use with well-being: a critical scoping review", *New Media & Society* 24, n. 2 (2022): p. 530-549, https://doi.org/10.1177/14 61444821106542.
90. National Academies of Sciences, Engineering, Medicine, *Promoting positive adolescent health behaviors and outcomes*; Somerville, "The teenage brain".

91. Geiger e Davis, "A growing number of American teenagers"; Richtel, "Surgeon general warns of youth mental health crisis"; Schaeffer, "In CDC survey"; Thompson, "Why American teens are so sad".
92. Cohen, Newton-John e Slater, "The relationship between Facebook and Instagram"; Holland e Tiggemann, "A systematic review of the impact of the use of social networking sites"; Kleemans et al., "Picture perfect".
93. Brough, Literat e Ikin, "'Good social media?'"; Kennedy, "If the rise of the TikTok dance".
94. Marciano et al., "Dynamics of adolescents' smartphone use and well-being are positive but ephemeral"; Nesi, "The impact of social media on youth mental health"; Odgers e Jensen, "Annual Research Review"; Orben, "Teenagers, screens and social media"; Orben e Przybylski, "The association between adolescent well-being and digital technology use"; Valkenburg, Meier e Beyens, "Social media use and its impact on adolescent mental health".
95. Orben, "Teenagers, screens and social media".
96. Beyens et al., "The effect of social media"; Pitt et al., "The kids are / not / sort of all right".
97. Pitt et al., "The kids are / not / sort of all right".
98. McInroy, Zapcic e Beer, "Online fandom communities as networked counterpublics".
99. Cho, "Default publicness".
100. Boyd, *It's complicated.*
101. Em 2018, o Tumblr anunciou que começaria a banir o conteúdo "adulto", o que foi visto por muitos usuários como a priorização dos lucros pela empresa em detrimento dos valores da comunidade; veja Sybert, "The Demise of #NSFW".
102. Kai Lukoff, Ulrik Lyngs, Himanshu Zade, J. Vera Liao, James Choi, Kaiyue Fan, Sean A. Munson e Alexis Hiniker, "How the Design of YouTube Influences User Sense of Agency", *Proceedings of the 2021 CHI Conference on Human Factors in Computing Systems* (7 maio 2021): p. 1-17, https://doi.org/10.1145/3411764.3445467.
103. Sybert, "The Demise of #NSFW".
104. O TikTok admitiu suprimir vídeos de criadores deficientes, homossexuais e gordos em um esforço para evitar o *bullying* de pessoas vulneráveis; veja Elena Botella, "TikTok admits it suppressed videos by disabled, queer, and fat creators", *Slate*, 4 dez. 2019, https://slate.com/technology/2019/12/tiktok-disabled-users-videos-suppressed.html; Ellen Simpson e Bryan Semaan, "For you, or for 'you'?: Everyday LGBTQ+ Encounters with TikTok", *Proceedings of the ACM on Human-Computer Interaction* n. 252 (5 jan. 2021), p. 1-34, https://doi.org/10.1145/3432951.

Capítulo 8

1. Adele Diamond, "Normal development of prefrontal cortex from birth to young adulthood: cognitive functions, anatomy, and biochemistry", *Principles of Frontal Lobe Function* 466 (2002): p. 503; Susan M. Sawyer, Peter S. Azzopardi, Dakshitha Wickremarathne e George C. Patton, "The age of adolescence", *The Lancet Child & Adolescent Health* 2, n. 3 (1º mar. 2018): p. 223-228; Daniel J. Simmonds, Michael N. Hallquist, Miya Asato e Beatriz Luna, "Developmental stages and sex differences of white matter and behavioral development through adolescence: a longitudinal diffusion tensor imaging (DTI) study", *NeuroImage* 92 (15 maio 2014): p. 356-368.
2. Mary Helen Immordino-Yang, Joanna A. Christodoulou e Vanessa Singh, "Rest is not idleness: implications of the brain's default mode for human development and educa-

tion", *Perspectives on Psychological Science* 7, n. 4 (1º jul. 2012): p. 352-364; Sawyer, Azzopardi, Wickremarathne e Patton, "Age of adolescence".

3. Parissa J. Ballard e Emily J. Ozer, "The implications of youth activism for health and well-being", em *Contemporary youth activism: advancing social justice in the United States*, ed. Jerusha Conner e Sonia M. Rosen (Santa Barbara, CA: ABC-CLIO, 2016), p. 223-244; William Damon, Jenni Menon e Kendall Cotton Bronk, "The development of purpose during adolescence", *Applied Developmental Science* 7, n. 3 (1º jul. 2003): p. 119-128; William Damon e Heather Malin, "The development of purpose: an interdisciplinary perspective", em *The Oxford handbook of moral development: an interdisciplinary perspective*, ed. Lene Arnett Jensen (Oxford: Oxford University Press, 2020), p. 110-132; Erikson, *Identity*; Constance Flanagan e Peter Levine, "Civic engagement and the transition to adulthood", *The Future of Children* 20, n. 1 (2010): p. 159-179.

4. Mizuko Ito e Remy Cross, A*sset and action-based approaches to civic learning: a review of frameworks, evidence and approaches* (Irvine, CA: Connected Learning Alliance, 2022), https://clalliance.org/wp-content/uploads/2022/02/Asset-and-Action-Based-Approaches-to-Civic-Learning-A-Review-of-Frameworks-Evidence-and-Approaches-1.pdf; Nkemka Anyiwo, Gordon J. M. Palmer, Janay M. Garrett, Jordan G. Starck e Elan C. Hope, "Racial and political resistance: an examination of the sociopolitical action of racially marginalized youth", *Current Opinion in Psychology, Social Change (Rallies, Riots and Revolutions)* n. 35 (1º out. 2020): p. 86-91; Ballard e Ozer, "Implications of youth activism for health and well-being"; Weinstein e James, *Behind their screens*.

5. Kristian Lundberg, "Despite pandemic, civically engaged youth report higher well-being", Center for Information & Research on Civic Learning and Education (CIRCLE), acesso em 1º nov. 2021, https://circle.tufts.edu/latest-research/despite-pandemic-civically-engaged-youth-report-higher-well-being.

6. John Della Volpe, *Fight: how gen z is channeling their fear and passion to save America* (Nova York: St. Martin's Press, 2022).

7. Anyiwo et al., "Racial and political resistance"; Alec Tyson, Brian Kennedy e Cary Funk, "Gen Z, millennials stand out for climate change activism, social media engagement with issue", Pew Research Center Science & Society, 26 maio 2021, https://www.pewresearch.org/science/2021/05/26/gen-z-millennials-stand-out-for-climate-change-activism-social-media-engagement-with-issue/.

8. Flanagan e Levine, "Civic engagement and the transition to adulthood"; Robert D. Putnam, "Bowling alone: America's declining social capital", em *Culture and politics: a reader*, ed. Lane Crothers e Charles Lockhart (Nova York: Palgrave Macmillan US, 2000), p. 223-234.

9. Henry Jenkins, Sangita Shresthova, Liana Gamber-Thompson, Neta Kligler-Vilenchik e Arely Zimmerman, *By any media necessary: the new youth activism* (Nova York: NYU Press, 2016); Ethan Zuckerman, "New media, new civics? My bellwether lecture at the Oxford Internet Institute", [...] *My heart's in Accra* (blog), 6 dez. 2013, https://ethanzuckerman.com/2013/12/06/new-media-new-civics-my-bellweather-lecture-at-the-oxford-inter net-institute/.

10. Cynthia Cho e Anna Gorman, "Massive student walkout spreads across Southland", *Los Angeles Times*, 28 mar. 2006, https://www.latimes.com/archives/la-xpm-2006-mar-28-me-protests28-story.html.

11. Liana Gamber-Thompson e Arely Zimmerman, "DREAMing citizenship: undocumented youth, coming out, and pathways to participation", em Jenkins et al., *By any media necessary*, p. 186-218.
12. Gamber-Thompson e Zimmerman, "DREAMing citizenship".
13. Gamber-Thompson e Zimmerman, "DREAMing citizenship".
14. Jenkins et al., *By any media necessary*.
15. Jenkins et al., *By any media necessary*, p. 32.
16. Neta Kligler-Vilenchik, "'Decreasing world suck': harnessing popular culture for fan activism", em Jenkins et al., *By any media necessary*, p. 102-148.
17. Jenkins et al., *By any media necessary*, p. 29.
18. Henry Jenkins, *Convergence culture: where old and new media collide* (Nova York: NYU Press, 2006); Henry Jenkins, *Fans, bloggers, and gamers: exploring participatory culture* (Nova York: NYU Press, 2006); Henry Jenkins, "Rethinking 'rethinking convergence/culture'", *Cultural Studies* 28, n. 2 (2014): p. 267-297; Jenkins, *Confronting the challenges of participatory culture*; Jenkins et al., *By any media necessary*.
19. Ioana Literat e Neta Kligler-Vilenchik, "Youth collective political expression on social media: the role of affordances and memetic dimensions for voicing political views", *New Media & Society* 21, n. 9 (2019): p. 1988-2009; Ioana Literat e Neta Kligler-Vilenchik, "How popular culture prompts youth collective political expression and cross-cutting political talk on social media: a cross-platform analysis", *Social Media + Society* 7, n. 2 (2021): p. 1-14, https://doi.org/10.1177/20563051211008821.
20. Aragon e Davis, *Writers in the secret garden*; Tiidenberg, Hendry e Abidin, *Tumblr*.
21. Literat e Kligler-Vilenchik, "Youth collective political expression on social media"; Regina Marchi e Lynn Schofield Clark, "Social media and connective journalism: the formation of counterpublics and youth civic participation", *Journalism* 22, n. 2 (2021): p. 285-302; An Xiao Mina, *Memes to movements: how the world's most viral media is changing social protest and power* (Boston: Beacon Press, 2019).
22. Tiidenberg, Hendry e Abidin, *Tumblr*.
23. Literat e Kligler-Vilenchik, "Youth collective political expression on social media"; Marchi e Clark, "Social media and connective journalism".
24. Tiidenberg, Hendry e Abidin, *Tumblr*.
25. Sarah Jerasa e Trevor Boffone, "BookTok 101: TikTok, digital literacies, and out-of-school reading practices", *Journal of Adolescent & Adult Literacy* 65, n. 3 (2021): p. 219-226.
26. Mizuko Ito, Elisabeth Soep, Neta Kligler-Vilenchik, Sangita Shresthova, Liana Gamber-Thompson e Arely Zimmerman, "Learning connected civics: narratives, practices, infrastructures", *Curriculum Inquiry* 45, n. 1 (1º jan. 2015): p. 10-29.
27. Gamber-Thompson e Zimmerman, "DREAMing Citizenship".
28. Mina, *Memes to movements*.
29. Zuckerman, "New media, new civics?".
30. Zuckerman, "New media, new civics?".
31. Sarah J. Jackson, Moya Bailey e Brooke Foucault Welles, *#hashtagactivism: networks of race and gender justice* (Cambridge, MA: MIT Press, 2020); Watkins et al., *The digital edge*.
32. Victoria Rideout e S. Craig Watkins, *Millennials, social media, politics* (Austin: Institute for Media Innovation da University of Texas em Austin, fev. 2019). Ao mesmo tempo, os jovens negros e latinos têm menos probabilidade de ter experiências de aprendizagem cívica na escola; veja Cathy Cohen, Joseph Kahne e Jessica Marshall, *Let's go there: making a*

Notas

case for race, ethnicity and a lived civics approach to civic education (Chicago: GenForward da University of Chicago, 2018), https://www.civic survey.org/publications/lets-go-there.

33. Emanuella Grinberg, "How the parkland students pulled off a massive national protest in only 5 weeks", *CNN*, 2018, https://www.cnn.com/2018/03/26/us/march-for-our-lives/index.html.

34. Deen Freelon, Charlton D. McIlwain e Meredith Clark, "Beyond the hashtags: #Ferguson, #Blacklivesmatter, and the Online Struggle for Offline Justice", Center for Media & Social Impact, American University, 29 fev. 2016, https://dx.doi.org/10.2139/ssrn.2747066.

35. Jackson, Bailey e Foucault Welles, *#HashtagActivism*.

36. André Brock, "From the blackhand side: twitter as a cultural conversation", *Journal of Broadcasting & Electronic Media* 56, n. 4 (1º out. 2012): p. 529-549.

37. Freelon, McIlwain e Clark, "Beyond the hashtags".

38. Brad J. Porfilio, Debangshu Roychoudhury e Lauren Gardner, "Ending the 'war against youth': social media and hip-hop culture as sites of resistance, transformation and (re) conceptualization", *Journal for Critical Education Policy Studies (JCEPS)* 11, n. 4 (2013): p. 85-105.

39. Anyiwo et al., "Racial and political resistance".

40. Freelon, McIlwain e Clark, "Beyond the hashtags".

41. Tiera Chante Tanksley, "Race, education and #BlackLivesMatter: how social media activism shapes the educational experiences of black college-age women", dissertação, University of California, Los Angeles, 2019.

42. Jackson, Bailey e Foucault Welles, *#HashtagActivism*; Amy Stornaiuolo e Ebony Elizabeth Thomas, "Disrupting educational inequalities through youth digital activism", *Review of Research in Education* 41, n. 1 (1º mar. 2017): p. 337-357; Sherri Williams, "Digital defense: black feminists resist violence with hashtag activism", *Feminist Media Studies* 15, n. 2 (2015): p. 341-344; Guobin Yang, "Narrative agency in hashtag activism: the case of #BlackLivesMatter", *Media and Communication* 4, n. 4 (1º jan. 2016): p. 13-17.

43. Literat e Kligler-Vilenchik, "Youth collective political expression on social media"; Stornaiuolo e Thomas, "Disrupting educational inequalities through youth digital activism".

44. Jackson, Bailey e Foucault Welles, *#HashtagActivism*.

45. Anna Foley, "Ready to feel old? The #Hashtag Turned 10 Today", 25 ago. 2017, https://www.refinery29.com/en-us/2017/08/169303/twitter-hashtag-10-anniversary.

46. Tanksley, "Race, education and #BlackLivesMatter".

47. Freelon, McIlwain e Clark, "Beyond the hashtags".

48. Tanksley, "Race, education and #BlackLivesMatter".

49. Tanksley, "Race, education and #BlackLivesMatter".

50. Tiidenberg, Hendry e Abidin, *Tumblr*.

51. Megan Lindsay Brown e Hanna Phifer, "The rise of Belle from Tumblr", em *Microcelebrity around the globe*, ed. Crystal Abidin e Megan Lindsay Brown (Bingley, GB: Emerald Publishing Limited, 2018), p. 121-130.

52. Um exemplo mais recente de apropriação branca de movimentos de dança negra é o Renegade, uma dança que adquiriu ampla popularidade no TikTok em 2020. Jalaiah Harmon, de 15 anos, que é negra, coreografou a dança, mas esta foi popularizada principalmente por influenciadores brancos.

53. Brown e Phifer, "The rise of Belle from Tumblr".

54. Christian Fuchs, "Capitalism, patriarchy, slavery, and racism in the age of digital capitalism and digital labour", *Critical Sociology* 44, n. 4-5 (1º jul. 2018): p. 677-702.
55. Tanksley, "Race, education and #BlackLivesMatter".
56. Brough, Literat e Ikin, "'Good social media?'"; Tiidenberg, Hendry e Abidin, *Tumblr*; Lenhart e Owens, *The unseen teen*.
57. Rey Junco, Peter de Guzman, Kristian Lundberg, Abby Kiesa e Alberto Medina, "Early takeaways on what worked to reach youth during the 2020 election", Center for Information & Research on Civic Learning and Education (CIRCLE), 25 jan. 2021, https://circle.tufts.edu/latest-research/early-takeaways-what-worked-reach-youth-during--2020-election.
58. Weinstein e James, *Behind their screens*.
59. Weinstein e James, *Behind their screens*.
60. Weinstein e James, *Behind their screens*.
61. Patton et al., "Stop and frisk online".
62. Eli Pariser, *The filter bubble: how the new personalized web is changing what we read and how we think* (Nova York: Penguin, 2011).
63. Ellen Middaugh, Lynn Schofield Clark e Parissa J. Ballard, "Digital media, participatory politics, and positive youth development", *Pediatrics* 140, suppl. 2 (1º nov. 2017): p. S127-S131.
64. Rossini argumenta que é a intolerância e não a incivilidade que representa maior ameaça à democracia. Enquanto a incivilidade pode envolver linguagem chula ou um tom grosseiro, a intolerância discrimina indivíduos ou grupos para ataque. Patricia Rossini, "Beyond incivility: understanding patterns of uncivil and intolerant discourse in online political talk", *Communication Research* 49, n. 3: p. 399-425, https://doi.org/10.1177/0093650220921314.
65. Literat e Kligler-Vilenchik, "How popular culture prompts youth collective political expression".
66. Ashley A. Anderson, Dominique Brossard, Dietram A. Scheufele, Michael A. Xenos e Peter Ladwig, "The 'nasty effect': online incivility and risk perceptions of emerging technologies", *Journal of Computer-Mediated Communication* 19, n. 3 (1º abr. 2014): p. 373-387; Bryan T. Gervais, "Incivility online: affective and behavioral reactions to uncivil political posts in a web-based experiment", *Journal of Information Technology & Politics* 12, n. 2 (3 abr. 2015): p. 167-185; Meredith Y. Wang e David E. Silva, "A slap or a jab: an experiment on viewing uncivil political discussions on Facebook", *Computers in Human Behavior* 81 (2018): p. 73-83; Moran Yarchi, Christian Baden e Neta Kligler-Vilenchik, "Political polarization on the digital sphere: a cross-platform, over-time analysis of interactional, positional, and affective polarization on social media", *Political Communication* 38, n. 1-2 (2021): p. 98-139.
67. Anderson et al., "The 'nasty effect'"; Gervais, "Incivility online".
68. Brough, Literat e Ikin, "'Good social media?'"; Merrill e Oremus, "Five points for anger, one for a 'like'"; Wang e Silva, "A slap or a jab".
69. Muito embora os usuários possam se engajar mais com conteúdo *on-line* de fundo emocional ou provocativo, há limites. O extremismo e os discursos de ódio parecem desmobilizar muitos usuários. Veja Casey Newton, "The platforms witness a crime", 17 maio 2022, https://www.platformer.news/p/the-platforms-witness-a-crime.
70. Amanda Baughan, Justin Petelka, Catherine Jaekyung Yoo, Jack Lo, Shiyue Wang, Amulya Paramasivam, Ashley Zhou e Alexis Hiniker, "Someone is wrong on the internet: ha-

ving hard conversations in online spaces", *Proceedings of the ACM on Human-Computer Interaction* 5, issue CSCW1, n. 156 (22 abr. 2021): p. 1-22, https://doi.org/10.1145/3449230.

71. Bryan Semaan, Heather Faucett, Scott P. Robertson, Misa Maruyama e Sara Douglas, "Designing political deliberation environments to support interactions in the public sphere", *Proceedings of the 33rd Annual ACM Conference on Human Factors in Computing Systems* (18 abr. 2015): p. 3167-3176, https://doi.org/10.1145/2702123.2702403.

72. Baughan et al., "Someone is wrong on the Internet"; Semaan et al., "Designing political deliberation environments".

73. Brough, Literat e Ikin, "'Good social media?'"; Kennedy, "If the rise of the TikTok dance".

74. Baughan et al., "Someone is wrong on the Internet".

75. Yarchi, Baden e Kligler-Vilenchik, "Political polarization".

76. Farnaz Irannejad Bisafar, Brooke Foucault Welles, Catherine D'Ignazio e Andrea G. Parker, "Supporting youth activists? Strategic use of social media: a qualitative investigation of design opportunities", *Proceedings of the ACM on Human-Computer Interaction* 4, issue CSCW2, n. 109 (15 out. 2020): p. 1-25, https://doi.org/10.1145/3415180.

77. Embora essas informações sejam promissoras no que diz respeito a apoiar os jovens em seu engajamento cívico *on-line*, Parker e seus colegas identificaram possíveis armadilhas em relação às ferramentas de visualização. Por exemplo, alguns jovens concluíram que a falta de certas *hashtags*, como #BlackLivesMatter, na lista de *hashtags* comumente usadas de um usuário significava que esse usuário não apoiava esse problema social específico, deixando de perceber que ele pode de fato usar a *hashtag*, mas não com tanta frequência quanto as demais.

78. Jenkins, *Confronting the challenges of participatory culture*; Jenkins et al., *By any media necessary*; Literat e Kligler-Vilenchik, "Youth collective political expression on social media"; Literat e Kligler-Vilenchik, "How popular culture prompts youth collective political expression".

79. Jenkins et al., *By any media necessary*.

80. Tiidenberg, Hendry e Abidin, *Tumblr*.

81. Weinstein e James, *Behind their screens*.

82. Tanksley, "Race, education and #BlackLivesMatter".

83. Jackson, Bailey e Foucault Welles, *#HashtagActivism*.

84. Tanksley, "Race, Education and #BlackLivesMatter".

85. Weinstein e James, *Behind their screens*.

86. Tanksley, "Race, education and #BlackLivesMatter".

87. Tiidenberg, Hendry e Abidin, *Tumblr*.

88. Gervais, "Incivility online"; Yarchi, Baden e Kligler-Vilenchik, "Political polarization".

89. Brough, Literat e Ikin, "'Good social media?'"; Kennedy, "If the rise of the TikTok dance".

90. Baughan et al., "Someone is wrong on the Internet".

91. Zuckerman, "New Media, New Civics?".

92. Bisafar et al., "Supporting youth activists?".

Capítulo 9

1. Deci e Ryan, "The 'What' and 'Why' of Goal Pursuits"; Ryan e Deci, "Intrinsic and extrinsic motivation from a self-determination theory perspective".

2. Os pesquisadores Jenny Radesky e Alexis Hiniker usam o mesmo termo, *projeto centrado na criança*, em um artigo de 2021 que preconiza políticas que incentivem as plataformas

a estabelecer o projeto centrado na criança como uma interface de usuário-padrão. Embora nossos pontos de vista sejam complementares, eles são distintos.

3. Radesky e Hiniker, "From moral panic to systemic change".
4. Radesky e Hiniker, "From moral panic to systemic change".
5. Rob Reich, Mehran Sahami e Jeremy M. Weinstein, *System error: where big tech went wrong and how we can reboot* (Nova York: Harper, 2021).
6. O filme *O dilema das redes*, dirigido por Jeff Orlowski (Los Gatos, CA: Netflix, 2020). De fato, há um número crescente de ex-funcionários de grandes empresas de tecnologia que passaram a fundar organizações e *start-ups* cujo propósito explícito é a priorização do bem-estar individual sobre o crescimento e o lucro da empresa; veja Issie Lapowsky, "The center for humane technology wants to spark a grassroots ethical tech revolution", *Wired*, 18 fev. 2008, https://www.wired.com/story/center-for-humane-technology-tech-addiction/; Deepa Seetharaman, "Former Facebook, whatsapp employees lead new push to fix social media", *Wall Street Journal*, 4 maio 2022, sec. Tec, https://www.wsj.com/articles/social-media-startups-take-aim-at-facebook-and-elon-musk-11651656600.
7. Lenhart e Owens, *The unseen teen*.
8. Lenhart e Owens, *The unseen teen*.
9. Lenhart e Owens, *The unseen teen*.
10. Radesky e Hiniker, "From moral panic to systemic change".
11. Em maio de 2022, o Comitê Judiciário do Senado dos EUA realizou uma audiência para apreciar uma legislação que obrigaria as grandes empresas de tecnologia a se tornarem mais transparentes, divulgando dados internos a pesquisadores qualificados; veja Casey Newton, "How platform researchers convinced the Senate", 5 maio 2022, https://www.platformer.news/p/how-platform-researchers-convinced. Enquanto isso, a UE aprovou uma legislação em 2022 exigindo que grandes empresas de tecnologia liberem a pesquisadores aprovados acesso a dados internos e forneçam aos usuários informações sobre anúncios e sistemas de recomendação; veja Daphne Keller, "What does the DSA say?", 25 abr. 2022, https://cyberlaw.stanford.edu/blog/2022/04/what-does-dsa-say-0; Casey Newton, "How Europe could thwart Elon Musk's free-speech plans for Twitter", 26 abr. 2022, https://www.platformer.news/p/how-europe-could-thwart-elon-musks; Adam Satariano, "E.U. takes aim at social media's harms with landmark new law", *New York Times*, 22 abr. 2022, sec. Technology, https://www.nytimes.com/2022/04/22/technology/european-union-social-media-law.html.
12. Em abril de 2022, a UE aprovou a Lei de Serviços Digitais, que estabelece como grandes empresas de tecnologia, como a Meta e o Google, devem lidar com o conteúdo dos usuários, bem como as informações que fornecem a usuários, pesquisadores e reguladores. Por exemplo, a lei exige que essas empresas evitem mecanismos obscuros de persuasão, rotulem as *deepfakes*, removam discursos de ódio em até 24 horas e notifiquem os usuários quando seu conteúdo for removido, entre outros requisitos; veja Keller, "What does the DSA say?"; Newton, "How Europe could thwart Elon Musk's free-speech plans for Twitter".
13. Casey Newton, "How the American Internet is turning European", 27 out. 2021, https://www.platformer.news/p/how-the-american-internet-is-turning; UK Information Commissioner's Office, "Introduction to the age appropriate design code", ICO, 2 set. 2021, https://ico.org.uk/for-organisations/guide-to-data-protection/ico-codes-of-practice/age-appropriate-design-code/.

Notas

14. Newton, "How the American internet is turning European".
15. Liza Lin, "TikTok to adjust its algorithm to avoid negative reinforcement", *Wall Street Journal*, 16 dez. 2021, sec. Tech, https://www.wsj.com/articles/tiktok-to-adjust-its-algorithm-to-avoid-negative-reinforcement-11639661801; Casey Newton, "TikTok's safety dance", 9 fev. 2022, https://www.platformer.news/p/tik toks-safety-dance.
16. David McCabe, "Anonymity no more? Age checks come to the web", *New York Times*, 27 out. 2021, sec. Technology, https://www.nytimes.com/2021/10/27/technology/internet-age-check-proof.html; Newton, "How the American Internet is turning European".
17. Bacon, "All along".
18. Lenhart e Owens, *The unseen teen*.
19. Weinstein e James, *behind their screens*.
20. Carrie James e Megan Cotnam-Kappel, "doubtful dialogue: how youth navigate the draw (and drawbacks) of online political dialogue", *Learning, Media and Technology* 45, n. 2 (2020): p. 129-150.
21. James, Weinstein e Mendoza, "Teaching digital citizens in today's world".
22. Gutiérrez e Rogoff, "Cultural ways of learning"; Nasir et al., "Rethinking learning".
23. Rose e Meyer, *Teaching every student in the digital age*.
24. Ames, "Charismatic technology"; Reich, *Failure to disrupt*.
25. Reich, *Failure to disrupt*.
26. Christina Pazzanese, "Experts consider the ethical implications of new technology", *Harvard Gazette* (blog), 16 out. 2020, https://news.harvard.edu/gazette/story/2020/10/experts-consider-the-ethical-implications-of-new-technology/.
27. Radesky e Hiniker, "From moral panic to systemic change". Além dos exemplos fornecidos por Radesky e Hiniker, o Fórum Econômico Mundial desenvolveu um conjunto de ferramentas cujo objetivo é ajudar as empresas a desenvolver inteligência artificial confiável para crianças e jovens (https://www.weforum.org/reports/artificial-intelligence-for-children). Como parte de seu projeto de IA para crianças, a Unicef desenvolveu recomendações para a elaboração de políticas e sistemas de IA que defendam os direitos das crianças (https://www.unicef.org/globalinsight/reports/policy-guidance-ai-children). Em 2021, o Comitê dos Direitos da Criança das Nações Unidas lançou seu Comentário Geral n. 25 sobre os direitos da criança em relação ao ambiente digital; Ge Wang, Jun Zhao, Max Van Kleek e Nigel Shadbolt, "Informing age-appropriate AI: examining principles and practices of AI for children", *CHI Conference on Human Factors in Computing Systems*, n. 536 (29 abr. 2022): p. 1-29, https://doi.org/10.1145/3491102.3502057.
28. Radesky e Hiniker, "From moral panic to systemic change".
29. Radesky e Hiniker, "From moral panic to systemic change".
30. Lucas Colusso, Cynthia L. Bennett, Gary Hsieh e Sean A. Munson, "Translational resources: reducing the gap between academic research and HCI Practice", *Proceedings of the 2017 Conference on Designing Interactive Systems* (10 jun. 2017): p. 957-968, https://doi.org/10.1145/3064663.3064667.
31. Saba Kawas, "Supporting developmentally responsive design in children's technologies", dissertação, Universidade de Washington, Seattle, 2021.

Índice remissivo

A

Abordagem digital 83
Acesso desigual à inovação em
    tecnologia educacional (edtech)
    86
Adolescência 13, 14, 126, 145
Adolescentes 5, 109, 130, 146
Agentes de conversação 37, 46
Agressão aberta 113
Alexa 35
Alfabetização 13, 21, 36, 42, 46, 48, 94
  infantil 48
Alfabeto 40
Algoritmos 130, 140
  das mídias sociais 10
Ambiente(s) 58
  off-line 120
  on-line 86, 113, 114, 116, 120, 175
  virtuais 65
Amizades 110
Animação 51
Anonimato 11
Ansiedade 14, 118, 143
Aparência 129
Aplicativo(s) 5, 25, 26, 55, 90, 91
  de alfabetização 13
  de bate-papo por vídeo 37, 44
  educativos 50, 54
  Endless Alphabet (Alfabeto sem Fim) 38
  infantis 41
  NatureCollections 89, 92
Apoio social 119

Aprendizagem 13, 77, 78, 89, 92, 175
  autodirigidas 89
Aprovação 123
Aptidões 13, 16, 80, 93, 101, 119
  digitais 107
  preliminares de alfabetização 41
Ataques de birra 28
Atenção
  das crianças 89
  seletiva 50
Atividades
  de aprimoramento 87
  de leitura 53
  extracurriculares 9, 99
  lúdicas 57, 58
  on-line 2
Ativismo 154, 157
  on-line 149, 158, 160
  performativo 161
Autcraft 121
Autenticidade 165
Autismo 120, 121
Autoavaliação 124
Autoconfiança 159
Autocontrole 16
Autodireção 118
Autoestima 109
Autonomia 23, 91, 102
Autorregulação 4, 17, 35
Avanço(s)
  automático 22
  tecnológicos 1

B

Bailes da escola 103
Barreiras 87
Bate-papo por vídeo 48
Bem-estar 23, 144, 150, 177
  psicológico 136
Best first book ever! (Meu primeiro
  dicionário) 38
Blogs 139, 151
Bonecas 58
Brincadeira(s) , 25, 57, 68, 78
  abertas e dirigidas 75
  autodirigidas e guiadas 67
  construtiva 62
  digitais 57, 59, 64
  em grupo 59
  infantis 13, 58
Brinquedo(s) 66
  analógicos 24, 25
  digitais 25, 66
  "figitais" 76
  inteligente 67
Bullying 72-74, 77, 114-116, 122-124
  on-line 161

C

Camada cultural 11
Campo visual 45
Captura de tela 116
Características digitais 36
Caráter social 111
Celulares 52, 98, 106
Cenários 9
Cérebro 16, 93, 150
Círculos íntimos 111
Civilidade 166
Colaboração 73
Colonialismo 2
Competência 169
Competição 70
Comportamento(s) 30, 72

de externalização 28
dos filhos 19, 29
nocivos 113
Computador 37, 45
Comunicação(ões)
  aberta 107
  interpessoais 122
Comunidade 4-9, 73, 89, 97, 143, 169
Condicionantes sociais 42, 46
Condições socioeconômicas 9
Conectividade 81, 107, 118
Conexão(ões) 73, 106, 154, 169
  pessoal 40
  sociais 120
Confiança 107
Confirmação de leitura 111
Conflito 105
  familiar 72
  on-line 162
Conscientização 137
Construcionismo 84
Conta "real" do Instagram 132
Conteúdo(s) 11, 153
  digital de alta qualidade 170
  on-line 106
  postado 130
Contexto(s) 169
  culturais convencionais (*on-line* e
    off-line) 133
  off-line 111
  social e cultural 107
  tecnológico 123
Controle 71
Conversação 47, 48
Conversa(s)
  off-line 163
  por vídeo 43
Coronavírus 2
Criação de conteúdo 107
Crianças 5, 79, 114, 143, 169
  com deficiência 65, 95
  disléxicas 96

Criatividade 73, 152
Cuidado 140
Cultura 130
de participação 152
Curiosidade 47
Cyberbullying 106, 113-117, 145, 146

D

Decepção 83
Decisões humanas 11
Deficiências físicas e cognitivas 54
Degradação ambiental 2
Democratização da aprendizagem 88
Depressão 14, 126, 143
Desafio 70
Desatenção dos pais 27
Desconcentração dos pais 27
Desenvolvimento 32, 53, 75, 92, 99, 145, 165
adolescente 110
infantil 1, 8, 58, 105, 176, 177
neurológico 46
preliminar da alfabetização 36
psicológico 126
saudável 4, 5
Desequilíbrio de poder 113, 115
Desigualdade econômica 2
Desinformação 150
Destreza 169
Diferenças
individuais 101
sociais 8
Dimensões culturais 129
do *sexting* 131
Dinâmica
familiar 101
social 108, 110
Discriminação 2
Discurso político *on-line* 162
Discussões *on-line* 74, 80, 163
Dislike 166
Dispositivos 36, 48

de mídia de tela 33
móveis 115
Distância social 88
Distração 31
Distúrbio de *games* 71
Diversão 56, 58, 61
digital 77

E

E-books 38, 51
Educação 80
Elogios 17
Emoções 17
Emojis 10, 11, 10, 114
Empolgação 83
Empresas de tecnologia 47, 171, 172
Endless Alphabet 38, 39, 51
Engajamento 125, 141, 150, 151, 167
cívico 152, 164
cultural, social e político 161
on-line 164, 175
Ensino fundamental 103, 108
Entretenimento 20
Envolvimento
das crianças e da comunidade 170
on-line 155
parental 28
Equilíbrio 6, 104
Escolas 79, 81-85, 93
on-line 81, 99
Esfera pública 155
Espaço *off-line* 114, 115
Estímulos ambientais 20
Estratégias 90
Estresse 109
da vida digital 117
digital 113, 118, 124
do ativismo *on-line* 160
psicológico 14
Ética da conectividade respeitosa 107
Exibições públicas 111
Expectativas 80

Índice remissivo

Experiência(s) 15, 62, 68, 76, 78, 143
  baseadas em tecnologia 80
  de vida 126
  digitais 13, 18, 53, 147
  digitais autodirigidas 14, 15, 100, 168
  digitais diversificadas 175
  do usuário 177
  interativas 33
  lúdicas 57, 63, 75
  off-line 136
  tecnológicas 3, 5, 55
  universitárias 158
Exposição *on-line* 162
Expressão
  cívica 162
  on-line 165

F

Facebook 3, 120, 127, 138, 140, 173
Fanfictions 80, 81, 134, 135, 140
Fase de transições e tensões 102
Feed(s) 112, 127
  das mídias sociais 119
  do Instagram 109
Ferramentas digitais 152, 155
Filhos 1
Filtros 148
Finstagrams 132
Finstas 132, 133
Flexibilidade 94
  cognitiva 17
Foco de atenção 120
Fones de ouvido 21
Formuladores de políticas 85, 172
Fotos 91, 128, 131
Freud, Sigmund 79
Frustração 28, 70, 159

G

Gerações 110, 150
Gestores escolares 175

H

Habilidades
  cognitivas e físicas 169
  de atenção 53
  motoras finas 51
Hábitos 119
Hashtags 42, 128, 129, 148, 154-160
Hierarquia de popularidade 114
Horas de sono 174
Humanidade 1

I

Ideais sociais 130
Identidade(s) 104, 109, 133, 149, 159
  marginalizadas *on-line* 133
Identificação de vulnerabilidades
  desenvolvimentais 170
Ideologias culturais 128
Imagem 7
Impacto 155, 162, 163
  na aprendizagem 78
Independência 106
Indícios sociais 117
Individuação 104, 123
Individualidade 168
Infância 1, 31, 110
Iniciativa 169
Inovação 83, 86
  da tecnologia 81
Inquietação 28
Insinuações sociais 116
Instagram 3-12, 109-128, 133-140, 163
Inteligência 8
Interações 32
  desiguais 42
  flexíveis 169
  interpessoais 120
  presenciais 52
  socialmente condicionadas 42
Interatividade 11, 24, 54
Interesse 89

Internet 3, 47, 86, 98, 133, 154
Intimidação sistemática 72

J

Jogo(s) 24, 51, 68-71, 90
 analógico 64
 construtivo 62
 de vídeo 71
 digital 71
 on-line 74
Jovens LGBTQ+ 117, 124, 136
Justiça social 153
Juventude 130, 160

L

Laptop 36
Legislação 173
Leitura 26, 43, 174
Lembrança 103
Letramento 50, 107
Liberdade 48, 136
 definitiva 104
Limites das peças soltas digitais 65
Linguagem 97
 oral 37
Livraria *on-line* 94
Livro(s) 37, 40, 46
 de figuras 39
 impresso 49, 52, 64

M

Mapeamento de conexões na
 plataforma 139
Marginalização 138
Maturidade emergente 167
Mediação parental 123
Memes 153, 154
Memória de trabalho 50
Memorização 85
Metodologia de projeto 171
Mídia(s) 106

de tela 32, 45, 53
 interativa 24, 49
 sociais 7, 11, 31, 112, 119, 126, 144
Minecraft 68, 73, 121, 122
Mobilidade 22
Modelo de experiências digitais de
 suporte ao desenvolvimento 168
Motivações 101
Mudanças 84
Mundo
 off-line 137
 on-line 118, 122, 130, 136, 160
 saturado de tecnologia 16
Música 26, 39, 50

N

Naninha digital 104
Narrativas 80
Netflix 10, 18, 22, 23
Nudes 131

O

Oportunidades 155, 170, 178
Organização Mundial da Saúde (OMS)
 71
Orientação sexual 6

P

Padrões obscuros 170
Pais/cuidadores 26, 174
Pandemia 2, 3, 44, 80, 84, 161
Panelinhas 114
Parentalidade 2, 27, 28, 90
 digital 13, 30
Parquinhos 59, 60
Participação *on-line* 119
Pausa 32, 53, 75, 99, 122, 145, 165
Peças soltas 57, 61, 62, 64
Pensamento 92
 lógico 79
Perfis 112

Índice remissivo

Persistência 11
Personalização 94
Pertencimento e conexão 168, 169
Pesquisabilidade 11, 176
Pesquisas *on-line* 86
Plataformas 129, 140, 148, 177
  de mídia social 11, 112
  on-line 156
Podcasts 141, 151
Polarização política e ideológica 2
Popularidade 114
Postagens 11, 117, 129
Potencial
  da tecnologia 78
  do projeto 163
Potencialidade 126
Prática pedagógica 84
Pré-adolescência 102, 105, 118
Pré-escola 8
Primeira infância 12, 16, 79
Professores e gestores escolares 85, 175
Profissionais de saúde mental 119
Programas de televisão 24
Projetistas 77, 96, 169
Projeto(s) 10, 15, 34, 55, 76, 97, 98,
      100, 138, 147, 166
  interpessoal 164
  tecnológico 110, 169
  universal 92, 93
Propósito 150
Pseudonimização 12
Publicidade 111, 138
  -padrão 138, 139
Punições 5

R

Realidade 80
  aumentada 95
  virtual 95
Realização cognitiva fundamental 79
Reatividade 11
  emocional 145

Reblog 153, 166
Receptividade 153
Recombinação de conteúdo 153
Recompensas 5
Recursos 88
  abusivos de projeto 170
  culturais 108
  econômicos 108
  sociais 108
Rede(s) 149
  de mães 98
  sociais *on-line* 117, 164
Reels 127
Reformulação 100, 176
Relacionamento interpessoal 59
Relações parassociais 25
Replicabilidade 11
Representação textual 94
Reprodução automática 10, 23
Republicação 166
Resiliência 14, 126, 150
Retweet 11
Robôs 83
Rotina diária 142

S

Sala de aula 83
Satisfação pessoal 124
Saúde mental 119
Scratch 6
Sedução destrutiva 127
Segregação digital 87
Segunda infância 68, 78
Segurança 106
  on-line 123
Selfies 91
Sensação de liberdade 139
Sensibilidade 29
  moral 59
  neurológica 20
  parental 29
Senso

de comunidade 73, 158
de identidade 126
Sentimento 150
de culpa de pais 30
Servidor 121
Sessões de jogo 71
Sexting 131, 132
Sexualidade 132
Sintonia 51
Sistema
educacional 3, 83
escolar 7
Skype 44
Smartphones 14, 21, 43, 76, 105, 123
Snapchat 3, 112
Snaps 112
Sociedade(s) 97
industrializadas 1
ocidental 2
Soluções tecnológicas 95
Sordidez *on-line* 117
Status
quo das escolas 81
social 111, 112, 115
Streaming 73
Subconectividade 86, 87

T

Tablets 21-24, 36, 52, 66, 76
Tecnoferência 26, 27, 29
parental 29
Tecnologia(s) 3, 5, 81, 86
assistivas 5
conectadas em rede 149, 150
de aprendizagem 95
educacional 86
Telas 2, 18, 21
Televisão 18, 20, 21
Tempo de qualidade 27
Tendência 7, 143
TikTok 3, 10, 111, 129, 153, 163, 173
Tolerância social 59

Transformação 85
Trolling 74
Tumblr 12, 140, 153
Twitch 121
Twitter 3, 11, 121, 138, 153, 162

U

Universo(s)
imaginários 61
off-line 117
Usuários 155, 156

V

Valor 11
pessoal 158
Vida
digital 108, 117, 118
real 122
social 103
Vídeo 41, 44, 121, 128
Videogames 6, 13, 68-75, 95, 141
Vínculo(s)
das crianças com os pais 29
emocionais 46
Violência 19, 74
física *off-line* 161
Visibilidade 116
on-line 160
Vocabulário 47
Vulnerabilidade 126

W

Web 121
WhatsApp 111

Y

YouTube 3, 18, 121, 140, 151, 163, 173

Z

Zuckerberg, Mark 94